毛泽东智慧

萧诗美◎著

MAOZEDONG
ZHIHUI

人民出版社

责任编辑:洪 琼

图书在版编目(CIP)数据

毛泽东智慧/萧诗美 著. -北京:人民出版社,2013.10(2024.9重印)
ISBN 978-7-01-012612-8

Ⅰ.①毛… Ⅱ.①萧… Ⅲ.①毛泽东思想研究 Ⅳ.①A84

中国版本图书馆 CIP 数据核字(2013)第 227745 号

毛泽东智慧
MAOZEDONG ZHIHUI

萧诗美 著

人民出版社 出版发行
(100706 北京市东城区隆福寺街 99 号)

环球东方(北京)印务有限公司印刷 新华书店经销

2013 年 10 月第 1 版 2024 年 9 月北京第 12 次印刷
开本:710 毫米×1000 毫米 1/16 印张:16.75
字数:300 千字 印数:37,001-41,000 册

ISBN 978-7-01-012612-8 定价:65.00 元

邮购地址 100706 北京市东城区隆福寺街 99 号
人民东方图书销售中心 电话 (010)65250042 65289539

目　录

> 　　与陈独秀、王明等学者式领袖人物相比,毛泽东更长于实际经验和操作技术。可是与朱德、彭德怀等红军将领相比,毛泽东显然又具有理论上的巨大优势。甚至像周恩来、刘少奇这样杰出的领袖人物,也比不上毛泽东。毛泽东比他们更具有胆识和魄力,更长于考虑战略和策略问题。

> 　　帝王说到底还是"办事之人",只有功业,没有主义。圣贤属于"传教之人",张载所谓"为万世开太平",就是传教之人的理想事业。当然还有第三类人:办事兼传教。这是毛泽东最为理想的事业。只办事不传教,其事难以持久;只传教不办事,其教难以广远。

第二章 毛泽东的革命智慧 ……………………… 39

> 权威是强者的象征。受剥削受压迫的群众都是社会生活的弱者。一般人总是希望自己站在强者一边,而不愿站在弱者一边。因为站在弱者一边,自己会受到拖累,不但强不起来,反而自己也会沦为弱者。毛泽东则反其道而行之:他一贯站在弱者一边,反而成为最有力量的强者。

第三章　毛泽东的政治智慧 ··························· 80

> 毛泽东没有祖宗的荫庇,没有得力的靠山,没有雄厚的资产,没有过人的体力。但是他精通政治上各种各样的三角关系,并知道怎样去启动它们,怎样使它们向着有利于自己而不利于对手的方向转动。通过这套办法,他从零开始,但最终以弱胜强,从几条破枪变成三军统帅,从名不见经传的小人物变成震动世界的东方巨人。

他天不怕,地不怕,就怕脱离群众,即使当上领袖也是如此。有一次罗瑞卿陪他周游各地,从他的安全出发,限制他随意出入人群。他却不领情,叫道:罗长子,你不要搞神秘主义,妨碍我接近群众。还有一次,他在武汉听一个居委会主任汇报,听着听着,他竟说了这样的话:我非常羡慕你的工作,每天跟群众打交道最有意思。

"敌进我退,敌驻我扰,敌疲我打,敌退我追,游击战里操胜券;大步后撤,诱敌深入,集中兵力,各个击破,运动战中歼敌人。"这副对联集中概括了毛泽东游击战的战略战术,其精髓在"灵活机动"四个字。

第六章　毛泽东的外交智慧 …………………………… 171

毛泽东著名的"三个世界"理论不过是他惯于使用的"左、中、右"三分法在国际范围内的一种应用。他的整个外交智慧都是以此作为基本框架的。在这个框架内,毛泽东的外交智慧先后迈出了三大步:20世纪50年代靠在苏联一边反对美国;60年代谁也不靠独当一面;70年代与美国缓和反对苏联。

第七章　毛泽东的经济智慧 ·············· 191

> 毛泽东曾以打麻将为例来说明"统筹兼顾,适当安排"的方针。他说,任何事物都是变化的,打麻将也一样,就是最坏的"点数",只要统筹调配,安排使用得当,就会以劣汰优,以弱胜强。相反,胸无全局,调配失利,再好的"点数"拿在手里,也会转胜为败。

第八章　毛泽东的舆论智慧 ·············· 205

> 宣传舆论阵地,虽然看不见战场上的硝烟烽火,但仍然充满着战略和策略。因为这是一场争夺合法性、争取主动性的战斗,选择能够征服民心、左右舆论的口号,至关重要。

第九章　毛泽东的建党智慧 …………………………… 215

　　一位外国人观察过延安整风运动后深有感触地说："共产党人经常地进行着自我批评的整风工作，他们总是用一面放大镜在那里检验着他们自己的过失。他们痛击自己的胸膛以保证自我的改进，他们为自己的失错而悲哀和后悔。"

第十章　毛泽东的治国智慧 …………………………… 245

　　毛泽东从"进京赶考"的那一日起，就开始警惕官僚主义。因为他忘不了1945年黄炎培在延安对他讲的关于历史周期率那番话。毛泽东答道：我们已经找到了新路，我们能跳出这个周期率。这条新路，就是民主。只有让人民来监督政府，政府才不敢松懈。只有人人起来负责，才不会人亡政息。

绪论　毛泽东的成功之道

　　毛泽东从一个普通农家子弟成长为举世瞩目的伟人,所取得的成就令人叹为观止。

　　今天,在这位伟人诞辰 120 周年之际,回眸历史,人们首先要问的不是他曾经取得了多少成功,而是他为什么会取得如此巨大的成功?

　　探讨毛泽东的成功之道,不仅是当今中国人正确理解毛泽东所面临的一个重大课题,而且是在新的历史条件下清理、继承、消化毛泽东文化遗产的一项庄严任务。

　　首先,毛泽东找到了一条把马克思主义的普遍真理同中国革命的具体实际相结合的道路,他把欧洲“产”的马克思主义,同中国农民的翻身愿望成功地结合在一起,创造了一种适合中国国情的庞大思想体系,并用这种思想去教育全党和全国人民,使千百万党员、数亿民众都自觉不自觉地按他的思想方法去思维,按他的生活方式去生活,甚至按他的表达方式去表达。中国历史上再没有一个像他一样“不但掌握世俗权力,而且还具有精神力量的领袖人物”①。

　　毛泽东当然不是神。但是他相信人的主观能动性能够创造任何人间奇迹。他之所以能够走出一个又一个的困境,将中国革命一步步引向胜利,就他本人而言,还有三个不容忽视的主观因素在起作用。一是他的乐观主义。不管环境多么艰难、斗争多

毛泽东之所以能够走出一个又一个的困境,将中国革命一步步引向胜利,就他本人而言,还有三个不容忽视的主观因素在起作用。一是他的乐观主义;二是他钢铁般的意志;三是他那博大精深的智慧。

---

　　① 澳大利亚前总理高夫·惠特拉姆语,引自《我眼中的毛泽东》,河北人民出版社 1990 年版,第 292 页。

么残酷,他始终保持着乐观的情绪、旺盛的斗志,从容镇定地处理着一切,从不悲观失望、灰心丧气,这是他渡过难关的一个重要因素。二是他钢铁般的意志。他不达目的,誓不罢休,而为了达到既定目的,他可以忍受任何艰难,独立支持很长时间,天大的困难也摇不动他,再凶恶的敌人也吓不倒他,他始终对自己的事业充满信心。三是他那博大精深的智慧。在苏区的艰难岁月里,只要有毛泽东在场,他身边的干部和群众就有了主心骨,因为"毛委员有办法"。要是遇到了困难,大家就会去"找毛委员想办法"。而毛委员的办法确实层出不穷,而且招招见效。

在以上诸多因素中,毛泽东的智慧又是一个至为重要的因素。智慧集中体现了人的主观能动性,只有通过智慧才能把人的主观能动性转化成改造世界的物质力量。试想,如果没有智慧,没有行之有效的方法策略,那么革命岂不成了空谈,马克思主义与"空想社会主义"又有什么区别? 那么乐观主义岂不成了盲目乐观,与"天真幼稚"又有什么两样? 那么坚韧顽强岂不成了固执倔强,与"不识时务"又有何不同?

人的智慧体现为办事情想问题的方式方法。对于马克思来说,问题在于改造世界;对于毛泽东来说,问题在于怎样改造世界。毛泽东思想作为马克思主义与中国革命实际相结合的产物,最大的特征是其方法论特征。因此,海伦·斯诺说"毛主义是一种方法"。毛泽东为改造中国所提出的一系列方针、政策、策略、战略、战术、计划、措施等,都是他智慧的结晶。

中国人向来以智慧著称于世。《孙子兵法》、《三国演义》风靡世界,成为现代商战的经典。现代人从政、经商、搞公关,都离不开智慧。可是论起智慧来,古今中外没有哪一位思想家能够和毛泽东相比。毛泽东的智慧不是一般的雕虫小技,而是一代大师的雄韬伟略。它博大精深,变化无穷,运用起来有出神入化之妙,堪称智慧史上的瑰丽精品。

日本学者新岛淳良认为,毛泽东"既不是一个工匠式的革命

论起智慧来,古今中外没有哪一位思想家能够和毛泽东相比。毛泽东的智慧不是一般的雕虫小技,而是一代大师的雄韬伟略。

家,也不是一个学者式的革命家,而是一个技师式的革命家"。①

根据阿兰《人间论》的观点,所谓工匠式,是"迷信经验","受习惯和道具所左右",采取"不钻研"的态度,而且"不相信新事物","按照已知的方式行事"。所谓学者式,则是另一极端,仅仅满足于"努力理解"事物,"解释自己的观念","尽力把自己的感情化为合理的运动表现出来",而不关心实际的运动。技师式的革命家则介于这两者之间又超乎这两者之上,"他的观念都是行动的观念",他"以无比高超的、最适应时代要求的思想去发现、反省和发明",而"其思考的对象限于行动本身"。

毛泽东既不同于"不钻研"的工匠,又不同于那些仅仅满足于思想的学者,他无疑是一个技师式的革命家和思想家。这一个性特征通过他与他的党内同事和对手们的比较,就会显得更加鲜明突出。

史沫特莱曾经谈道:中国共产党的其他领袖人物,每一个人都可以同古今中外社会历史上的人物相提并论,但无人能够比得上毛泽东。毛泽东以理论家闻名于世,而他的一套思想理论深深扎根于中国历史和军事经验之中。

首先看陈独秀。陈在五四时期是中国思想界的明星,马列主义在中国的最早传人。毛泽东曾经说:"他(陈独秀)对我的影响也许超过了其他任何人。"②确实,陈独秀对马克思主义理论的精通绝不逊于毛泽东。可是陈独秀这位教授先生在处理中国革命的具体问题上,却多了几分书生气,远不及毛泽东那样实际。陈独秀甚至从"资产阶级民主革命"的概念出发去规定中国革命的对象和动力,处理国共两党的微妙关系,结果在实际斗争中处处被动,使中国共产党在他这位老资格党人的掌管下反而带上了浓厚的"幼稚"色彩。与陈独秀相比,毛泽东更注重解决实际问题的方式方法。例如马克思主义的阶级斗争学说,在陈独秀眼里是一套深奥的理论,在毛泽东看来则是一种改造中国和世界的方法。毛泽

毛泽东既不同于"不钻研"的工匠,又不同于那些仅仅满足于思想的学者,他无疑是一个技师式的革命家和思想家。这一个性特征通过他与他的党内同事和对手们的比较,就会显得更加鲜明突出。

---

① 《日本学者视野中的毛泽东思想》,中央文献出版社1988年版,第33页。
② 埃德加·斯诺:《红星照耀中国》,河北人民出版社1992年版,第115页。

3

东一旦觉得这种方法比其他方法更实际、更管用,他就马上付诸实践,去研究怎样从事阶级斗争,创造出一套在马克思的著作中没有,而在中国却行之有效的斗争方法。这些方法使敌人胆战心惊,所以在敌人心目中,毛泽东这个曾师从陈独秀的"学生",却远比他的老师精明老练。

王明就出身来说和陈独秀一样,也是典型的知识分子。王明的马克思主义墨水喝得显然比毛泽东多。王明虽然在莫斯科镀了一层金,却脱离了中国国情。他只知道革命导师在几版几条说了些什么,却不懂得中国的农民需要什么;他只知道照抄俄国革命的现成经验,却不问中国的实际情况允不允许这样做,结果他在实践中碰得头破血流。毛泽东看不起读死书的人,也许就是从王明们开始的。埃德加·斯诺说得好,与王明之类的苏联留学生相比,"毛泽东的优势在于他对中国的形势了如指掌,有结合中国的实际情况灵活贯彻当时莫斯科'路线'的能力。"①那些"百分之百的布尔什维克"没有这种能力,所以无论在对敌斗争中还是党内斗争中,他们都不是毛泽东的对手。

与陈独秀、王明等学者式领袖人物相比,毛泽东更长于实际经验和操作技术。可是与朱德、彭德怀等红军将领相比,毛泽东显然又具有理论上的巨大优势。甚至像周恩来、刘少奇这样杰出的领袖人物,也比不上毛泽东。毛泽东比他们更具有胆识和魄力,更长于考虑战略和策略问题。毛泽东是中国共产党内的第一个把政策和策略看成革命成败关键的人。他把一生中的大部分时间主要用来考虑政策和策略问题,谆谆告诫全党:"政策和策略是党的生命,各级领导同志务必充分注意,万万不可粗心大意。"②用周恩来的话说,"毛泽东思想的特点就是把普遍真理具体化",毛泽东"不但能够坚持真理,指示方向,而且还拟定了许多具体政策、策略来贯彻这个真理、原则"。③ 所有这些,不正是一个"技师"的特

① 《外国人眼中的毛泽东》,华岳文艺出版社1989年版,第146页。
② 《毛泽东选集》第四卷,人民出版社1991年版,第1298页。
③ 《中国出了个毛泽东》,解放军出版社1991年版,第136页。

点吗?

然而毛泽东不是一个一般的"技师",而是设计中国革命、规划中国历史的伟大革命家。他重视经验,却不是一个经验主义者;他爱好理论,却不是一个教条主义者。他既有远大的理想和坚定的信念,又精于达到目的所需要的各种具体方法和策略。这就是毛泽东的成功之道。

1939 年,毛泽东为抗日军政大学定了三条校训:坚定正确的政治方向,艰苦朴素的工作作风,灵活机动的战略战术。毛泽东认为这是每个革命同志都应具备的三项基本素质,这三项基本素质实际上可以概括为原则性和灵活性的统一。毛泽东智慧的主要特色,就是把最坚定的革命目的和最灵活的革命手段结合在一起。这正是他克敌制胜的法宝和超群绝伦的地方。索尔兹伯里这样评价毛泽东:"他具有火一般的热情,准备作出任何牺牲,准备为实现自己的见解而采用任何谋略。他追求目标,坚定不移,不容改变,但在实现其目标的方法上则机动灵活。"①正是这一点——坚定的目标和灵活的方法,或者说,原则的坚定性和策略的灵活性,在毛泽东身上得到了奇妙的统一,所以任何人都奈何不了他,而他却可以战胜一切敌人。

日本议员冈田春夫曾三次谒见毛泽东。冈田春夫对毛泽东的印象是:"表面上看来,他非常温和而豪放,然而其中贯穿着在激烈的解放斗争中锻炼出来的不屈不挠的斗志和敏锐高深的智慧。"②

毛泽东的老朋友斯诺则说:"他(毛泽东)有着中国农民的质朴纯真的性格,颇有幽默感,喜欢憨笑。……但是这种孩子气的笑,丝毫也不会动摇他内心对他目标的信念。……他把天真质朴的奇怪品质同锐利的机智和老练的世故结合了起来。"③

毛泽东不是一个一般的"技师",而是设计中国革命、规划中国历史的伟大革命家。他重视经验,却不是一个经验主义者;他爱好理论,却不是一个教条主义者。他既有远大的理想和坚定的信念,又精于达到目的所需要的各种具体方法和策略。这就是毛泽东的成功之道。

---

① 哈里森·索尔兹伯里:《长征——前所未闻的故事》,解放军出版社 1986 年版,第 154 页。

② 《外国人眼中的毛泽东》,华岳文艺出版社 1989 年版,第 344 页。

③ 埃德加·斯诺《红星照耀中国》,河北人民出版社 1992 年版,第 55 页。

　　毛泽东的一生是斗争的一生。有人把毛的哲学称做"斗争哲学"，毛说一点儿也不错，"共产党的哲学就是斗争哲学"。① 这个哲学包含两个方面：一是敢于斗争；二是善于斗争。敢于斗争讲的是勇气和决心，善于斗争讲的是智慧策略和方式方法。

　　毛泽东对待任何问题和敌人，从少数人闹事的问题，到政治舞台上的十二级台风，甚至帝国主义的原子弹威胁，都采取这样一个两点论：一是不要怕，即敢于斗争，敢于胜利，具有战胜一切困难、压倒一切敌人的勇气；二是认真对付，谨慎从事，讲究斗争的方式方法，力求在斗争中取得胜利。根据长期的革命斗争经验，毛泽东总结出一个著名的公式：战略上藐视敌人，战术上重视敌人。

　　在毛泽东看来，战略上藐视敌人和战术上重视敌人，这两点是缺一不可的。不藐视就会被强敌所吓倒，不重视就无法战胜敌人。毛泽东屡屡抨击党内的"左"倾、右倾机会主义，他认为在对敌斗争问题上，右倾机会主义表现为畏敌如虎，不敢进行斗争；"左"倾机会主义则表现为盲目冒进，不讲究斗争策略。

　　毛泽东是紧紧围绕着实践而进行思考的思想家。他的思想有两个显著特征：一是直接来自当下的或过去的实践经验。在他看来，离开了实践的思想就不可能是正确的思想。二是服务于实践，直接指导当下的实践活动。他认为第二点更为重要，因此特别强调第二个飞跃——"做"的革命意义。

　　日本哲学家柳田谦十郎指出，毛泽东的"著作和论文最显著的特征是，所有著作都是根据中国的历史、中国的风土和中国的现实，而且多数都是为了直接指导当时的革命实践而写的"，"对于中国人民的解放斗争来说，毛的著作起到了既十分适用又相当有效的行动方针的作用"。②

　　毛泽东作为思想家，其伟大之处不是精心构建理论体系，而是

毛泽东是紧紧围绕着实践而进行思考的思想家。他的思想有两个显著特征：一是直接来自当下的或过去的实践经验。在他看来，离开了实践的思想就不可能是正确的思想。二是服务于实践，直接指导当下的实践活动。

---

　　① 《毛泽东文集》第三卷，人民出版社 1996 年版，第 316 页；《建国以来毛泽东文稿》第八册，中央文献出版社 1993 年版，第 451 页。
　　② 《日本学者视野中的毛泽东思想》，中央文献出版社 1988 年版，第 108 页。

从行动中发现真理,并把普遍真理具体化为切实可行的行动方针。新岛淳良据此把毛泽东称做技师式的革命思想家:注重行动,但不盲目行动;既注重行动又富有思想,而思想乃是可以直接行动的思想。

毛泽东是公认的哲学家,美国哈佛大学教授谭若思甚至把他称为"中国的圣哲"。1920 年 12 月 1 日,毛泽东在给旅法的新民学会会员蔡和森、萧子升等人的信中写道:"目的——改造中国与世界——定好了,接着发生的是方法问题,我们到底用什么方法去达到改造中国与世界的目的呢?"①这个问题不仅是早年毛泽东思索的中心,而且是毛泽东毕生关注的焦点。毛泽东在这封信中用大量篇幅讨论了改造中国与世界的方法问题,通过对各种方案的比较斟酌,最后他认定应以俄国式的方法,即阶级斗争和阶级专政的方法去达到改造中国与世界的目的,从而摈弃和平的教育方法、改良主义的社会政策方法、社会民主主义的议会道路方法、无政府主义的方法、罗素式温和的共产主义方法等。早年毛泽东之所以从众多的社会思潮中独独选择了马克思主义的阶级斗争学说,选择了俄国式的革命道路,根本原因就在于他相信这是唯一有效的方法。

毛泽东毕生的理论和实践活动,归结为一点,就是怎样通过有效的斗争,促成他所面临的各种社会矛盾,如帝国主义与中华民族的矛盾、国民党与共产党的矛盾、资产阶级与无产阶级的矛盾、资本主义与社会主义的矛盾等,向着有利于革命的方向转化。为了促进这些矛盾的转化,达到革命的目的,他呕心沥血,绞尽脑汁,制定出一整套路线、方针、政策、策略、计划、方案……所有这些,从一般哲学意义上讲,都可称之为斗争的艺术、转化的方法;从特定的军事和竞技角度而言,则可称之为克敌制胜的智慧、以弱胜强的韬略。

海伦·斯诺指出:"毛泽东思想的精髓,是革命能改变一切。"

毛泽东是公认的哲学家,美国哈佛大学教授谭若思甚至把他称为"中国的圣哲"。

① 《毛泽东书信选集》,人民出版社 1983 年版,第 3 页。

毛泽东的思想具有浓厚的方法论特征。可以说它是一种成功之道，一种制胜之术或斗争艺术，包括政治斗争、军事斗争、理论斗争、思想斗争、民族斗争等。它的实质是如何以最小的代价取得最大的成功。

"毛主义是一种变革的方法，革命的方法。"①认真研究过毛泽东的著作和革命实践，就会发现：毛泽东的思想具有浓厚的方法论特征。可以说它是一种成功之道，一种制胜之术或斗争艺术，包括政治斗争、军事斗争、理论斗争、思想斗争、民族斗争等。它的实质是如何以最小的代价取得最大的成功。因此行动的方法、方案、策略等成为中心问题，如何有效地去行动或怎样行动才最有效成为问题的焦点。

毛泽东的思想或理论，相当于一门"革命的技术科学"，它既不同于基础理论科学，也不同于具体应用科学。基础理论他可以从马、恩、列、斯那里"拿来"，具体应用他一般交给他的左右和下属。毛泽东注重的是从理论到应用这个中间环节。对他的同事和下属来说，他是理论家、战略家；而对他的老师和先哲来说，他是行动者、实践者。因此毛泽东毕生关注的焦点是如何以最有效的手段去达到最理想的目的。他的目的很明确，即消灭一切剥削和压迫，变旧中国为新中国。问题在于方法和手段，即怎样去消灭、怎样去改变。他在方法的选择、手段的运用上所下的工夫，比在目标的设计、目的的明确上所下的工夫要大得多。他的全部理论著述，特别是其中最精彩的篇章，可以看做一部革命的方法论全书，同时也是一部集中国古代智慧大成的智慧全书。

构成毛泽东思想的一整套路线、方针、政策、策略、计划、方案，概而言之，都可以称之为方法或策略。例如土地革命的总路线："依靠贫雇农，联合中农，限制富农，保护中小工商业，消灭地主阶级，变封建半封建的土地所有制为农民的土地所有制。"其中只有最后一句是目的，前面讲的都是达到这一目的的手段或方法。再如，党的七大路线："放手发动群众，壮大人民力量，在我党领导下，打败日本侵略者，解放全中国。"目的是打败日本侵略者、解放全中国，前面讲的都是达到这一目的的手段或方法。

人们常说，中国革命的胜利是毛泽东思想的胜利。其实从一

---

① 《外国人眼中的毛泽东》，华岳文艺出版社1989年版，第146页。

定意义上说,是毛泽东智慧的胜利。

本书将遵循逻辑和历史相统一的方法,从个体人生到国家社会,从修身齐家到治国平天下,分十个方面对毛泽东智慧展开论述。

第一章　毛泽东的人生智慧

一、我是极高之人，又是极卑之人

"我少年时曾说过：自信人生二百年，会当击水三千里。可见神气十足了。但又不很自信，总觉得山中无老虎，猴子称大王，我就变成这样的大王了。但也不是折中主义，在我身上有些虎气，是为主，也有些猴气，是为次。"

1966 年，已步入晚年的毛泽东，面对党内的政治风云，在一个叫滴水洞的地方，回顾自己的人生："我少年时曾说过：自信人生二百年，会当击水三千里。可见神气十足了。但又不很自信，总觉得山中无老虎，猴子称大王，我就变成这样的大王了。但也不是折中主义，在我身上有些虎气，是为主，也有些猴气，是为次。"

这是毛泽东对自己人格个性的一次难得总结。运用两分法，讲得很辩证。主题是自我评价、自我定位：自己算老几？毛泽东表白自己的心迹："我是自信而又有些不自信"。这是在他自己完全能够主宰中国命运的情况下说的。

回顾整个人生经历，毛泽东说他少年时代很自信，后来长经世故有时就不是太自信，老有一种山中无老虎，猴子称大王的感觉。其实在年轻时，毛泽东就已经有这种既自信又不是太自信的两点论，宣称"我是极高之人，又是极卑之人"①。

毛泽东应用"虎气"和"猴气"来表示自己人格个性中对立统一的两个方面。虎气是他强大、自信的一面。猴气，则是因为不太自信，需要借助灵敏和智慧。这样，毛泽东就把老虎的威严和猴子的敏捷有机地统一在自己身上了。

---

① 《毛泽东早期文稿》，湖南出版社 1990 年版，第 270 页。

其实在毛泽东的个性结构中,不只是某一对矛盾的统一体,而是许多种矛盾的统一体。

《毛泽东传》的作者、美国人 A.特里尔注意到:毛泽东生命中的平衡,来自一种对立面的冲突。在他身上,交替地表现出冷酷无情的一面和充满幻想的理想主义者的一面。

尼克松似乎不同意这种平衡说,他觉得毛泽东不像周恩来那样,毛泽东没有把他个性的各条经纬编织成一个整体,却让每条线索把他拉向不同的方向。如果毛泽东身上的猴气被某种幻想所占有,那么他身上的虎气就要在实现这种幻想时震撼中国。①

美籍华人韩素音对毛泽东的个性结构有更细致的观察:他既是一个通晓古今的学者,又像农民一样平易近人;他讲究卫生,却又经常一支接一支地抽烟;他十分幽默,可又非常严肃认真;既坦率,又精明;既老实朴素,又绝不会上当受骗;既单纯,又复杂;细致周到,明察秋毫,可又衣着随便,不修边幅;他具有成就大业的耐性,而一旦需要当机立断时,他绝不坐失一分一秒!

这些相互对立的个性线索,并不像尼克松所说的那样,仅仅伸向不同的方向。它们在不同的方向上拉向极端以后,又被毛泽东收了拢来,编织成一个比周恩来更严密的整体。不过,这个整体的内涵远比一般人博大;博大到可以同时容纳好几种不同的人格类型。就像周恩来所说的,在毛泽东的个性结构中,同时包含着中华民族的谦虚实际,中国农民的朴素勤勉,知识分子的好学深思,革命军人的机动沉着,布尔什维克的坚韧顽强。这些不同的个性特征很难同时集中在一个人身上。毛泽东的人格魅力就在于他同时具有这些极不相同的个性特征。缺少其中的哪一种,都不是现实中的毛泽东。

中国文化中有一个"神—人—鬼"的三分结构,颇像但丁《神曲》中的"天堂—炼狱—地狱"。神在人之上,鬼在人之下,人则处在神与鬼之间。因此好人会变成神,坏人会变成鬼。人格高于常

中国文化中有一个"神—人—鬼"的三分结构,颇像但丁《神曲》中的"天堂—炼狱—地狱"。神在人之上,鬼在人之下,人则处在神与鬼之间。因此好人会变成神,坏人会变成鬼。人格高于常人的人常被神化,人格低于常人的人常被鬼化。

---

① 参见《我眼中的毛泽东》,河北人民出版社 1990 年版,第 320 页。

人的人常被神化,人格低于常人的人常被鬼化。毛泽东和刘少奇在20世纪60—70年代就分别遭受过这两种不同的命运。在现代造神运动和造鬼运动结束以后,陈云站出来说过一句话:毛泽东是人不是神,刘少奇是人不是鬼,"四人帮"是鬼不是人。至此,毛泽东的神话算是被破除了。但是他仍然给人留下一个难解的谜:他是人,但他为什么这样奇伟,能够成就一个普通人难以想象的奇勋伟业?

要回答这个问题并不难。毛泽东早年主体人生自我修养的方法,特别是在他业师杨昌济先生门下研习的两门课程——修身课和伦理课,可以帮助我们探得他成为伟人、成就伟业的人格之源。

二、丈夫要为天下奇

毛泽东素怀奇志。十六七岁时,父亲毛顺生为他安排的人生道路是做米店伙计,学做生意赚钱。但毛泽东的理想是经营天下,而不是经营一个小店。他差点儿要对他父亲说:"燕雀安知鸿鹄之志哉!"于是他愤然离乡,来到湘乡县的东山高等小学学堂继续求学。当他第一次迈出韶山冲的狭小天地时,他的心里不知有多么惬意。他以诗言志道:"孩儿立志出乡关,学不成名誓不还。埋骨何须桑梓地,人生无处不青山。"

刚好东山高小入学考试的作文也是《言志》。毛泽东借题发挥,把自己的少年壮志抒发了一番。可是,由于他块头太大,缺少典雅,加之来自乡下,旧衣旧衫,他在东山高小颇受一些富家子弟的小视。毛泽东没有因此而自惭自卑,反而更激发了他的雄心壮志。他把这种壮志表达在一首《咏蛙》的小诗里:"独坐池塘如虎踞,绿杨树下养精神。春来我不先开口,哪个虫儿敢作声。"

到了1916年,毛泽东已经鹤立鸡群了。是年秋天,湖南第一师范开展全校性的"人物互选"(类似于今天的"评优")活动。互选条目颇全,在德、智、体三大项下各编若干小项,每一小项又各分

由于他块头太大,缺少典雅,加之来自乡下,旧衣旧衫,他在东山高小颇受一些富家子弟的小视。毛泽东没有因此而自惭自卑,反而更激发了他的雄心壮志。

若干细目。要在所有这些项目中都获优,可真不容易。结果,在四百多名参选者中,毛泽东位居榜首。毛泽东得到同学们一致推崇,大家给他送了一个雅号:"毛伟人"。

一师同学彭道良曾向罗章龙介绍毛,称毛"品学兼优,且具独立独行之性格。他常语人'丈夫要为天下奇',即读奇书,交奇友,著奇文,创奇迹,做个奇男子。合而观之,此君可谓奇特之士,因此同学中戏称为毛奇"。罗章龙初闻不信,又去问同乡陈赞周,陈亦说:"润之气质沉雄,确为我校之奇士,但择友甚严,居恒鹜高远而卑流俗,有九天俯视之慨。观其所为诗文戛戛独造,言为心声,非修养有素不克臻此!"

但是,"理想之本体亦有深浅"。毛泽东并不满足于同学们的赞誉。直到一师快毕业时,他仍然在为立身立志问题而苦恼。1917 年,他致信黎锦熙表白心曲,称他"自揣固未尝立志,对于宇宙,对于人生,对于国家,对于教育,作何主张,均茫乎未定"。他评点时人所谓立志,如有志为军事家,有志为教育家,或曰某君有志,教子弟应立志,等等,均是"盲从以为己志",乃出于一种模仿性,并非真正有志。在他看来,作为"心之所"的志,乃是一种宇宙真理。人生在世,"十年来未得真理,即十年无志;终身未得,即终身无志"。所以他说:"真欲立志,必先研究哲学、伦理学,以其所得真理,奉以为己身言动之准,立之为前途之鹄,再择其合于此鹄之事,尽力为之,以为达到之方,始谓之有志也。"为此,他决心"下全副工夫,向大本大源探讨,探讨既得,既然足以解释一切,而枝叶扶疏,不宜妄论短长,占去日力"。

毛泽东要立的志,显然不同寻常。用他的话说:"发达个性。至不同即至同,至不统一即至统一"。老子曾谓处世有"三宝":一曰慈,二曰俭,三曰不敢为天下先。慈和俭毛泽东不反对,唯第三宝,毛泽东一贯反其道而行之。他的最大特点就是敢为天下先。他显然赞同这样的观点:寻常人"有雷同心,无独立心。有独立心,是谓豪杰"。《讲堂录》还记述了侯方域《谢安论》中的一句话:"古之有为天下者,必有以脱除天下之习,而立乎其外。"意即君子

老子曾谓处世有"三宝":一曰慈,二曰俭,三曰不敢为天下先。慈和俭毛泽东不反对,唯第三宝,毛泽东一贯反其道而行之。他的最大特点就是敢为天下先。

13

应超凡脱俗,用苏轼的话说:"群居不倚,独立不惧。"所谓独立不惧,就是"狂澜滔滔,一柱屹立","泰山崩于前而色不动,猛虎蹲于后而魂不惊"。

毛泽东这种"群居不倚"、"特立独行"的性格,几乎没有哪一个上级喜欢。1930 年 6 月 9 日,李立三点名批评毛泽东,说毛泽东"有整个的路线,完全与中央不同"。斯大林肯定也有同感,因为毛泽东是 20 世纪三四十年代"唯一未去莫斯科朝圣的重要共产党领袖"(斯诺语)。

三、自知、自胜、自强

为人要强大自我,必须做到自知之明,并能克己自胜。自知、自胜、自强,是主体自我修养不可或缺的三个环节。

为人要强大自我,必须做到自知之明,并能克己自胜。自知、自胜、自强,是主体自我修养不可或缺的三个环节。

中国人历来把自知之明看做君子的品质,认为善知人者必先自知。毛泽东早在青年时代就认识到自知的重要性。他在评论五四前夕各项社会改革的流弊时说道:"今天下纷纷,就一面言,本为变革应有事情;就他面言,……亦诸人本身本领之不足……此无他,无内省之明,无外观之识而已矣。己之本领何在,此应自知也。"①不知道自己到底有多大本领,而妄谈变革社会,那当然是十分可笑的。中共历史上"左"倾机会主义者屡屡过高估计自己的力量,其可笑之处也在于缺少自知之明。

然而一个人要做到自知之明并不容易。《贞观政要》中就记有所谓"知人既以为难,自知诚亦不易"的古训。自知比知人更难,难就难在它不仅需要理智,而且需要勇气,即敢于以挑剔的眼光面对自身的不足。这常常是与自尊心和自信心相冲突的。毛泽东对此深有体会,所以他说"人贵有自知之明"。他经常谈起明代杨椒山的两句诗:"遇事虚怀观一是,与人和气察群言。"有一次他

———
① 《毛泽东早期文稿》,湖南出版社 1990 年版,第 84—85 页。

对秘书梅白说：我从年轻的时候，就喜欢这两句，并照此去做。这几十年的体会是：头一句"遇事虚怀观一是"，难就难在"虚怀"这两个字上，即有时虚怀，有时并不怎么虚怀。第二句"与人和气察群言"，难在"察"字上面。察，不是一般的察言观色，而是虚心体察，这样才能从群众中汲取智慧和力量。①

尽管"虚怀"、"自知"有些两难，毛泽东还是做到了一个伟人所能达到的最大限度。他曾反复告诫他的同事和干部：群众是真正的英雄，而我们自己则往往是幼稚可笑的。有一次他还特地在后面加上一句："包括我自己"。对于他自己，他历来是有自知之明的。1959 年他在庐山会议上轻易地把彭德怀的"意见书"定性成右倾机会主义，可是后来的事实使他渐渐意识到，自己未必是正确的。结果，他终于对彭德怀说出了这样的话："也许真理在你手上。"也许是有感于此吧，在三年困难时期，他曾叹着气对卫士张仙明说：我这个人啊，好处占百分之七十，坏处占百分之三十，就很满足了。我不隐瞒自己的观点，我就是这样一个人，我不是圣人。② 即使在林彪大搞个人崇拜的时期，他也是清醒的。他"历来不相信"，他的"那几本小书"（即林彪所吹嘘的"老三篇"）"有那样大的神通"。

知道自己不足，还得有勇气改变自己。古人称此为"自胜"、"自制"或"自新"。这是一项更难的修养工夫。自知者，又能自胜，才是真正的强者。古人深明此理，并留下了许多有益的格言。如"自知者英，自胜者雄"，"欲胜人者先自胜"，"胜人者有力，自胜者强"。毛泽东也懂得这个胜人与自胜的关系。青年时代，他经常以梁启超"今日之我与昨日之我挑战"的口号来刻苦自勉。他还提出要以"明日之我与今日之我挑战"来不断更新自我。

自胜意味着在理智的指导下，对自我的某些本性进行有意识的克制。毛泽东承认自己是"个性不好束缚"的人。他的个性就

① 参见《我眼中的毛泽东》，河北人民出版社 1990 年版，第 136 页。
② 参见《我眼中的毛泽东》，河北人民出版社 1990 年版，第 79 页。

像他的书法风格一样——他曾自嘲地对萧子升说："你一个小格子里能写两个字，而我写两个字得占三个格子"。但是在需要约束自己的时候，毛泽东的自制力同样大得惊人。他本来嗜烟如命，总是手执一缕，绵绵不绝，从不听医生劝告而有所节制。可是在重庆谈判期间，他先后十次与蒋介石面谈，竟能做到一支不吸。蒋介石就此事对陈布雷大发感慨："毛泽东此人不可轻视。据说他每天要抽一听（50支）烟，但他知道我不吸烟后竟一支不吸。对他的决心和精神不可小视啊！"蒋介石当然也知道能自胜者必胜人的道理。苏轼曾说："所就者大，则必有所忍。"毛泽东的"忍劲"足以使他的对手叹服。为了成就大业，他有时可以忍耐和等待许多年，直到最后达到目的。

蒋介石就此事对陈布雷大发感慨："毛泽东此人不可轻视。据说他每天要抽一听（50支）烟，但他知道我不吸烟后竟一支不吸。对他的决心和精神不可小视啊！"

嵇康曾把喜怒看做养生五难之一。曾国藩《教子言》讲修身养性必须"惩忿窒欲"。毛泽东青年时代一度"独服曾文正"，《讲堂录》还记下了所谓"曾文正八本"，其中之一便是"养生以少恼怒为本"。① 恼怒不仅有害身心，而且不利事业。毛泽东知道自己有好动感情、好发脾气的弱点，因此从当上领袖以后就很注意这方面的修养克制。师哲在毛身边先后待了18年，据他说，他从未看到毛泽东发过大脾气。有一次他问毛泽东："主席，我很佩服你的沉着冷静，有涵养，不发大脾气。"毛说："我不是不生气，有时几乎气炸了肺。但我知道应该尽量克制容忍，勿现于辞色。"②能使快气炸了肺的怒气不溢于言表，绝非一般的修养工夫。

自知和自胜，都是为了达到自强，强大自己的生命力和意志力，以便能够支配自己的命运，在人生的搏击中，能够独立自恃而不倚仗于人。毛泽东继承了中华民族自强不息的优良传统。他在《讲堂录》中写下了这样的话："盖未有力不足以举天下之烦，气不足以练天下之苦，性情不足以扶持天下之一偏，而可以大有为者也。"要成就大业，必须"养其力"而"不为浮誉所惑"，"制其气"而

---

① 《毛泽东早期文稿》，湖南出版社1990年版，第593页。

② 《在历史巨人身边——师哲回忆录》，中央文献出版社1991年版，第339页。

"不与流俗相竞"。①

为了强大自己、充实自我,毛泽东不仅注意心性修养,而且从小就注意锻炼自己的体魄和意志。他的锻炼方法五花八门,但总的特点不外乎搏击风浪、强固自我。据说在长沙读书时,有一天夜里,风雨雷电交加,毛泽东一人从岳麓山顶跑下来,全身湿透,来到蔡和森家。蔡家人不知其故,毛却说他这是为了体会《书经》上"纳于大麓,烈风雷雨弗迷"那句话,以锻炼自己的胆魄。毛泽东不只是青年时代有"自信人生二百年,会当击水三千里"的气魄,贯穿他全部人生的信条也是"独立自主"、"自力更生"、"自强不息"、"奋发图强"。

四、人生的两大支点:贵我和通今

宇宙是造化甩给人类的一个大谜。它无边无际,无始无终,令人不可捉摸。人们不知道它是什么,故名之曰无限,名之曰永恒,名之曰绝对。

再没有什么东西比宇宙更广大。因为它把一切都统摄了去,使一切都成为有限。人也不例外。而这正是人之为人的苦恼和不幸。

进入太空的宇航员在回首自己故乡的那一瞬间,顿时便感觉到人的渺小:有几十亿人口在上面生存争斗的地球,原来不过是宇宙空间中一粒微不足道的尘埃!

有多少人曾为百岁人生而自豪,为千年王朝而奋斗。然而,即使是整个人类的历史,同宇宙的漫长进化相比,也只是短暂的一瞬。

宇宙的庞大衬托出个人的渺小。于是就产生了一个问题:每一个人,就他自己来说,在宇宙这个无边无际的时空系统中,到底

① 《毛泽东早期文稿》,湖南出版社1990年版,第609—610页。

17

处于一个什么位置？或者说,他活在世上,究竟应该以什么作为他自己人生的支点或起点？

一个有限的人生,要想活得明明白白,就必须有一个始终由那里出发的起点。否则,他会觉得"不知今夕是何年",或不知吾身在何处,不知道自己是什么,为什么要这样活着？

生活在 20 世纪初,栖息在地球上一个叫做湖南韶山的角落里的毛泽东,为自己找到了这样两个人生支点:

一曰"贵我"。

二曰"通今"。

为了找到这两个支点,他费了好几年思索,还借鉴了前人,参照了西人,经历过业师杨昌济的点化。在研读新康德主义者泡尔生的《伦理学原理》时,毛泽东用现代语言把"贵我"和"通今"概括成伦理学上的两个主张:一曰个人主义,一曰现实主义。①

人生为什么需要"贵我"？原因在于:"横尽空虚,山河大地一无可恃,而可恃惟我。"②

由"我"出发来观万物,毛泽东发现:"宇宙可尊者惟我也,可畏者惟我也,可服从者惟我也。我以外无可尊,有之亦由我推之;我以外无可畏,有之亦由我推之;我以外无可服从,有之亦由我推之也。"③

最后涉及一个问题:"我固万事万念之中心","吾人一生之活动服从自我之活动而已",那么"我"以外的"神"该不该服从？毛泽东回答:"服从神何不服从己,己即神也。"④所谓"我是极高之人"就是这样得来的。

只服从自我,那么他人放在什么位置？毛泽东对这一人际关系上的难题有独特的解决方式:利他同样以我为起点,例如"表同情于他人,为他人谋幸福,非以为人,乃以为己。吾有此种爱人之

生活在 20 世纪初,栖息在地球上一个叫做湖南韶山的角落里的毛泽东,为自己找到了这样两个人生支点:一曰"贵我"。二曰"通今"。

---

① 参见《毛泽东早期文稿》,湖南出版社 1990 年版,第 203 页。
② 《毛泽东早期文稿》,湖南出版社 1990 年版,第 601 页。
③ 《毛泽东早期文稿》,湖南出版社 1990 年版,第 231 页。
④ 《毛泽东早期文稿》,湖南出版社 1990 年版,第 230 页。

心,即需完成之,如不完成,即是于具足生活有缺"①。结论是:"以我立说,乃有起点,有本位;人我并称,无起点,失却本位。"②

这种以我立说、由我出发的人生哲学,绝不可等同于杨朱"拔一毛利天下而不为"的极端利己主义。毛泽东由我出发,所张扬的是一种积极有为、乐观奋进的人生态度。以这种态度生存面世,就能做到不为外物所累,不为他人所烦。相反,可以在利他人、利天下的过程中,"自尽其性,自完其心",充分发展自己的身心能力,实现自己的理想愿望。

人生为什么需要"通今"?原因在于:"竖尽来劫,前古后今一无可据,而可据惟目前。"

从"目前"出发来看人生,毛泽东发现:"吾只对于吾主观客观之现实者负责,非吾主观客观之现实者,吾概不负责焉。既往吾不知,未来吾不知,以与吾个人之现实无关也。"③

有人说,人活着建功立业是为了死后留名青史。毛不以为然,他说:我死之后成为历史,后人见我确实有所成就,"自加吾以芳名,然而非吾之所喜悦,以其属之后来,非吾躬与之现实也。历史前之事亦然。吾取历史以其足以资吾发展现实之具足生活也。"④

这是一种非常聪明的人生慧见。一方面,人生活在前古后今之中,只有目前这一段现实生活是属于自己的。"以时间论,止见过去、未来,本不见有现在。"因为现在即来即去,有如白驹过隙。另一方面,"时间之有去来,今人强分之耳,实则一片也"。吾人生活在此连成一片的时间内,岂不是"处处皆现实"?⑤

不仅目前是现实的,而且我所经历的过去和未来对我来说也都是现实的。所以毛泽东感慨:"以往之事追悔无益,未来之事预

毛泽东由我出发,所张扬的是一种积极有为、乐观奋进的人生态度。以这种态度生存面世,就能做到不为外物所累,不为他人所烦。

---

① 《毛泽东早期文稿》,湖南出版社1990年版,第203页。
② 《毛泽东早期文稿》,湖南出版社1990年版,第144页。
③ 《毛泽东早期文稿》,湖南出版社1990年版,第204页。
④ 《毛泽东早期文稿》,湖南出版社1990年版,第205页。
⑤ 参见《毛泽东早期文稿》,湖南出版社1990年版,第203、204页。

19

测也无益,求其可据,惟在目前,有目前乃有终身。"①把握了目前,也就把握了过去和未来。如果放弃目前,蹉跎岁月,必将一事无成。

毛泽东注重"目前",与那种"今朝有酒今朝醉"的庸人哲学不可同日而语。他以"目前"为中心来贯通过去和未来,所强调的是一种只争朝夕、无往而不乐的人生态度。以这种态度面世,则"有一日之生活即有一日的价值",过去的事用不着过多地追悔,未来的事用不着过多地幻想,脚踏实地地抓住目前——这就够了。

"贵我"是毛泽东从空间关系上为自己确立的人生支点,"通今"则是他从时间关系上为自己确立的人生支点。这两个支点又是统一的。两者合在一起,就是一个"此时此地的我"。努力抓住"此时",积极从"我"开始——这就是毛泽东安身立命的最初出发点。

"贵我"是毛泽东从空间关系上为自己确立的人生支点,"通今"则是他从时间关系上为自己确立的人生支点。这两个支点又是统一的。两者合在一起,就是一个"此时此地的我"。努力抓住"此时",积极从"我"开始——这就是毛泽东安身立命的最初出发点。

五、人生目的:自尽其性,自完其心

人生在世,免不了有许多义务、责任。一般人常常为此所烦恼:他人之事,不管不理,于心不忍;管起来,又觉自己吃了亏,于己不利。

毛泽东痛快淋漓地解决了这一烦恼:人生目的在于自尽其性、自完其心。由我出发,去利他人,实则人己两利:在利他人的同时也利自己的精神。

依据这一人生原则,毛泽东认为"义务"不是对他人的,而是对自己的。"吾人惟有对于自己之义务,无对于他人之义务也。""所谓对于自己之义务,不外一语,即充分发达自己身体及精神之能力而已。"②对他人的义务由客体发生,是他人认为应该如此所

---

① 《毛泽东早期文稿》,湖南出版社1990年版,第601页。
② 《毛泽东早期文稿》,湖南出版社1990年版,第235页。

以我才如此;对自己的义务则由主体发生,是我自己认为应该如此所以我才如此。如果我认为应该如此而我又没有如此,那就未能"自尽其性,自完其心",未能充分发达自己身心之能力,就于我的"具足生活有缺"。

"自尽其性,自完其心"是一种"自利"原则。但此种"自利之主要在利自己之精神"。毛泽东举了许多例子,"如吾所亲爱之人吾情不能忘之,吾意欲救之则奋力以救之,至剧激之时,宁可使自己死,不可使亲爱之人死。如此,吾情始快,吾意始畅。古今之孝子烈妇忠臣侠友,殉情者,爱国者,爱世界者,爱主义者,皆所以利自己之精神也。"①

通常认为互助是一种人己两利之道。毛泽东却认为"互助之底所以成己也"②,因为这里的同情乃是由我而起也。如果说"互助"中有"利他"的一面,那么此种利他也是由我而发的,是我以利他而达到"遂其生活之目的"。我觉得应该这样做(利他),于是我去做了。这种做在客观上是利了他,但却遂了我的心愿,实现了我的意志,因而在主观上利了我的精神。所以说"互助"也是为了"自尽其性,自完其心"。为了说明这一点,毛泽东还做了一个假设:"即使世界上只有我一人,亦不能因无损于人而不尽吾之性,完吾之心,仍必尽之完之。此等处非以为人也,乃以为己也。"③

"自尽其性,自完其心"的理想生活,在历史上的具体表现就是圣贤豪杰精神。圣贤豪杰是自我实现、自我完善的典型。毛泽东之所以成其为圣贤豪杰,就是因为他的精神和身体的能力发达到了最高的程度,而"此精神及身体之能力发达最高,乃人人应以为期向者也"。④ 这就是说,任何人,不论他本之于天的身心能力是大是小,只要他按照"自尽其性,自完其心"的原则去生活,都可以成为圣贤豪杰。毛泽东反对只有圣贤豪杰可为舍身拯人之事、

---

① 《毛泽东早期文稿》,湖南出版社 1990 年版,第 147 页。
② 《毛泽东早期文稿》,湖南出版社 1990 年版,第 146 页。
③ 《毛泽东早期文稿》,湖南出版社 1990 年版,第 148 页。
④ 《毛泽东早期文稿》,湖南出版社 1990 年版,第 237 页。

毛泽东之所以成其为圣贤豪杰,就是因为他的精神和身体的能力发达到了最高的程度,而"此精神及身体之能力发达最高,乃人人应以为期向者也"。

而普通人可以不为的说法。毛泽东认为，只有圣贤豪杰的身心能力能够发达到最高，而普通人不能够发达到最高的说法是于理不通的。

圣贤豪杰有责任有义务拯时济世，教化小人，使之共跻圣域。但是如果小人们不理会圣贤这一套怎么办？毛泽东认为，在这种情况下，圣贤们应恪守"圣人之道"，"举世非之而不加沮"。不仅"不怕人毁"，而且"毁之也愈益甚，则其守之也愈益笃"，"与乎无愧于己"。① 这就是说，当圣贤豪杰受到孤立时，反而更有利于他"自尽其性，自完其心"。圣贤豪杰利他人、利社会、利天下的行为，本来就是"自尽其性，自完其心"，"非以为人，乃以为己"。如果客观上他不能这样做，只是有点儿遗憾，而对他的心性修炼完善不会有任何妨碍。

"自尽其性，自完其心"的生活态度，于自我的发展有一大优点，即能把利他人、利社会、利天下、利万世看做一件轻松愉快的事情，不为其所烦所累，就和人之要吃饭和娱乐一样。这样，便能把内在的心性完善和外在的事业成功统一起来，把自我的价值与社会的价值统一起来。

圣贤豪杰有责任有义务拯时济世，教化小人，使之共跻圣域。但是如果小人们不理会圣贤这一套怎么办？毛泽东认为，在这种情况下，圣贤们应恪守"圣人之道"，"举世非之而不加沮"。

六、人者尚动，养乎吾生，乐乎吾心

世界有动有静，而毛泽东认为动是绝对的，静是相对的。这一以动为本的观点，早在他成为伟人前就已确立了。1917 年他在《体育之研究》中写道："愚拙之见，盖天地惟有动而已。"②

天地惟动，那么人呢？"人者，动物也，则尚动矣。"③天地乃自然"死"物，尚且恒动，人作为有理性的动物，就更不用说了。天道与人道同一个道：惟动。人只有在动中才能达到物我合一的全真

① 《毛泽东早期文稿》，湖南出版社 1990 年版，第 593 页。
② 《毛泽东早期文稿》，湖南出版社 1990 年版，第 69 页。
③ 《毛泽东早期文稿》，湖南出版社 1990 年版，第 69 页。

境界。

从这种宇宙"惟动",人更"尚动"的观点出发,毛泽东主动不主静。他终生致力于"天下应以何道而后能动"的问题。他的革命生涯是由一连串的"运动"组成的。只要把对立面置于运动之中,他准赢。他指挥战争最大的特点是动中取胜。在他有条件坐镇中央号令天下时,他还不时要到全国各处走动走动。朱莉·尼克松的印象:"他是一个在离群独处的时候也静不下来的人"①。

动有什么意义呢？一般人或曰"动以营生",或曰"动以卫国"。在毛泽东看来,这些"皆非本义"。本义是什么？"动也者,盖养乎吾生,乐乎吾心而已。"②原来,动既是人生理上的需要,又是人精神上的需要。毛泽东具体分析了运动的作用:一可强健筋骨,二可增进知识,三可调适感情,四可强固意志。"筋骨者,吾人之身;知识、感情、意志者,吾人之心。身心皆适,是谓俱泰。故夫体育非他,养乎吾生、乐乎吾心而已。"③可见,运动于人有一举数功、身心并完之妙用。

事业上的各种运动是毛泽东人生的组成部分,他一刻也离不了。除此以外,他最推崇的体育运动项目要数游泳。在他看来;搏击于风浪,不仅有强身健体之效,还有怡情和砺意之妙。请看他的名作《水调歌头·游泳》:"万里长江横渡,极目楚天舒。不管风吹浪打,胜似闲庭信步,今日得宽余。子在川上曰:逝者如斯夫!""宽余"和"信步"都来自"风吹浪打"。他置身于风浪之中,千里楚天,百世沧桑,尽收眼底。据说他还有躺在水上吸烟的雅兴,多么怡然自得。他喜欢大风大浪,而且越大越好。1954年夏天,北戴河海面上波涛汹涌,毛泽东不顾身边人员的反对,走向大海,并丢下这样的话:风浪越大越好,可以锻炼人的意志。凡事不冒险,就不能成功。人们至今还记得他1966年畅游长江的情景。其时他年届七十有三,以如此高龄作出横渡万里长江的壮举,绝不仅仅

1954年夏天,北戴河海面上波涛汹涌,毛泽东不顾身边人员的反对,走向大海,并丢下这样的话:风浪越大越好,可以锻炼人的意志。凡事不冒险,就不能成功。

---

① 《我眼中的毛泽东》,河北人民出版社1990年版,第313页。
② 《毛泽东早期文稿》,湖南出版社1990年版,第69页。
③ 《毛泽东早期文稿》,湖南出版社1990年版,第72页。

为了体验一下大自然的情趣。他要考验一下自己是否还有青年时代那种"浪遏飞舟"的勇气和力量。果然,当他的力量和勇气在大自然的风浪中得到证实后,他立即回北京登上天安门城楼,向成千上万的红卫兵小将挥动军帽,几下子就"搅得周天寒彻"。

毛泽东崇尚的"动",并不是与己无关的身外之"动",而是自我即在其中的"动"。自我成了运动中的一个能动要素。因此,运动即意味着主体对身外环境的抵抗、斗争。毛泽东的哲学认为一切都是相对的,但有几个东西除外,那就是运动、变化、矛盾、斗争。在他看来,抵抗斗争也是主体自我修炼的一项必不可少的工夫。

毛泽东既尚动,又喜斗。他在早年的日记中写道:与天斗,其乐无穷;与地斗,其乐无穷;与人斗,其乐无穷。他说过:"自古以来,平和与战伐相寻,有一治即有一乱。吾人恒厌乱而望治,殊不知乱亦历史生活之一过程,自亦有实际生活之价值。吾人览史时,恒赞叹战国之时,刘项相争之时,汉武与匈奴竞争之时,三国竞争之时,事态百变,人才辈出,令人喜读。至若承平之代,则殊厌弃之。"[1]他把生灭成毁看做宇宙的自然进化,"吾人其盼其毁,盖毁旧宇宙而得新宇宙,岂不愈于旧宇宙耶!"[2]

到了晚年,在他离见马克思只有几个月的时候,他还对尼克松的女儿朱莉·尼克松说:"除了斗争是肯定的外,其他都是不肯定的。"[3]说着,他还使劲地用两手的食指相戳来强调这种斗争。朱莉·尼克松感到,这位经过 82 年艰苦斗争的主席尽管已经衰老,但是他的头脑却比中国的年轻一代更充满活力,更渴望斗争。他反复向年轻一代提醒斗争的必要性,并预计党内的斗争、阶级间的斗争可能还要进行二三百年。

在毛泽东看来,整个人类历史都是由一连串对立的斗争组成的。从他开始的中国现代史更是一个接一个的"革命战争"的历史。他对战争有一种特殊的感情。战争对他来说就像一首诗,他

---

① 《毛泽东早期文稿》,湖南出版社 1990 年版,第 185 页。
② 《毛泽东早期文稿》,湖南出版社 1990 年版,第 201 页。
③ 《我眼中的毛泽东》,河北人民出版社 1990 年版,第 312 页。

诗歌创作的鼎盛时期正是戎马倥偬的战斗岁月。1955年毛泽东对法国前总理孚尔说："马背上的生活,真有意思。有时我回想那些日子,还觉得留恋。"当斯诺问毛泽东,在比较安定的"国家元首"生活和战斗的"流浪生活"两者之间,他更喜欢哪一种生活时,他毫不犹豫地说:"我更喜欢战斗生活。"

同敌人面对面的战斗,这种生活对毛泽东来说,不仅其乐无穷,而且能像湖南辣椒那样,舒适他的肠胃,健全他的生理功能。他患有慢性便秘,但只要一打仗,他的大便就正常了。他对斯诺说,他在长沙战役期间肠胃消化再好不过了。跟随毛泽东的师哲记得:1945年,他患了重病,有时他躺在床上,全身发抖,手脚痉挛,冷汗不止,夜不成眠,医护人员也不知如何是好。可是到次年6月国民党30万大军分四路向中原解放区大举进攻时,毛的病马上就好了。

运动之效仅仅在养生乐心,完善自我。与天、地、人斗,不仅有强固自我之妙,还能改变身外的生存环境,从而建功立业,实现自我价值于社会历史之中。这种身心并完、人己两利的好事,何乐而不为呢?

一般人常为人间争斗所累,因此取消极逃避的态度。结果是越逃越累,终致大浪淘沙,使自我消失在历史的旋涡中。毛泽东不为其累,反以此为乐,乐此不疲。这样他便能以积极主动进取的精神去面对人生的各种挑战,并依靠他的智慧在斗争中从容取胜。

> 1945年,他患了重病,有时他躺在床上,全身发抖,手脚痉挛,冷汗不止,夜不成眠,医护人员也不知如何是好。可是到次年6月国民党30万大军分四路向中原解放区大举进攻时,毛的病马上就好了。

七、文明其精神,野蛮其体魄

昔日湖南第一师范礼堂门口赫然立着四个大字:德、智、军、美。这是民国初年首任教育部长蔡元培提出的教育方针。德、智是中国传统的教育宗旨,所谓传道、授业、解惑是也。军育是鉴于近代中国兵疲国弱受人欺辱而从自己的敌人——德国和日本学来的。蔡元培的独创是美育,他曾提出以美育代宗教的设想。

就在美育和军育哪一个重要的问题上,毛泽东曾与萧子升发生过一场争论。萧很欣赏美育,毛则认为"军育更为重要"。毛说:如果国家软弱,谈论美学有什么用途?首要的事情是打败侵略我们的敌人!这和美学又有什么关系呢?萧申辩:美育能促进德性的完美。毛反驳:完美德性又有什么用?最重要的事情是强盛起来。有力量,才能战胜敌人,战胜敌人才能显示德性。

这场争论发生在那个国力羸弱的年代并不奇怪。当时的人曾提出"文明其精神,野蛮其体魄"的口号。毛泽东很赞赏这个口号,不过他对两者之间的关系有独特的理解。他的见解是:"欲文明其精神,先自野蛮其体魄;苟野蛮其体魄,则文明之精神随之。"①那时的精神文明包括两项:学问和道德。在毛泽东看来,学问和道德诚然重要,但两者都必须以健全的体魄为基础。"体育,载知识之车而寓道德之舍也"。"体强壮而后学问道德之进修勇而收效远"。因此"体育于吾人实占第一位置"②。

为了达到强健体魄的目的,毛泽东无所不用其极,而且体现"蛮拙"二字。在长沙读书时,他曾融合八段锦、体操、拳击各种运动之长,创造了一种"六段运动",包括手、足、躯干、头部的活动,还有打击和跳跃的动作。他坚持一日数练,长年不辍。此外,还有冷水浴、风浴、雨浴,甚至雪浴。人们常看到他赤着上身在风雨之中跑、跳、蹬、跃。爬山、野游和露宿更是他乐于实行的锻炼方法。毛泽东最喜欢的健身运动是游泳,从少年时代"中流击水"于湘江,到晚年以七十多岁高龄"闲庭信步"于长江,终生不改其乐。

古人称赞周文王"外文明而内柔顺",毛泽东认为这只是对古贤君子风度的形容,而不是对运动而言的。"运动宜蛮拙",如"力拔项王之山,勇贯由基之礼,喑呜颓山岳,叱咤变风云",绝不是什么纤巧之事,"其道盖存乎蛮拙"。"蛮则气力雄,筋骨劲。"③

这充分说明毛泽东对"力量"的注重。他知道"道"与"力"两

> "欲文明其精神,先自野蛮其体魄;苟野蛮其体魄,则文明之精神随之。"

---

① 《毛泽东早期文稿》,湖南出版社1990年版,第71页。
② 《毛泽东早期文稿》,湖南出版社1990年版,第67页。
③ 《毛泽东早期文稿》,湖南出版社1990年版,第75页。

者缺一不可。人类的竞争归根到底是实力的较量。只有能文又能武，用"道"来为"力"张目，以"力"作为"道"的后盾，才能无往而不胜。他曾对张昆弟说："人之心力与体力合行一事，事未有难成者。"但心力与体力比较起来，还是体力更重要。"夫命中致远，外部之事，结果之事也；体力充实，内部之事，原因之事也。体不坚实，则见兵而畏之，何有于命中，何有于致远？"

> 人类的竞争归根到底是实力的较量。只有能文又能武，用"道"来为"力"张目，以"力"作为"道"的后盾，才能无往而不胜。

八、高尚其理想，淡泊其物欲

中国人历来主张"修身以寡欲为要"。朱子有所谓"货色两关打不破，其人不足道也"的说法。孔子的说法则是"不义而富且贵，于我如浮云"。这种重义轻利、重理想轻物欲的价值观，对毛泽东的人生修养影响甚深。

毛泽东在青年时代就具有"骛高远而卑流俗"的气概，用一师同学的话说，他是真有"咬菜根"的精神，不讲吃，不讲穿，心里想的，口里谈的，都是怎样改造国家社会这样的大事。有一次他与张昆弟畅谈人生，不觉感慨而道："西人物质文明极甚，遂为衣食住三者所拘，徒供肉欲之发达已耳。若人生仅此衣食住三者而已足，是人生太无价值。"衣、食、住是人类生存的第一前提，但人生不能仅仅满足于此三点，而应有更高的追求。所以毛泽东主张："吾辈必想一最容易之方法，以解决经济问题，而后追求遂吾人理想之世界主义。"

毛泽东承认乐利乃是人之共性。但不同的人格有不同的乐利追求。"惟圣人不喜躯壳之乐利，而喜精神之乐利。"精神之乐利有两种，其中一种是所谓"颜回之乐"。颜回居陋巷，箪食瓢饮，曲肱而枕，仍不改其乐，人赞其"恶饮食乎陋巷兮，亦足以颐神而保年"。但这只是一种"自得其乐"。毛泽东更为欣赏的是那种有利于他人、有功于社会的乐。如他说："表同情于人，为他人谋幸福"，乃至爱国、爱世界、爱主义，"皆所以利自己之精神也"，"为此吾情始快,吾意始畅"。

毛泽东之所以在理想和物欲之间作出这样的选择,乃是因为他认为过分地追求感官享受,必然冲淡革命理想,丧失革命气节。因此,要做一个有理想、有道德、举大义、成大业的人,就必须安贫乐道,以苦为乐,并有意识地培养自己的吃苦精神。吃苦耐劳乃是成大业的先决条件。用孟子的话说,就是:"天将降大任于斯人也,必先苦其心志,劳其筋骨,饿其体肤,空乏其身,行拂乱其所为,所以动心忍性,增益其所不能。"

毛泽东很懂得这个"天将与之,必先苦之"的道理。《讲堂录》记下了许多这样的警句,如:"淫为万恶首","懒惰为万罪之渊薮","惟安贫者能成事","咬得菜根,百事可做"。立身行事,始终须以"艰苦"二字为先。他所创立的新民学会和中国共产党都具有一种斯巴达式的精神。在组织新民学会时,他特意把不懒惰、不赌博、不浪费、不狎妓等戒条写入会章。在古田会议决议案中,他议定的五条入党条件,其中有三条与勤苦有关,即:"有牺牲精神,能积极工作";"没有发洋财的观念";"不吃鸦片,不赌博"。

《淮南子》曰:"非淡泊无以明德,非宁静无以致远。"宁静毛做不到,淡泊却是他极力奉行,毕生不改的。他一生俭朴过人,他身上的衣着常缀有补丁,脚上穿的皮鞋比普通工作人员的皮鞋还旧。他的饭食只要有辣椒就算是美餐;当用脑过度时,他最高的奢望也不过是吃上一碗红烧猪肉。他的手从不摸钱,在延安不摸钱,转战陕北不摸钱,进城后更不摸钱。他的人生格言可以概括成八个字:艰苦朴素,艰苦奋斗。他所经历的战争生活,其艰苦程度毫不亚于颜回箪食瓢饮的陋巷生活,但是他最优秀的诗篇恰恰产生于这样的时期。即使在进城以后,他仍然对战争年代那种马背上的生活留恋不舍。他反复告诫党的干部要始终保持战争年代那么一股子艰苦奋斗的革命精神。在国家建设时期,他甚至主张高级干部带头住茅棚。他对青年一代的教育,有很大一部分是关于发扬艰苦奋斗的精神,保持艰苦朴素的作风。

在毛泽东看来,穷和苦不是坏事,而是好事,好就好在它可以激发人的斗志,砥砺人的品行。他甚赞泡尔生的幸福观:"无抵抗则无动力,无阻碍则无幸福",认为这是"至真之说,至彻之言"。当泡尔生说:"最高尚之道德非际遇至大之艰苦始未有能完成者",他批道:"振聋发聩之言"。① 他特别欣赏司马迁的那段话:"文王拘而演周易,仲尼厄而作春秋,屈原放逐,乃赋离骚,韩非囚秦,说难孤愤……"在他看来,逆境磨难,正是成才建业的先决条件。

九、威武不能屈,贫贱不能移

孟子对人中之杰"大丈夫"做了如下勾画:"居天下之广居,立天下之正位,行天下之大道;得志与民由之,大得志独行其道。富贵不能淫,贫贱不能移,威武不能屈,此之谓大丈夫。"近世中国这样的大丈夫可以举出很多,但哪一个也比不上毛泽东。

毛泽东曾告诉斯诺,他父亲的严厉是造成他自幼就具有反抗倾向的一个主要原因。同时,把自己青年时代的理想和同情心归结于受了慷慨慈祥的母亲信奉佛教的影响。毛泽东风趣地说:"我们家分成两个'党派'。一个是我父亲,是执政党;反对党由我、母亲和兄弟组成,有时甚至包括雇工。""我家里这场辩证的斗争在不断地发展。"毛泽东从斗争中"懂得了如何保护自己的权利,我一公开反抗,我父亲就缓和下来,而我越一味软弱顺从,他就越训斥我,打我"②。

毛泽东对压迫个性的强权深恶痛绝。五四时期他喊出:"以奋斗反抗强权"的口号,把当时的各种改革归结为一句话:"反强权得自由"。主张反对一切强权,天不要怕,鬼不要怕,死人不要怕,官僚不要怕,资本家不要怕。越是强权,他越要蔑视反对。比

毛泽东风趣地说:"我们家分成两个'党派'。一个是我父亲,是执政党;反对党由我、母亲和兄弟组成,有时甚至包括雇工。"

---

① 《毛泽东早期文稿》,湖南出版社1990年版,第258页。
② 埃德加·斯诺:《红星照耀中国》,河北人民出版社1992年版,第93—94页。

如反对孔子,他说,莫说还有许多别的理由,单就他独霸中国,使思想界不能自由,郁郁乎做了两千年儒家的奴隶这一点,也是不能不反的。

毛可谓真正的"红辣椒",当年湖南的"太上皇"赵恒惕深深尝到过他的辣头。赵曾说,这个姓毛的很厉害,湖南再来一个毛泽东,我便不能立脚了。不仅反赵恒惕,蒋介石、斯大林、杜勒斯,这些更大的权威,也都先后尝了毛泽东的辣头。赫鲁晓夫也不例外,他回忆道:"自我第一次认识毛泽东起,我就认定并告诉我的同志,他绝不会听从于国际共运内部超过他自己的党之上的任何别的共产党,……要是斯大林多活几年,我们和中国的争吵还会早些时候出现。"

在蔑视、反抗强权的另一面,是对弱者的深切同情和怜悯。就像他的慈母一样,毛泽东对受苦人有一副菩萨心肠。少年时代他曾多方周济贫穷和受苦的乡邻。1913年,湖南发生大饥荒,饿死了不少人。20年后,他向斯诺讲起在那场饥荒中死去的人时,眼睛里还是湿润的。中国历代士人都把社会分成"君子"和"小人"两种人,但做这种区分的君子们总是对小人抱鄙夷的态度。毛泽东也曾使用过这种分法,但是他认为"小人"大都可怜悯,力主君子对小人"宜为一援手","当存慈悲之心以救小人"。

毛泽东一生不知向多少权威、大人物发起过挑战,可在普通小百姓面前,他却十分和蔼可亲。罗章龙亲眼见过这样的事:有一次他和毛一起从长沙回韶山,在路上毛泽东见到一位老农在茅屋里打草鞋,便走上去和他一起拉家常。边谈边帮老人槌草、搓绳、编织,织好后又帮他把鞋槌平。

毛泽东最有名的口号之一是:"卑贱者最聪明,高贵者最愚蠢。"他始终相信小人物胜过大人物。他非常喜欢鲁迅的两句诗:"横眉冷对千夫指,俯首甘为孺子牛。"一方面,他要求广大干部和党员像鲁迅那样,做人民大众的牛;另一方面,他从不向"大人物"屈服,几乎没有哪一个"大人物"喜欢他。

十、生死任自然，无往而不乐

　　死亡是人生的极限。人生观的终极关注是对身后之事即死亡的态度。怎样看待人生，归根结底取决于怎样看待死亡。

　　毛泽东以一种超越自我的博大胸怀来看待生死问题。他认为世上各种现象只有变化，并无生灭成毁。成于此者必毁于彼，毁于彼者必成于此。同样，生于此者必死于彼，死于彼者必生于此。人的生死说到底不过是一种自然变化。"人类者自然物之一也，受自然法则之支配，有生必有死"。以自然现象成毁之法则解释之，则"吾人之死未死也，解散而已。生亦是未生，团聚而已矣"。

　　毛泽东把生死成毁理解为变化之后，又进一步将生死与成毁做了区分。他认为："生死问题乃时间问题，成毁问题乃空间问题。"而时间观念的发生，在他看来，"乃存在于客观世界一种物理机械之转变，即地球绕日而成昼夜是也。说但有白昼或但有长夜，即可不生时间之观念。"因而他得出结论："世上有成毁无生死，有空间无时间。"毛泽东由此义而引申，得出一个别开生面之世界，即"吾人试设想除去时间但有空间，觉一片浩渺无边、广博宏伟之大域，置身其中，既无现在，亦无过去，又无未来"。他认为在这种别开生面的世界中，"身体和精神两俱不灭之说"乃可成立。

　　在此基础上，毛泽东对人的生死进行了一番形而上学的体验。他认为死并不一定是件痛苦的事情。人们不可能有死的经验，当他感受到死，他就已经死了，怎么知道死的痛苦呢？生与死为两大界，由生界到死界是一个至渐至微的过程。老人安然寿终，在一种自然状态之中，其事必当如此，有何痛苦？他推测，人之所以畏死，不是畏痛苦，而是因为变化太剧烈。人由生界忽入死界，并且不知道这巨变之后的归宿即身后之事将会怎样，觉得宇宙浩茫，无所凭据，所以极易动人生之悲哀。然而这也没有什么可怕的。人生而有好奇之心，死是人有生以来未曾经验的奇事，痛苦本身就是一大奇境,死后的不可知世界更是奇中之奇。由生忽而入死,这么奇特的巨变是人在生的世界中无法际遇到的,能以一死而遇之岂不是很有价值的吗?如果人长生不死,长住于一个老旧世界,永远经验同一种生活,那才没有多大意思呢!毛泽东以诗人特有的气质正视死亡:"大风卷海,波澜纵横,登舟者引以为壮观,生死之大波澜何独不引以为壮乎?"既然死不足畏,那么生还有什么可悲可叹的呢?因此,毛泽东主张生死任自然,无往而不乐:"有一日之生活,即有一日之价值,使人不畏死,上寿百年亦可也,即死亦可也。"

中国人有"红白喜事"的说法,认为生和死都是可贺之事。这种超然态度很合毛泽东的胃口,因此他称赞中国人懂得生与死的辩证法。有了这种辩证法,毛泽东从不讳言"死"字。到了晚年甚至在接见外宾时,他也经常说"我快要去见马克思了"、"我已经接到了上帝的请柬"之类的话。他还对江青说过:"马克思、列宁也被人们打得粉碎了,何况我们呢?物质不灭,不可粉碎罢了。"在他看来,人活在世上,有能力、有办法改变许多事情,但人之死亡,是任何人都不能违抗的自然规律。看到了死亡的不可避免性,最好的办法当然是泰然处之。

不过,人之死亡包括自然之死和人为之死。自然之死,乃人力无法改变,故只有泰然处之。人为之死,有自杀而死,有被杀而死,两者的价值有高下之分。人本来是以求生为目的的,不应反其意而求死。但当求生不得时,就只有两条出路:一是奋斗被杀而死;二是自杀而死。在这两者之间,毛泽东主张与其自杀而死,不如奋斗被杀而死。奋斗的目的,在于争取有人格的得生,若争取不到,最后玉碎而亡,其价值仍然要比自杀的意义大。因为自杀只是对于不得而生的环境的一种消极反抗,而没有积极的奋争,这样的死,顶多只在人格保全的意义上才有相对的价值。

毛泽东曾将生死的价值归纳为四个档次,其中有人格得生第一,奋斗被杀第二,自杀而亡第三,屈服而生第四。这一价值顺序既表明了他的生存观,又表明了他的死亡观。人都有一生,但价值各不相同。人生最有价值的是积极奋斗,最无价值的是苟且偷生。

"大风卷海,波澜纵横,登舟者引以为壮观,生死之大波澜何独不引以为壮乎?"既然死不足畏,那么生还有什么可悲可叹的呢?因此,毛泽东主张生死任自然,无往而不乐:"有一日之生活,即有一日之价值,使人不畏死,上寿百年亦可也,即死亦可也。"

苟且偷生,生不如死。

同样,死亦有两种价值:人固有一死,或重于泰山,或轻于鸿毛。如果为人民的利益而死,那么这样的死,对自己来说是死而无憾,对他人来说是虽死犹生。正是在这个意义上,毛泽东赞成"一不怕苦,二不怕死"的口号。

总之,要壮丽地生,壮烈地死。生要生得有价值;死要死得有意义。无论对生还是对死都要泰然处之。

十一、欲从天下万事万物而学之

人心有三大要素:知、情、意。学问知识乃心性修养、自我完善的一大要件。孔子曾提出"学、思、行"为"修德三法",主张"博学而笃想,切问而近思",还指出不为学有"愚、荡、贼、狡、乱、狂"六大弊害。

毛泽东对学识的推崇不亚于先师。他认为知识对人心的运动有重大影响:人心循感情冲动及良心而动作者半,循新得之知识而动作者半。人类之有进步、有革命、有改过之精神,就更少不得知识学问。要成事,特别是成人事,就必须拿得定,见得透。"惟明而后可断,既明而断矣,事未有不成者。"为了探得"天下应以何道而动之"的"外观之识",毛泽东活到老,学到老,学而不厌,诲人不倦,甚至向自己提出这样的要求:"才不胜今人,不足以为才;学不胜古人,不足以为学。"

但是,对于学什么、怎样学,毛泽东却是有一番不同于先哲的看法。他认为人的才学知识不单来自于书本,"才有从学问一方得者,有从阅历一方得者"。"闭门求学,其学无用。"应该"从天下国家万事万物而学之"。从这里不难看出毛泽东为什么提出"调查研究"、"实践出真知"、"开门办学"、"以社会为课堂"等主张。

从天下万事万物而学之,除了投身于改造社会的实践,另一个重要途径是"游历"。

为了探得"天下应以何道而动之"的"外观之识",毛泽东活到老,学到老,学而不厌,诲人不倦,甚至向自己提出这样的要求:"才不胜今人,不足以为才;学不胜古人,不足以为学。"

毛泽东很欣赏顾炎武"读万卷书,行万里路"的做法。他说:"欲从天下国家万事万物而学之,则汗漫九垓,遍游四宇尚已。""游之为益大矣哉!登祝融之峰,一览众山小;泛黄勃之海,启瞬江湖失;司马迁览潇湘,泛西湖,历昆仑,周览名山大川,而其襟怀乃益广。"在长沙读书期间,毛泽东常与同学出游。据罗章龙回忆:每次出发前,毛泽东都要和大家讨论游历的目的,首先是求书本以外的知识,到社会大学读书。其次是社会调查,了解农村各种情况。还可以访朋友,发现有志青年。对毛泽东来说,"漫游四宇"是养心益气、丰富才学的重要途径。

青年毛泽东游遍了湖南的名胜古迹,如:远古时代大禹拖过船的禹王碑,南宋词人辛弃疾练过兵的飞虎营,太平天国名将萧朝贵打过仗的妙高峰,岳麓山上杜甫流浪过的崇德寺,祝融峰下韩愈题过诗的南岳庙,还有贾谊祠、屈原故居、王夫之家乡,等等。

1917年,毛泽东从报纸上看到一则消息:两个学生旅游全国并到了西康的打箭炉。"这件事给我很大的鼓舞,"毛对斯诺说,"我想效法他们的榜样,可是我没有钱,我想我应当先试着在湖南旅行一番。"果然,那年暑假,毛邀约萧子升,不带一个铜板,徒步游学湖南五县。他们跋山涉水,走村串户,结识各色人等,体察风土人情,了解历史掌故,真把社会当做一部大书来读。他们在密印寺与老方丈讨论佛经,在安化县与夏默庵交换诗文,在梅城游览孔圣庙、培英堂、东华阁、北宝塔,还到东华山观看了农民起义烈士墓。

从青年时代的山川游趣,到井冈山时期的"绿林"游击,从万里长征到转战陕北,毛泽东一生离不开一个"游"字。他那双穿着草鞋、布鞋踏遍名山大川的大脚,沉重地敲击着中华民族的自然、历史和文化。他游历的所有地方,最终都成为历史的坐标,构成一条布满弹洞和惊叹号的鲜红鲜红的路线,从韶山那座不太起眼的农舍伸向北京城红墙里的菊香书屋。

广义地说,从天下万事万物而学之,还包括了解这些事物的历史。现实是历史的延伸和浓缩。如果毛泽东对中国上下五千年的

他那双穿着草鞋、布鞋踏遍名山大川的大脚,沉重地敲击着中华民族的自然、历史和文化。他游历的所有地方,最终都成为历史的坐标,构成一条布满弹洞和惊叹号的鲜红鲜红的路线,从韶山那座不太起眼的农舍伸向北京城红墙里的菊香书屋。

历史不是那样的了如指掌,他对当时中国的万事万物就不可能那样的洞明透彻。他漫游四宇,同时也在漫游千秋;他览物睹景,同时也在与古人对话。在他的胸怀中,历史感和空间感是融为一体的。

毛泽东承认知识一方面得自实践,另一方面得自书本。而他所理解的书本知识主要是前人经历的积累。毛泽东在这方面的知识,足以使专门家自叹弗如。他成天生活在书的海洋里,而构成他的书海的主要是线装书。一部《二十四史》他批点得密密麻麻。经、史、子、集,甚至野史、传记、游记、民间传说,他无所不读,无一不通,以史为镜,能见兴衰。毛泽东从历史的大海里吸收智慧养料,用于治国安邦,平定天下。

斯诺认为,毛泽东对中国现状的认识和关于中国历史的渊博知识,是毛泽东能够战胜所有对手的一张重要王牌。

十二、问苍茫大地,谁主沉浮

《讲堂录》记述了这样一个故事:汉光武帝刘秀登基后,邀请昔日的同窗好友严光一道临朝执政。但严光不爱仕途,讨厌功名,竟然拒绝了光武帝的美意。宋人敬仰严光不为浮誉所动的高风亮节,立祠以志纪念,并请当朝宰相范仲淹题写了一篇碑文。范在文中亦盛赞严光的气节,谓严不爱权力和俗名,殊为难得。据说毛的修身课老师杨昌济曾要求学生就此事展开评论,看严光到底该不该出任宰相。大多数认为不该。毛泽东的看法与众不同,他认为刘秀登基后,严光应该当宰相,就像比他早200年的前人张良辅佐汉高祖刘邦那样。

不巧,毛泽东本人也发生过一件类似的事情:1950年新中国刚刚成立,毛昔日的友人梁漱溟应邀来到北京。毛向梁发出邀请:"梁先生这一次来到了北京,可以参加我们政府的工作了吧?"然而梁却说:"主席,像我这样的人,如果先把我留在政府外边,不是更好吗?"梁的答复出乎毛的意外,毛当即显出不悦的神色。这两

1950年新中国刚刚成立,毛昔日的友人梁漱溟应邀来到北京。毛向梁发出邀请:"梁先生这一次来到了北京,可以参加我们政府的工作了吧?"然而梁却说:"主席,像我这样的人,如果先把我留在政府外边,不是更好吗?"

件事说明同一个问题：毛泽东不喜欢逃避社会责任的清高遁世态度。

毛泽东认为"人类的目的在实现自我而已"。"实现自我"应凭借于"国家社会种种之组织，人类之结合"。因此他强调"已有高尚之德智"的君子，不能"但顾自己"、"离群索居"，而应当"存慈悲之心以救小人"，"开其智而蓄其德，与之共跻圣域"。这就是说，君子固然应有高尚之道德，但洁身自好并不是真正的君子所为。要做一名真君子，必须"尽力于斯世"，立天下之正位，行天下之大义，以天下为己任，为万世开太平。

从这种积极入世的人生态度出发，青年毛泽东曾大声疾呼："天下者，我们的天下；国家者，我们的国家；社会者，我们的社会。我们不说，谁说？我们不干，谁干？"他还在橘子洲头"问苍茫大地"，到底该由"谁主沉浮"。及至晚年，他仍以同样的价值标准激励青年一代："世界是你们的"，"你们应该关心国家大事"……

毛泽东理想的人生是将个人价值实现于社会责任之中。那么，如果个人价值与社会价值发生冲突，不能两全，又该怎么办？《讲堂录》用"壮士断腕，以全其身"的古喻做了回答："毒蛇螫手，壮士断腕，非不爱腕，非去腕不足以全一身也。彼仁人者，以天下万世为身，以一身一家为腕。惟其爱天下万世之诚也，是以不敢爱其身家，身家虽死，天下万世固生，仁人之心安矣。"毛泽东显然很赞同这种断腕全身、以大局为重的精神，显然很欣赏这种先天下之忧而忧、后天下之乐而乐的人生境界。

青年毛泽东曾大声疾呼："天下者，我们的天下；国家者，我们的国家；社会者，我们的社会。我们不说，谁说？我们不干，谁干？"

十三、君师合一的人格理想

在毛泽东看来，昔日的秦皇汉武、唐宗宋祖、成吉思汗，要么略输文采、要么稍逊风骚、要么只识弯弓射大雕。"俱往矣，数风流人物，还看今朝。"

毛泽东早在青年时代就对"古人奸雄意气之为，以手腕智计为牢笼一世之具"的做法嗤之以鼻。甚至像拿破仑那样的盖世英豪,他也不以为然。他所崇拜、所理想的人物,不是那种虽有大功大名但却欠于品德的豪杰或帝王,而是德业俱全、万世师表的圣贤。《讲堂录》用王船山和杨昌济的两句话表达了毛泽东的价值取向。王船山说:"有豪杰而不圣贤者,未有圣贤而不豪杰者。"杨昌济说得更明白:"帝王一代帝王,圣贤百代帝王。"帝王的能耐无论怎么强大,也只能建功立业于当代,死后难保江山易主。圣贤则可以依靠其精神主宰千秋百世,死后自然是万世师表。

帝王说到底还是"办事之人",只有功业,没有主义。圣贤属于"传教之人",张载所谓"为万世开太平",就是传教之人的理想事业。当然还有第三类人:办事兼传教。这是毛泽东最为理想的事业。只办事不传教,其事难以持久;只传教不办事,其教难以广远。

宋代人将韩琦(北宋大臣)与范仲淹并称,清代人将曾国藩与左宗棠并称。但在毛泽东看来,韩、左不过是办事之人,范、曾则是办事兼传教之人。他与黎锦熙议论时人袁世凯、孙中山、康有为、曾国藩等名流,得出的结论是:"愚于近人,独服曾文正"。为什么呢?因为曾国藩既会办事,又善传教,达到了所谓立功、立德、立言"三不朽"的境界。

这种君师合一、德业俱全的人生理想,支配着毛泽东的一生。早年,他针对中国人"思想太旧,道德太坏"的积弊,提出"当今之世,宜有大气量人,从哲学、伦理学入手,改造哲学、伦理学,根本上变换全国之思想。如此大麾一张,万夫走集;雷电一震,阴霾皆开,则沛乎不可御矣!"

后来,他认识到革命的根本问题是政权问题。有了政权便有了一切,没有政权,纵有大气量、好主义,仍然推广不开。于是他开始领兵打仗,一步步夺取全国政权,并在夺取政权的实践中创造了一套中国式马克思主义。这样,他就成为既有大气量的圣贤,又有大功业的豪杰了。

在毛泽东看来,当把阻碍他的主张实现的旧政权推翻以后,剩

37

下的任务就是要把他从哲学、伦理学改造中获得的新主张加以推广、实行，但是他没有想到这一过程同样不顺利。直到晚年，他不得不发动一场史无前例的"文化大革命"，以便重新塑造人的灵魂，全面推行他的思想，一劳永逸地解决后世问题。"文化大革命"中林彪曾在毛泽东的名字前加上四个定语，但毛泽东对此不感兴趣，只有"伟大的导师"除外。确实，"导师"一词最恰当地表达了他的身份角色。他从教师开始其革命生涯，又以"导师"终结其历史使命。

"文化大革命"中林彪曾在毛泽东的名字前加上四个定语，但毛泽东对此不感兴趣，只有"伟大的导师"除外。确实，"导师"一词最恰当地表达了他的身份角色。他从教师开始其革命生涯，又以"导师"终结其历史使命。

第二章 毛泽东的革命智慧

一、只取了马克思主义的四个字：阶级斗争

毛泽东告诉斯诺：他在 1918 年秋天湖南第一师范毕业时，思想上还处于迷茫状态，"是自由主义、民主改良主义、空想社会主义等观念的大杂烩"。到 1919 年年底他第二次到北京时才找到另一种感觉："我第二次到北京期间，读了很多有关俄国情况的报道，并热心地搜寻当时为数不多的有关共产主义的中文文献。有三本书对我的影响尤其深刻，使我树立起对马克思主义的信仰。一旦接受了它，把它视为对历史的正确阐释，我就再也没有动摇过。这三本书是陈望道翻译的《共产党宣言》，这是第一本译成中文的马克思著作；考茨基著的《阶级斗争》；柯卡普作的《社会主义史》。到 1920 年夏天，我在理论上和一定程度的行动上成为一个马克思主义者，从这时起，我就认为自己是一个马克思主义者。"①

毛泽东认为世界观的转变具有脱胎换骨的性质。因此他在 1920 年所经历的思想转变，对他来说是刻骨铭心的。所以 1941 年在延安的一次讲话中，毛泽东再次谈到他的这一思想经历："记得我在 1920 年，第一次看到了考茨基著的《阶级斗争》，陈望道翻译的《共产党宣言》，和一个英国人作的《社会主义史》，我才知道

有三本书对我的影响尤其深刻，使我树立起对马克思主义的信仰。一旦接受了它，把它视为对历史的正确阐释，我就再也没有动摇过。这三本书是陈望道翻译的《共产党宣言》、考茨基著的《阶级斗争》、柯卡普作的《社会主义史》。

———————————

① 埃德加·斯诺：《红星照耀中国》，河北人民出版社 1992 年版，第 110、116 页。

人类自有史以来有阶级斗争,阶级斗争是社会发展的原动力,初步地得到认识问题的方法论。可是这些书上,并没有中国的湖南、湖北,也没有中国的蒋介石和陈独秀。我只取了它四个字:'阶级斗争',老老实实地来开始研究实际的阶级斗争。"①

这两段自述说明毛泽东成为一个马克思主义者的标志,是学会了"阶级斗争"的思想方法。同时也标志着毛泽东对马克思主义精神实质的解读方式:在他看来,马克思主义的精髓在"阶级斗争"四个字。

毛泽东对马克思主义作出这种选择性理解,与当时世界革命发展的特殊形势和中国革命道路的痛苦选择是分不开的。所谓阶级斗争方式在当时就是指俄国十月革命的道路。1920年9月,蔡和森在给毛泽东的一封信中提出三个著名公式,即:俄国社会革命的出发点=唯物史观;方法=阶级战争+阶级专政;目的=创造共产主义社会。这是蔡和森多年来研究马列主义和俄国革命的心得要领。毛泽东回信表示他"没有一个字不赞成"。三个公式中,"目的"和"出发点"是比较虚的东西,当时迫在眉睫的主要是"方法"的选择。毛泽东的选择是经过反复权衡的。1920年12月1日,毛泽东在致蔡和森和萧子升等人的信中说:"我看俄国式的革命,是无可奈何的山穷水尽诸路皆走不通了的一个变计。并不是有更好的方法弃而不采,单要采这个恐怖的方法"。一个月后,在新民学会长沙集会上,毛泽东再次说道:"俄式(方法)系诸路皆走不通了新发明的一条路,只此方法较之别的改造方法所含可能的性质为多"②。

可见毛泽东把马克思主义中国化的一个重要特点,是在内容极其丰富的马克思主义理论中,只选取了阶级斗争这一理论。毛泽东直到晚年还认为"唯物史观问题,即主要是阶级斗争问题"③。毛泽东曾说他一生只做了两件事:一件叫民主革命;另一件叫社会

1920年9月,蔡和森在给毛泽东的一封信中提出三个著名公式,即:俄国社会革命的出发点=唯物史观;方法=阶级战争+阶级专政;目的=创造共产主义社会。毛泽东回信表示他"没有一个字不赞成"。

① 《毛泽东文集》第二卷,人民出版社1993年版,第378—379页。
② 《毛泽东著作选读》上册,人民出版社1986年版,第2页。
③ 《毛泽东书信选集》,人民出版社1983年版,第602页。

主义革命。又说:"我们在民主革命和社会主义革命中,都是发动群众搞阶级斗争。"①按照这种说法,又可以说毛泽东一生只做了一件事,那就是发动群众搞阶级斗争。毛泽东的一生,深得阶级斗争之精髓。他是从阶级斗争起步的,也是靠阶级斗争成功的。

二、中国革命的首要问题:区分敌、我、友

毛泽东从马克思主义中取得"阶级斗争"四字真经以后,就"老老实实地来开始研究实际的阶级斗争"。1925 年 11 月 21 日,毛泽东在填写《少年中国学会改组委员会调查表》时,这样描述他的个人简历:"教过一年书,做过两年工人运动,半年农民运动,一年国民党的组织工作。"在"学业"一栏中写道:"研究社会科学,现在注重研究中国农民问题。"②毛泽东在另一个地方总结说:"我做了四个月的农民运动,得知了各阶级的一些情况"③。

基于他 1925 年上半年在韶山从事农民运动的经验,毛泽东写出《中国农民中各阶级的分析及其对于革命的态度》一文,于 1926 年 1 月 1 日在国民党中央农民部机关刊物《中国农民》上发表。然后,在这个基础上,经过由点到面、由特殊到普遍的提升工作,毛泽东于 1926 年 2 月 1 日发表《中国社会各阶级的分析》一文。这是毛泽东研究中国实际的阶级斗争的第一个理论成果。

毛泽东是为了进行阶级斗争才对中国社会进行阶级分析的。因为阶级斗争的前提是阶级分析,只有先把人群分成不同的阶级,然后才能发动这一部分人去同那一部分人进行斗争。所以《中国社会各阶级的分析》一文就开宗明义地说:"谁是我们的敌人?谁

> 毛泽东从马克思主义中取得"阶级斗争"四字真经以后,就"老老实实地来开始研究实际的阶级斗争"。

---

① 毛泽东:《在中国共产党第八届中央委员会第二次全体会议上的讲话》,1956 年 11 月 15 日。

② 金冲及主编:《毛泽东传(1993—1949)》,中央文献出版社 1996 年版,第114 页。

③ 《毛泽东文集》第二卷,人民出版社 1993 年版,第 379 页。

是我们的朋友？这个问题是革命的首要问题。中国过去一切革命斗争成效甚少，其基本原因就是因为不能团结真正的朋友，以攻击真正的敌人。"

为什么不能团结真正的朋友以攻击真正的敌人？因为分不清哪是敌人、哪是朋友，有时认敌为友，错把敌人当朋友来团结，犯右倾机会主义错误；有时认友为敌，错把朋友当敌人来攻击，犯"左"倾机会主义错误。毛泽东认为这不是目的上的错误，而完全是策略上的错误。《中国社会各阶级的分析》原文中强调："中国革命亘三十年而成效甚少，并不是目的错，完全是策略错。所谓策略错，就是不能团结真正的朋友，以攻击真正的敌人。"①

可见，毛泽东分析中国社会各阶级的目的，是为了解决革命策略问题，明确革命的对象和动力，领导者和同盟军。这一目的清楚地表现在全文的结论中。这个著名的结论指明了谁是我们的敌人，谁是我们的朋友，谁是可以依赖的朋友，谁是应当提防的朋友。这就为中国革命一举解决了团结谁、依靠谁、打击谁的问题，为新民主主义革命的总路线和总政策画出了草图。

毛泽东对中国社会各阶级的分析是为了从政治上区分敌、我、友。因此在他这里，社会各阶级的分析和政治上敌、我、友的区分是同一个概念。对他来说，所谓区分敌、我、友，就是把人群划分为不同的阶级；把人群划分为不同的阶级，就是区分敌、我、友。

（旁注：《中国社会各阶级的分析》原文中强调："中国革命亘三十年而成效甚少，并不是目的错，完全是策略错。所谓策略错，就是不能团结真正的朋友，以攻击真正的敌人。"）

三、区分敌、友、我的标准：生活状况和政治态度

把人群划分成不同的阶级，如同对事物进行分类，需要有一定的标准。毛泽东使用的标准是"各阶级的经济地位及其对于革命的态度"。对这两个标准间的关系，毛泽东取历史唯物主义态度，

---

① 毛泽东：《中国社会各阶级的分析》，《中国农民》1926 年 2 月 1 日第 1 卷第 2 期。

认为经济地位决定革命态度。从这个意义上说,毛泽东是很重视划分阶级的经济标准的。问题是他所说的经济标准或经济地位的具体含义是什么。

毛泽东所说的"经济地位"与列宁的阶级定义所说的"在一定社会生产体系中所处的地位"有所不同。在《中国社会各阶级的分析》原文中完全没有涉及各阶级在社会生产体系中的地位的内容。人们现在从该文中看到的有关各阶级在社会生产体系中的地位的描述,例如地主买办阶级"代表中国最落后的和最反动的生产关系,阻碍中国生产力的发展",中产阶级"代表中国城乡资本主义的生产关系","自耕农和手工业主所经营的都是小生产的经济",半自耕农、贫农和小手工业者多多少少都要"出卖一部分劳动力","工业无产阶级是中国新的生产力的代表者",等等,这些表述都是后来正式出版《毛泽东选集》时添加上去的,在1926年发表的《中国社会各阶级的分析》原文中并没有这些内容。

毛泽东所说的经济地位,如果不是指各阶级在社会生产体系中的地位,那么它是指什么呢?确切地说,它是指财产状况和生活水准。财产状况包括生产资料和生活资料。生产资料毛泽东也讲了一些,如土地、工具、资金的占有情况。但是毛泽东讲得更多的是生活资料和生存状态,例如,他说:小资产阶级的右翼"是有余钱剩米的";中派"经济上大体可以自给",但须起早散晚方能维持生活;其左翼"原来是所谓殷实人家","后来逐年下降,负债渐多,渐次过着凄凉的日子";半自耕农的"食粮每年大约有一半不够",青黄不接时要高利向人借贷,比自耕农"境遇要苦";一部分贫农"生活苦于半自耕农",每年劳动自己只得一半,须种杂粮、捞鱼虾、饲猪鸡才能"勉强维持生活";另一部分贫农更苦,"送租之外,所得无几","债务丛集,如牛负重";小手工业者"因其家庭负担之重,工资和生活费用之不相称,时有贫困和失业的恐慌";店员"以微薄的薪金,供家庭的费用",常常"叫苦不迭";小贩"本小利微,吃着不够";雇农"劳动时间之长,工资之少,待遇之薄,职业之不安定,超过其他工人";等等。

毛泽东所说的经济地位,如果不是指各阶级在社会生产体系中的地位,那么它是指什么呢?确切地说,它是指财产状况和生活水准。

这些描述所讲的都是持有财产的多少,吃穿待遇的好坏,总之是生活状况,即日子好不好过的问题,而不是各阶级在社会生产体系中的地位问题。

毛泽东不拘泥于各阶级在社会生产中的地位,而着重从贫富差异和生存状况上来区分不同的阶级,这种做法显然是因为他进行阶级分析的目的,不是对社会各阶级做科学的、客观的、中性的考察,而是为了寻找革命力量,弄清谁是我们的敌人,谁是我们的朋友。从寻找革命力量这一目标出发,毛泽东这样做是很有道理的。因为生活状况可以直接决定人们对于现状是否满意,从而决定人们对于变革现状的革命运动持什么态度。

但是由此也决定了毛泽东笔下的"无产阶级"和"资产阶级"带有很强的中国特色:他的"资产阶级"相当于一个"富人"的集合,"无产阶级"相当于一个"穷人"的集合。为什么产业工人、都市苦力、农村雇农、游民阶层都称之为无产阶级? 就是因为他们有一个共同特点:两手空空,一无所有。为什么知识分子无论大小都划入资产阶级和小资产阶级范畴,而不归入无产阶级或半无产阶级范畴? 就是因为他们的生活状况一般来说都不会太差,较之劳苦大众他们的日子过得不坏。

毛泽东就是根据贫富程度和生活境况依次论定五大阶级:最穷的是无产阶级,次穷的是半无产阶级;反之,最富的是大资产阶级,次富的是中产阶级;中间状态,不富也不穷的,就叫小资产阶级。直到 20 世纪 50 年代毛泽东还持这种观点,认为"世界上最愿意改变自己的地位的是无产阶级,其次是半无产阶级,因为一则全无所有,一则有也不多"①。从这种观点中极易得出越穷越革命、越富越不革命的结论,构成毛泽东领导的中国革命的一大特色。

在经济地位和革命态度两项指标中,毛泽东更注重革命态度这一项。文中几乎每一个阶级、每一个阶层都谈到了他们对待革命的态度问题,如说大地主买办阶级"始终站在帝国主义一边,是

左栏:毛泽东不拘泥于各阶级在社会生产中的地位,而着重从贫富差异和生存状况上来区分不同的阶级,这种做法显然是因为他进行阶级分析的目的,不是对社会各阶级做科学的、客观的、中性的考察,而是为了寻找革命力量,弄清是我们的敌人,谁是我们的朋友。

---

① 《毛泽东著作选读》下册,人民出版社 1986 年版,第 794 页。

44

极端的反革命派";中产阶级"对于中国革命具有矛盾的态度……其政治主张为实现民族资产阶级一阶级统治的国家";小资产阶级中的右翼"对于中产阶级的宣传颇相信,对于革命取怀疑态度",中派对革命"取了中立的态度,不肯贸然参加,但是绝不反对革命",左翼"在革命运动中颇要紧,颇有推革命的力量";半无产阶级中的"半自耕农的革命性优于自耕农而不及贫农",贫农"极易接受革命的宣传",店员"对于革命宣传极易接受",小贩也和贫农一样"需要一个变更现状的革命",等等。

原文后面附有一张表,作为全部分析工作的总结,却只列出"各阶级的人数"和"对于革命的态度"这两项。① 这足以说明毛泽东的阶级分析所关注的重心是各阶级在革命运动中的力量和动向以及可能起的作用,而不是各阶级在社会经济生活中所处的地位和作用。由此决定毛泽东的阶级概念在很大程度上是个政治范畴,而不是经济学、社会学范畴。而这正好与《中国社会各阶级的分析》一文的主题思想即区分敌、我、友相吻合。敌、我、友是政治概念,因此区分敌、我、友,首先要看政治态度,也就是对待革命的态度:是赞成、反对,还是观望?

强调革命态度在阶级分析中的作用,使得毛泽东的阶级分析方法具有两个明显的优点。其一是对中间阶级两重性的准确把握。例如,毛泽东看到:"那动摇不定的中产阶级,其右翼可能是我们的敌人,其左翼可能是我们的朋友。"小资产阶级中的三个部分,对于革命的态度也各不相同。中国革命中的一些重要命题,如"民族资产阶级的两重性","小资产阶级是可靠的同盟军",都是就其革命态度而言的。

其二是毛泽东对阶级关系动态性的及时把握。例如,毛泽东看到:"小资产阶级的三个部分,对于革命的态度,在平时各不相同;但到战时,即到革命潮流高涨、可以看得见胜利的曙光时,不但

敌、我、友是政治概念,因此区分敌、我、友,首先要看政治态度,也就是对待革命的态度:是赞成、反对,还是观望?

---

① 参见毛泽东:《中国社会各阶级的分析》,《中国农民》1926 年 2 月 1 日第 1 卷第 2 期。

小资产阶级的左派参加革命,中派亦可参加革命,即右派分子受了无产阶级和小资产阶级左派的革命大潮所裹挟,也只得附和着革命。"看到中间阶级的两重性和阶级关系的变动性,是毛泽东根据革命形势变化及时调整革命策略,从而能动地驾驭革命形势的重要保证。

强调生活状况甚于生产关系,革命态度甚于经济地位,使得一些特殊阶层在革命中的地位和历史上的作用悄然发生变化。其中最值得一提的是游民无产者和知识分子这两个角色。

马克思在《共产党宣言》中说:"流氓无产阶级是旧社会最下层中消极的腐化的部分,他们在一些地方也被无产阶级革命卷到运动里来,但是,由于他们的整个生活状况,他们更甘心被人收买,去干反动的勾当。"①毛泽东从生存状态和对革命的作用方面来看问题,对这部分人给予了积极的评价,认为"他们乃人类生活中最不安定者"②,"这一批人很能勇敢奋斗,但有破坏性,如引导得法,可以变成一种革命力量"。"但有破坏性"几个字还是正式出版选集时加上去的。正式出版选集时把"流氓无产阶级"改为"游民无产者"并且单独作为一个自然段。实际上在原文中,"游民无产阶级"和"工业无产阶级"、"都市苦力工人"、"农村无产阶级"是放在同一个自然段,作为"无产阶级"的四个实际构成部分来看的。

《中国社会各阶级的分析》原文在大、中、小三个资产阶级中都标明了相应的知识阶层,分别为"反动派知识阶级"、"高等知识分子"和"小知识阶级"。在"半无产阶级"和"无产阶级"这两个类别中则没有与之相应的知识阶层。这意味着知识分子在中国无论大小都只能属于资产阶级范畴,而不能属于无产阶级范畴。知识分子只能"姓资"不能"姓无",这也是由上述阶级分析标准造成的。知识分子的大部分虽然不拥有物质生产资料,但是他们的生活消费资料多少还是有保障的,所以他们可以按生活档次的高低

---

① 《马克思恩格斯选集》第1卷,人民出版社1995年版,第283页。
② 毛泽东:《中国社会各阶级的分析》,《中国农民》1926年2月1日第1卷第2期。

依次归入大、中、小三个资产阶级,而不能像"生活最不安定"的游民无产者那样归入无产阶级,甚至连半无产阶级也不够格。知识分子虽然没有什么物质财产,但是他们却拥有一种精神财富即知识,这就决定了他们的革命态度很难像工人、农民那样坚决果断。据此就不难明白为什么毛泽东时代中国知识分子总带有一个"资产阶级"或"小资产阶级"的尾巴。直到毛泽东时代结束,邓小平时代开始,中国知识分子才脱掉"资产阶级"的帽子而成为"工人阶级的一部分"。

直到毛泽东时代结束,邓小平时代开始,中国知识分子才脱掉"资产阶级"的帽子而成为"工人阶级的一部分"。

四、异质生产关系一体化的阶级分析方法

毛泽东依据贫富程度把中国社会划分为五大阶级。从各阶级的构成要素来看,每个阶级中都含有乡村社会和城市社会、农业经济和工商业经济、封建主义生产方式和资本主义生产方式这样的双重社会经济和生产关系。

例如"地主阶级和买办阶级",原文中称"大资产阶级",并列举出五种成分:"买办阶级、大地主、官僚、军阀、反动派知识阶层"。正式出版时删繁就简,概括为两大阶级:"地主阶级和买办阶级"。这两大阶级就分属于乡村和城市两种不同的社会结构、农业和工商业两种不同的经济体系、封建主义和资本主义两种不同的生产方式。

又如"中产阶级",选集解释"中产阶级主要是指民族资产阶级",原文列举出三个要素:"华资银行工商阶级、小地主、许多高等知识分子"。其中"工商阶级"和"小地主"亦分属于城市和乡村两种不同的社会结构,工商业和农业两种不同的经济体系,资本主义和封建主义两种不同的生产方式。

再如"无产阶级",从叙述内容中可以看出包括"工业无产阶级"、"都市苦力工人"、"农村无产阶级"和"游民无产者"四个组成部分,也是分属于乡村和城市两种不同的社会结构,农业和工商业

两种不同的经济体系,封建主义和资本主义两种不同的生产方式。

只有在小资产阶级和半无产阶级中,这种分属于不同社会经济结构和生产方式的情况才不太明显,从而可以忽略不计。

这说明什么问题? 说明毛泽东在划分中国社会各阶级时,对城市和乡村这两种不同的社会结构,工商业和农业这两种不同的经济体系,封建主义和资本主义这两种不同的生产方式,做了一元化的统一处理。这种处理方式的特点是:只考虑各阶级在财产状况和生活境遇上的差别,而不考虑它们在社会经济结构和生产方式上的差别。

由此可以看出毛泽东和马克思在阶级观上的差异。马克思认为"阶级的存在仅仅同生产发展的一定历史阶段相联系"①。"社会之划分为阶级或等级,是由生产什么、怎样生产以及怎样交换产品来决定的。"②因此,在马克思那里,阶级存在于一定的社会经济结构中,阶级从属于一定社会的生产方式。社会各阶级的历史地位或进步与否,要看它代表什么样的生产力,以及在生产关系中处于什么地位。

按照马克思的阶级观,在划分社会各阶级时,不仅要考虑各阶级的财产状况和生活水准,而且要考虑各阶级所处的经济结构和所在的生产方式。例如地主阶级和农民阶级,从生产关系和财产状况来说,它们是两个对立的阶级。但是它们又同属于乡村社会,同属于农业经济体系,同属于封建主义生产方式。因此这两大阶级,虽然是对立的,但又有同一性,同属一体,相互依存。所以它们在历史上的运动,不是采取一个消灭另一个的方式,只能采取双方同归于尽的方式,即同时被一种更高的生产方式和社会形态所代替。资产阶级和无产阶级的关系也是如此,只不过它们属于另一个矛盾统一体,所处的社会经济结构和生产方式不同于地主阶级和农民阶级罢了。

毛泽东在划分中国社会各阶级时,对城市和乡村这两种不同的社会结构,工商业和农业这两种不同的经济体系,封建主义和资本主义这两种不同的生产方式,做了一元化的统一处理。

① 《马克思恩格斯选集》第4卷,人民出版社1995年版,第547页。
② 《马克思恩格斯选集》第3卷,人民出版社1995年版,第617页。

按照马克思的阶级观,工人阶级和农民阶级虽然都是贫苦阶级、被剥削阶级,但是因为它们从属于不同的生产方式,所以不能相提并论,应有先进和落后的区分。资产阶级和地主阶级的关系也是如此,虽然它们都是富有阶级、剥削阶级,但是由于它们从属于资本主义和封建主义两种不同生产方式,不能归为一类或画上等号。它们虽然同属于剥削阶级,但却是两个彼此对立的阶级,因为它们代表着两种不同的生产方式,在社会生产和历史运动中有先进与落后之分:资产阶级先进于地主阶级,地主阶级落后于资产阶级。因此资产阶级革命的目的就是要消灭封建地主阶级及其所代表的生产方式。这是一个消灭另一个的关系,因此两者不能画上等号,归入同一类别、同一阶级。

看来毛泽东的阶级分析方法和马克思的阶级分析方法之间确实存在着差异。问题是我们如何看待这种差异。马克思的阶级分析方法,最大的特点是要注意到社会各阶级与它们所从属的经济结构、所代表的生产方式之间的关联性和统一性。然而在半封建半殖民地的中国社会,最大的特点恰恰就是生产方式和社会经济结构的非单一性。从这种社会性质的命名"半封建半殖民地"中就可以看出,其中至少有这样两种不同的生产方式或社会结构:一半是封建主义的,另一半是资本主义的。可是如果我们考虑到这两种不同生产方式和社会结构的差异,那就很难用一个统一的标准去对中国社会各阶级进行统一的划分、归类和排队。这个难题曾经困扰了许多早期中国共产党人,在他们对中国社会各阶级的分析中,常常是顾了这一半就顾不了那一半,最后弄出一幅支离破碎的阶级画卷来,不知其中到底谁是敌人谁是朋友,自己应该站在哪一边。

毛泽东解决这个难题的办法是从中国社会的实际出发,将分别处于资本主义和封建主义两种不同生产方式和经济结构中的各阶级做统一处理,对这两个系统中的阶级在生产方式和经济结构方面的差异忽略不计。所以在《中国社会各阶级的分析》的原文中,毛泽东有这样的说法:"无论哪一个国内,天造地设,都有三等

毛泽东解决这个难题的办法是从中国社会的实际出发,将分别处于资本主义和封建主义两种不同生产方式和经济结构中的各阶级做统一处理,对这两个系统中的阶级在生产方式和经济结构方面的差异忽略不计。

人,上等、中等、下等,详细点分析则有五等:大资产阶级、中产阶级、小资产阶级、半无产阶级、无产阶级。"然后毛泽东就拿这个模式去覆盖工农两种不同生产方式和城乡两种不同社会结构:"拿农村说:大地主是大资产阶级,小地主是中产阶级,自耕农是小资产阶级,半自耕农、佃农是半无产阶级,雇农是无产阶级。拿都市说:大银行家、大商业家、大工业家是大资产阶级,钱庄主、中等商人、小工厂主是中产阶级,小商人、手工业主是小资产阶级,店员、小贩、手工业工人是半无产阶级,产业工人、苦力是无产阶级。"①

因此毛泽东就有这样的做法:封建地主阶级和买办资产阶级合为同一个"大资产阶级"。"中产阶级"不仅指民族资产阶级,在原文中还包括农村中的小地主。属于封建农业生产方式的农民阶级依照贫富等级划归另外三大阶级,即自耕农和小商人等同属于"小资产阶级",贫农和店员等同属于"半无产阶级",城市产业工人和农村中的贫雇农同属于"无产阶级"。毛泽东就是按照这种方式,将城市中工商业资本主义生产方式中的各阶级,与农村中封建农业生产方式中的各阶级,作出统一的处理,以同一个标准,纳入一个统一的系列:大资产阶级、中产阶级、小资产阶级、半无产阶级、无产阶级五大类型。在这幅阶级图画中,各大阶级在生产方式和社会性质方面的差异隐而不显,各阶级在财产状况和贫富程度上的差异则得到了充分凸显。

差异是客观存在的,问题是怎么评价。如果像某些西方评论家那样,根据上述差异就判定毛泽东偏离了马克思主义,那就是对马克思主义搞教条主义,而不考虑中国的实际情况。如果考虑到中国的实际情况,那么我们就只有两个选择。一个选择是,鉴于中国社会的复杂性质,马克思的阶级分析方法无法应用到中国,因此就不要对中国社会进行阶级分析,不要在中国搞新民主主义革命和社会主义革命。另一个选择是,像毛泽东那样,根据中国实际对

在这幅阶级图画中,各大阶级在生产方式和社会性质方面的差异隐而不显,各阶级在财产状况和贫富程度上的差异则得到了充分凸显。

① 毛泽东:《中国社会各阶级的分析》,《中国农民》1926年2月1日第1卷第2期。

马克思主义作出相应变通,从中国实际出发制定相应的革命策略。要么是毛泽东的做法,要么就不要在中国搞马克思主义。因此只要在中国搞马克思主义,就必须采取毛泽东的做法。毛泽东的做法就是把马克思主义同中国实际相结合,而这正是马克思主义中国化的题中应有之义。

只要在中国搞马克思主义,就必须采取毛泽东的做法。毛泽东的做法就是把马克思主义同中国实际相结合,而这正是马克思主义中国化的题中应有之义。

五、中国革命的逻辑:多层次伸展自如的两极三分法

在毛泽东的阶级分析方法背后,还有一个更一般的哲学思想方法。这个更一般的哲学思想方法应该同毛泽东给出的中国社会各阶级的总体结构有关。毛泽东给出的中国社会各阶级的总体结构是五大阶级。人们不禁要问:为什么是五大阶级,而不是四大阶级或六大阶级? 也不是通常所说的两大对抗阶级? 对此,《中国社会各阶级的分析》原文开头第二自然段有一个重要提示:"无论哪一个国内,天造地设,都有三等人:上等、中等、下等,详细点分析则有五等:大资产阶级、中产阶级、小资产阶级、半无产阶级、无产阶级。"[1]

这段话说明:毛泽东对中国社会阶级的"五分法"实基于"三分法"。而这个"三分法"就是毛泽东思想中的一种哲学思维方式,因为它在毛泽东的思想里具有恒定性。这里说的"上、中、下"三等人,与毛泽东早年说的"圣、贤、愚"三等人,明显具有结构上的相似性。与毛泽东晚年经常说的"左、中、右"更有相似性。1957 年反右时有人提出疑问:"你们把人们划分成左、中、右,未免不合情况吧"? 毛泽东理直气壮地回答:"除了沙漠,凡有人群的地方,都有左、中、右,一万年以后还会这样。为什么不合情况?"

---

[1]　毛泽东:《中国社会各阶级的分析》,《中国农民》1926 年 2 月 1 日第 1 卷第 2 期。

"我们从来就是把人群分为左、中、右,或叫进步、中间、落后,不自今日始,一些人健忘罢了。"①毛泽东这是在提醒人们注意,他在30年后说的"左、中、右"与他30年前讲的"上、中、下"实为同一思路。毛泽东毕生念念不忘的"敌、我、友"从思想方法上说也是基于这种三分法。因此可以说,毛泽东分析中国社会各阶级的概念框架或方法论原则就是这种"上、中、下"/"左、中、右"/"敌、我、友"的三分法。

为了认识毛泽东这种三分法的哲学性质,我们不妨将其同陈独秀的三分法做一比较。陈独秀曾把中国资产阶级分成这样三部分:其一是"革命的资产阶级",指受帝国主义和封建军阀压迫的民族资产阶级;其二是"反革命的资产阶级",即依附于帝国主义和军阀势力的官僚买办阶级;其三是"非革命的资产阶级",指小工商业者。陈独秀把资产阶级分做官僚买办阶级和民族资产阶级这一点和毛泽东是相同的。不同者在第三点上。陈独秀说的"非革命的资产阶级"相当于毛泽东说的"小资产阶级",在毛泽东看来小资产阶级的革命性还要强于民族资产阶级,为什么在陈独秀那里却成了非革命的呢? 除了社会历史观的差异,还有一个重要原因是两人使用的三分法不同。陈独秀的三分法前一半(革命和反革命)是经验方法("正—反"是经验事实),后一半(革命和非革命)是逻辑方法("是—非"是逻辑关系)。这两种方法往往是不一致的,在资产阶级关系不发达的中国社会里更是如此。陈独秀却想把这两种方法糅合在一起,结果就使他的第二项(反革命的)和第三项(非革命的)总有一个要落在两分法之外。

毛泽东的三分法实基于两分法。他首先根据一个统一的标准,比如贫穷还是富裕,把所有的人都一分为二,分成不满意现状和满意现状、革命或不革命或反革命两部分。然而这种两分法运用到现实事物中,却会遇到现实事物的连续性的"抗议":现实事

（左侧边注） 毛泽东分析中国社会各阶级的概念框架或方法论原则就是这种"上、中、下"/"左、中、右"/"敌、我、友"的三分法。

---

① 《建国以来重要文献选编》第十册,中央文献出版社1994年版,第269页。

物是连续性和间断性的统一,再强的两极性中间也是逐步过渡的。因此很难把一个统一物截然地一分为二。如果一定要这么分,就会遇到许多使你觉得放到这边不妥放到那边也不妥的中间事物。毛泽东处理这一困难的办法是尊重事实,把暂时无法归入两极中任何一方的中间状态单独立为一项,这样就出现"一分为三"的结构。但是这个第三者处在两极的中间,而不是像陈独秀那样落在两极之外。在毛泽东看来,介于革命和反革命这两个极端之间的中间状态也是可以分析的,或者赞成革命,或者反对革命,只是赞成和反对的程度不像两极上的阶级那么坚决彻底。因此根本不存在什么既不革命也不反革命的非革命者,中间派迟早要发生分化。这一比较让我们知道毛泽东的三分法是从事实出发而不是从逻辑出发,因此他的三分法是动态的而不是静态的。

対于从三分法中如何引出五大阶级,毛泽东的说法是:上、中、下三等人,详细点分析则有五等,即五大阶级。要从思维方式上问这个"五"是如何由"三"变来的,可以有两种回答:一是对两极的中间状态再次一分为三,这样原来的"两"再加上这个新的"三"就成了"五"。二是因为在两个"极端"和一个"中间"这三者之间,由于连续性使然又各有两个过渡性的"中间",按同样的方法把这两个"中间"加以中立化,即单独立为两项,加上原来的三项,合起来也是五项。

按照同样的方法,"五大阶级"中的每一个都可以再次"一分为三"。例如,处在无、资两大阶级正中间的"小资产阶级"内部仍然"有三个不同的部分":有余钱剩米的为其右翼,大体可以自给的是中间派,生活下降年年叹亏的为其左翼。处在"小资产阶级"和"无产阶级"中间的"半无产阶级"本身"仍有上、中、下三个细别":半自耕农为上层,次贫者为中层,赤贫者为下层。"民族资产阶级"之所以归入"中间阶级",就因为它处在"大、中、小"三个资产阶级的"中间";而这个"中间阶级"本身又有左翼、右翼和中间的区分。"大资产阶级"都是敌人,没有分左、中、右,但不是不能分,后来毛泽东分了,因此才有"各个击破,争取多数,孤立少数,

毛泽东的三分法是从事实出发而不是从逻辑出发,因此他的三分法是动态的而不是静态的。

分化瓦解"的对敌方针。"无产阶级"一项未作进一步划分,其实也不是不可分的,毛泽东后来就常将工人阶级内部分成先进、中间、落后三部分。

总之,毛泽东分析中国社会各阶级的哲学思维方法,是一种多层次可伸缩的两极三分法。该方法又在马克思主义哲学中国化的逻辑进程中起了决定作用。因此可以说它是中国革命的逻辑——表现在哲学层面的智慧。

六、做广大被压迫民众的旗手

洛厄尔·迪特默说:毛泽东一生大多数时间都在造权威们的反。他总是站在被剥削的人们一边,做受压迫群众的旗手。①

权威是强者的象征。受剥削、受压迫的群众都是社会生活的弱者。一般人总是希望自己站在强者一边,而不愿站在弱者一边。因为站在弱者一边,自己会受到拖累,不但强不起来,反而自己也会沦为弱者。毛泽东则反其道而行之:他一贯站在弱者一边,反而成为最有力量的强者。这是什么原因?

权威是强者的象征。受剥削、受压迫的群众都是社会生活的弱者。一般人总是希望自己站在强者一边,而不愿站在弱者一边。因为站在弱者一边,自己会受到拖累,不但强不起来,反而自己也会沦为弱者。毛泽东则反其道而行之:他一贯站在弱者一边,反而成为最有力量的强者。

原因在于中国的弱者占社会总人口的绝大多数。毛泽东站在他们一边,为他们说话办事,他们自然就站到毛泽东一边,团结在毛泽东的周围。这样,毛泽东就成了大多数人的代表,一下子变成了举世无双的强者。相反,原来的强者,因为是少数,加在一起也敌不过毛泽东。

大多数受剥削、受压迫的弱者生活贫困,但只要给他们些许关怀,他们就会把你看做大恩人;他们没有地位,受人欺负,谁要是为他们说几句话,他们就会感激不尽;他们没有文化,被人看不起,但只要平等相待,说他们能够听得懂的话,他们就会把你引为知心人。

———————

① 参见《外国人眼中的毛泽东》,华岳文艺出版社1989年版,第245页。

毛泽东之所以敢于蔑视一切权威,敢于向一切强者挑战,并不是因为他本人特别强大,而是因为他身后有千百万真心实意拥护他的群众。这时的毛泽东就不是他一个人了,而是一个占总人口绝大多数的庞大群体。这就是毛泽东打遍天下无敌手的根本原因。

毛泽东自己十分明白这一点。所以他在寻找自己的角色定位时,总是把自己放在大多数一边,绝不让自己站到大多数的对立面上去。他认为这是革命的首要问题。1926 年,毛泽东算了一笔账,发觉中国 4 亿人口,其中工农群众有 2.45 亿,占 61.25%。这当然是他要依靠的力量,但他觉得还不够,还不是绝大多数。他发觉还有 1.5 亿小资产阶级。他对小资产阶级的情调从来不抱好感,但是他始终把小资产阶级划在革命动力一边,作为可交的朋友来对待。其原因就是他一再强调的,这是一亿之众,不能让他们跑到敌人那边去。

把小资产阶级也团结到自己身边,这样我们力量就更强大了,占到总人口的 98.75%,即 3.95 亿之众,一个绝对的大多数。于是毛泽东信心十足地说:"我们真正的朋友有多少?有三万万九千五百万。我们真正的敌人(指大资产阶级)有多少?有一百万。那可敌可友的中间派(指中等资产阶级)有多少?有四百万。让这四百万算做敌人,也不枉他们有一个五百万人的团体,依然抵不住三万万九千五百万人的一铺唾沫。"①

占人口 90% 以上的大多数,除了数量大,还有三个特点:一是受剥削,极其贫穷;二是受压迫,没有权利;三是无文化,被人看不起。毛泽东既然站在这样一个大多数的立场上,就必然要与另外的三种人作对:一是代表财富的剥削者,二是代表权力的统治者,三是垄断文化的知识分子。这三种人的财富、权力和知识都是力量的体现。所谓毛泽东造权威们的反,就是造这些人的反。因此,

---

① 毛泽东:《中国社会各阶级的分析》,《中国农民》1926 年 2 月 1 日第 1 卷第 2 期。

"我们真正的朋友有多少?有三万万九千五百万。我们真正的敌人(指大资产阶级)有多少?有一百万。那可敌可友的中间派(指中等资产阶级)有多少?有四百万。让这四百万算做敌人,也不枉他们有一个五百万人的团体,依然抵不住三万万九千五百万人的一铺唾沫。"

凡是拥有财富、拥有权力、拥有知识的人,如果不是他必然的敌人,也是他可能的敌人。

他承认劳动人民身上也有缺点,但他主张这些缺点应记在剥削阶级的账上。他领导一场人民革命,就是要带领广大被剥削群众向剥削阶级讨还这笔账,并把剥削者改造成自食其力的劳动者。所以,20世纪60年代,当他发现又有些人"已经变成或者正在变成吸工人血的资产阶级分子"时,又开始酝酿另一场革命了。

旧社会的有权阶级被他领导的人民革命秋风扫落叶般的扫荡了,新的官僚主义者又成为他的眼中钉。他要求广大干部以普通一员出现,与群众打成一片。对于那些高高在上、脱离群众的官僚们,他甚至主张群众起来用过去对付阶级敌人的那种"大民主"方法攻一攻。

他本人,如许多外国评论家所公认的,是农民和知识分子的综合体。但他对那些看不起劳动人民,自认为有知识的知识分子深恶痛绝。相反,他认为农民脚上尽管有牛屎,也比一天洗一次澡的知识分子干净。因此,知识分子必须经受痛苦艰难的改造过程,以便最终与工人农民画上等号。

七、问题在于能否联合大众

1961年10月7日,日本作家岛田政雄一行来访,毛泽东向客人讲当时国际范围内"谁是我们的敌人,谁是我们的朋友",讲中日两国人民为什么要团结起来,国际统一战线应当怎样发展壮大,等等,最后回到中国革命道路上来,毛用一句话做了概括:"问题在于是否能够联合大众"。①

其实早在五四时期毛泽东就认识到这个道理。在一篇叫做《民众的大联合》的文章中,青年毛泽东认为,十月革命的胜利就

1961年10月7日,日本作家岛田政雄一行来访,毛泽东向客人讲当时国际范围内"谁是我们的敌人,谁是我们的朋友",讲中日两国人民为什么要团结起来,国际统一战线应当怎样发展壮大,等等,最后回到中国革命道路上来,毛用一句话做了概括:"问题在于是否能够联合大众"。

---

① 《外国人眼中的毛泽东》,华岳文艺出版社1989年版,第297页。

是民众大联合的胜利。而辛亥革命的失败,则在于它只是"留学生的发纵指示,哥老会的摇旗呐喊,新军和巡防营的一些丘八的张弩拔剑所造成的,与我们民众的大多数毫无关系"。五四运动再次证明了民众联合的力量最强:"陆荣廷的子弹,永世也打不倒曹汝霖等一班奸人;我们起而一呼,奸人就站起身来发抖,就要舍命地飞跑"。他联想到古今中外历史上所有的改革和反抗运动,斗争的双方都有大联合,而斗争的胜负,取决于联合的坚强与否。由此,毛泽东得出一个不同于当时所有革命家的结论:社会改造的根本方法就是民众的大联合。

怎样实行民众的大联合呢? 毛泽东提出的方案是:大联合要由种种小联合构成。小联合以各阶层人民的切身利益为基础,大联合以各革命阶级的共同利益为基础。在小联合的基础上,实行革命的大联合。

中国的民众若无联合,用马克思的话说是"一麻袋土豆",用毛泽东的话说是"一堆散沙"。要把散沙捏成团,必须有泥浆做黏合剂。毛泽东用来联合民众的"泥浆",有工会、农会、学生会以及各种社团。这些都是小联合,大联合的媒介则是共产党这种组织形式。

无论是搞小联合,还是搞大联合,毛泽东都表现出独特的天赋。1922 年他组织长沙泥木工人工会就是一例。那些泥匠、瓦匠、木匠,向来都是个体手艺人,虽有共同的利益和斗争要求,但很难统一集中起来。毛泽东采取的办法是:首先接近党员和积极分子,再通过他们广泛地接触群众,了解工人的疾苦和愿望。在此基础上,由积极分子分头在工人中组织最基层的组织十人团,把分散的泥木工匠捆成十个一团的小集体,有一个积极分子就可以集中十个工人。经过大约三个月,组织起了一百多个这样的十人团,联合了一千多工人。再在这个基础上正式成立长沙泥木工会。毛泽东为工会制定了 18 条章法,并用最积极的党员和骨干担任领导工作。一堆六千余人的"散沙"很快就被他捏成了团。

工、农、商、学、兵各个方面都是这样,由最基层的小联合,再到

中国的民众若无联合,用马克思的话说是"一麻袋土豆",用毛泽东的话说是"一堆散沙"。要把散沙捏成团,必须有泥浆做黏合剂。

稍大的联合,一级一级,一层一层,最后由共产党的各级组织领导起来,形成一个全国人民的大联合。当共产党还没有执政的时候,蒋介石以为天下是他的。其实他的臣民早已被共产党一部分一部分地联合去了。最后,当军事胜负已定时,共产党成立新中国,就像长沙泥木工会的成立一样水到渠成。

八、发动群众搞阶级斗争

毛泽东不止一次地说过帝国主义是纸老虎,然而他也承认帝国主义是有力量的。那么,帝国主义的这种两面性是由什么决定的呢? 毛泽东的答复是这样的:帝国主义的力量只存在于人民没有觉悟的时候。主要的问题是人民的觉悟,不是炸药,也不是油田或原子弹。共产党之所以有力量是因为他们唤醒了人民的觉悟。

怎样唤醒呢? 毛泽东推荐的办法是:从他们的痛苦和需要中,引导他们组织起来,引导他们向土豪劣绅争斗,引导他们参与反帝国主义反军阀的国民革命运动。

关键是要知道他们的痛苦和需要是什么,然后告诉他们这些痛苦和不幸是谁造成的,再在这个基础上引导他们向吃人的恶魔作斗争。在这个过程中,"阶级仇恨"起着决定性的作用。

毛泽东没有也不可能像马克思那样用40年的科学研究去揭示资本家剥削工人的秘密。他用的方法十分简单:普通老百姓的直观感受。在湖南乡下搞农运时,有一次毛泽东带了一些群众冲进一个乡绅家里,让穷人们看看乡绅吃的是什么。穷人连饭都吃不饱,富人的餐桌上却有鱼有肉。这种鲜明强烈的对比,很快就使那些过惯了穷日子的人感觉到社会的不平等,产生翻身闹革命的要求。

这种方法很能激发受苦群众的阶级觉悟。在井冈山初期,有一支工农部队按毛委员的指示也这样做。他们打开一个土豪紧锁的大门,发现在土豪家里有好几口大缸,里面用茶油泡着土豪的年货,有腊肉、腊鱼、腊鸡及各种油炸果子。穷人住着阴暗、潮湿、破烂的房子,除了床上的一条破席子外,啥都没有,富人却把过年的东西都准备好了。这是多么强烈的对比啊!战士们都气鼓鼓的,立即把土豪家搞个天翻地覆,只要能拿的,全都搬了出来。搞到这些浮财后,全部拿去发动群众。

开始,穷人一般都不敢要富人的东西。于是毛委员教导战士们:我们要在晚上把东西秘密地送到穷人家里去;或者把这个地方富人的资财带到另一个地方分给穷人;或者先分给一些可吃的东西,让穷人吃掉,不留下痕迹,这样就不怕富人倒算了。慢慢地,老百姓就会尝到革命的甜头,于是男女老幼成群结队挑着箩筐,扛着扁担,背着口袋,一边走一边招呼路旁的人:走啊!跟工农革命军打土豪去!

群众觉醒了,发动起来了,纷纷投入革命洪流了。当然,在革命处于低潮时,也会发生阶级敌人反攻倒算现象,或者要穷人退还东西,甚或还杀死革命中的积极分子。但是反动派这样做只会加深人民群众对他们的阶级仇恨。他们杀得越多,欠下的血债越多,革命的烈火就会烧得越旺,直到烧尽一切反动派。

有一次,毛泽东向人谈到他一家有六个人遭到了反动派的杀害。他说:虽然如此,他们永远杀不尽共产主义者,他们越杀,共产主义者就会越多。

从访贫问苦到诉苦运动,都是毛泽东利用阶级仇恨唤醒民众,发动群众进行阶级斗争的必要措施。所以斯诺曾推想:阶级仇恨对他来说大概是他的哲学体系中的一种理性产物,而不是本能的冲动。

九、在斗争中训练无产阶级

1956年,波匈事件发生。毛泽东联系中国革命的经验总结人家的教训,说道:"东欧一些国家的基本问题就是阶级斗争没有搞好,那么多反革命没有搞掉,没有在阶级斗争中训练无产阶级。""我们在民主革命和社会主义革命中,都是发动群众搞阶级斗争,在斗争中教育人民群众。"①

"发动群众搞阶级斗争",确实是毛泽东领导中国革命取得成功的最基本的经验。毛泽东说中国革命有统一战线、武装斗争和党的领导这"三大法宝",其中没有提到群众运动和阶级斗争。其实这是两个更基本的东西,两个更重要的法宝。

1920年9月,旅法搞勤工俭学的蔡和森从蒙达尔尼向毛泽东寄来了三个重要的等式:"俄国社会革命出发点=唯物史观;方法=阶级战争+阶级专政;目的=创造共产主义社会"。对唯物史观,毛泽东承认"我固无研究"。"阶级战争"则不同,因为他此前已读过三本马列主义的入门书:考茨基的《阶级斗争》、陈望道翻译的《共产党宣言》和一个英国人作的《社会主义史》。"这三本书上没有中国的湖南、湖北,也没有中国的蒋介石、陈独秀",毛泽东后来回忆说,"但我只取了四个字'阶级斗争',老老实实地来开始研究实际的阶级斗争"②。不久,新民学会会员在长沙集会,讨论改造中国和世界的方法问题。毛泽东对当时流行的五种方案,一一排除,独选了"阶级专政"这一法。

有一个人极力反对在中国搞阶级斗争,那就是毛泽东的老朋友梁漱溟。他们曾在延安进行过争论。梁漱溟说中国社会贫富贵贱上下流转流通,因此阶级分化和对立不鲜明、不强烈、不固定。与西方社会比较,中国社会中的所谓穷人和富人的差别不过是"赤贫"与"次贫"的差别。所以要社会稳定发展,必须从"伦理本位"、"职业分殊"出发,进行乡村建设。毛泽东说这只是一种改良主义,不能从根本上解决中国的问题。两人谁也说服不了谁。最后,毛泽东对梁漱溟留下这样的话:梁先生是有心之人,我们今天的争论不必先做结论,姑且存留听下回分解吧。语中夹带着毋庸

毛泽东对梁漱溟留下这样的话:梁先生是有心之人,我们今天的争论不必先做结论,姑且存留听下回分解吧。语中夹带着毋庸置疑和走着瞧的自信。

① 毛泽东:《在中国共产党第八届中央委员会第二次全体会议上的讲话》,1956年11月15日。

② 《毛泽东文集》第二卷,人民出版社1993年版,第379页。

置疑和走着瞧的自信。

在毛泽东看来,中国的无产者和有产者水平线都低并不是中国不能革命的原因,相反有更大的革命潜力可挖。问题在于要把"赤贫"和"次贫"的界限划开,使世世代代安于现状的赤贫群众明白:他们的贫穷和不幸不是由于别的,而是由于那些富有者的剥削和压迫造成的。这样,穷人们便有了阶级觉悟,有了翻身解放、改变现状的渴望,因而产生出强烈的革命要求,希望通过革命,迎来一个与他们目前的现状完全相反的美好社会。这个社会由于是在革命后的未来,人们无法将其与现实对照,不容易被证伪,而现实的反差使人们更加相信未来的美好,更加向往美好的未来。因此只要有人点燃革命之火,就不愁没有响应。

毛泽东明白群众是分成阶级的,发动群众的关键是启发群众的阶级觉悟。这样一来,便可以从"职业分殊"中看到"阶级分野",使界限不明的群众发生明朗的分化:组成革命和反革命两大阵营。而一旦一部分人(革命阶级)对另一部分人(反革命阶级)革起命来,整个社会就会在阶级仇恨和阶级报复的循环中走向革命高潮。反动阶级越是不准许人民起来革命,越是镇压人民的革命运动,就越能教育革命人民,使他们的阶级觉悟进一步提高,眼睛进一步擦亮,明白只有革命才是他们的唯一出路,只有消灭他们的阶级对头才有他们美好的明天。

这样的"阶级斗争"具有双重功能:一方面消灭剥削阶级,改造旧社会;另一方面教育革命人民自己。革命人民并不都是天生的革命者,他们需要教育,而教育人民的最好办法是把他们推向阶级斗争的战场,让阶级斗争的血和火来教育人民,使广大受压迫的人民群众在两大势力的生死搏斗中紧紧团结在一起。

毛泽东深知"阶级斗争"与"发动群众"是紧密相关的两个环节。阶级斗争要依靠群众去进行,群众又要通过阶级斗争去发动。他作为一个革命的点火者,只起一个发动机引擎的作用。先发动一部分积极分子,把他们组成领导核心,然后再通过这个核心去发动、组织、教育更多的群众,带领广大群众向着阶级敌人冲锋陷阵。

毛泽东本人在做了第一次发动以后,主要的工作就是制定革命的方略,为满载着革命人民的航船领航掌舵,使之能够越过险滩暗礁,驶到胜利的彼岸。

十、谁赢得农民就能赢得中国

毛泽东和另一位广东农民运动领袖彭湃,都曾被瞿秋白称为"农民运动的王"。与彭不同的是,毛不仅是农民运动的实践家,而且是农民运动的理论家。是他,"第一次使农民在社会主义中占中心位置"(谭若思语)。

毛泽东和另一位广东农民运动领袖彭湃,都曾被瞿秋白称为"农民运动的王"。与彭不同的是,毛不仅是农民运动的实践家,而且是农民运动的理论家。是他,"第一次使农民在社会主义中占中心位置"(谭若思语)。

1956 年,毛领导的农民革命不仅胜利了,而且走上了社会主义道路。这时,他对一些拉丁美洲的朋友说:"照我看来,封建主义严重的国家里,无产阶级政党要到农村中去找农民"。"一个国家,农村人口多,存在封建势力,有不好的一面,但是,对于无产阶级领导的革命来说,又是好事,使我们有农民这个广泛的同盟军。""我国是农业国,有五亿多人口住在农村。过去打仗主要是依靠农民。"①

毛泽东把农民看做中国革命的主力,有两个方面的考虑,而这两个考虑都是很实际的。

中国的实际情况是工人占总人口不到1%,而农民占了80%以上。这一数量上的悬殊足以使每一个人都懂得,如果不依靠农民而单靠工人阶级去革命,那只能有两种结果:一是弱不敌强,等待革命的只有失败;二是把革命推到未来,等待工人壮大了再去革命。前一种结果很快由李立三的错误路线所证实,后一种结果则是陈独秀后来要谋求的。

除了数量,还有质量问题。毛泽东认为农民虽有他的弱点,但他在反帝反封建的革命中,其积极性一点儿也不亚于工人阶级,甚

---

① 毛泽东:《我们党的一些历史经验》,1956 年 9 月 25 日。

至还要超过工人阶级。

农民是地主阶级的死对头。这一点可以从中国历代农民起义中看出，也可以从大革命时期两湖两广的农民运动中看出。中国农民有一种强烈的平等意识，只要有人领头，他们立即就会起来执行他们数千年来一直坚持的平等纲领，把平日作威作福过好日子的土豪劣绅打翻在地，并踩上一只脚，然后到土豪家里杀猪出谷，把地主的不义之财和田产"共"过来。这样的革命没有哪个农民不欢迎，连阿Q那样的农民也很向往。

农民对帝国主义的仇恨恐怕也超过工人阶级。因为帝国主义的经济渗透，严重地破坏了农民习惯了数千年的生产方式，导致大多数传统手工业破产，受其害最深的是农民。农民对资本主义文明具有本能的拒斥心理，近代义和团反洋教的运动就是有力的证明。

农民要反对的正是中国革命的两个主要对象，再加上它有那么大的数量，所以毛泽东说农民是国民革命的主力军，是中国革命成功的关键角色，不是没有道理的。

"孙中山先生致力于国民革命凡四十年，所要做而没有做到的事，农民在几个月内做到了。这是四十年乃至几千年未曾成就过的奇勋。"①毛泽东还就历史功绩做了一个对比："论功行赏，如果把完成民主革命的功绩作十分，则市民及军事的功绩只占三分，农民在乡村革命的功绩要占七分。"②

因此毛泽东得出这样的结论："谁赢得农民就能赢得中国。"这句话是他于1937年对斯诺讲的。斯诺仔细体味这句话的分量，终于明白了中国革命发生的原因：

"如果中国没有比例高达百分之八十至九十的农民，如果大多数的农民并不是肯定能从土地再分配中得到好处的穷人，而且如果城乡的有产阶级的人数不是那样少，他们的利益不是与中国

①　《毛泽东选集》第一卷，人民出版社1991年版，第15页。
②　毛泽东：《中国社会各阶级的分析》，《中国农民》1926年2月1日第1卷第2期。

落后的经济那样息息相关,中国就不会发生这场革命。""毛泽东和他的政党之所以成功,是因为他们学会了如何绕过有产阶级,在中国的革命知识分子和仍然生活在铁器时代的广大农民之间建立了联盟。"①

农民一直是毛泽东依靠的对象。过去打仗主要是依靠农民,依靠农民武装包围城市、解放城市,包括解放城市里的工人阶级。新中国成立以后,他又依靠农民,先在农村造成社会主义高潮,然后迫使城市的资产阶级交出企业。

十一、没有贫农便没有革命

1936 年,在保安窑洞,毛泽东曾问过斯诺是否希望美国发生革命,如果发生革命会不会参加。

1936 年,在保安窑洞,毛泽东曾问过斯诺是否希望美国发生革命,如果发生革命会不会参加。斯诺说:如果美国也像中国那样贫穷落后;如果人民也受到这样寡廉鲜耻的压迫和剥削,遭受那样残酷的杀害;如果美国儿童也被当做奴隶一样地买卖;如果美国一直是个专制国家,现在又由军阀统治而不受人民权力的制约;如果美国人没有参加政权,既不能参加选举,又不能行使弹劾的权利;如果工人没有结社或者进行集体交涉的自由;如果美国的统治者假公济私利用国家银行为私人经营的企业提供资金,而又不公开账目;如果美国最有权势的家族是最富有的投机商;如果外国人霸占我们的港口,并控制我国大部分的经济;如果我们不放一枪就丢掉了整个美国的北部;如果没有合法的途径可循来组织政治上的反对派;如果在美国也像在中国一样存在上述种种情况;如果除了进行武装反抗之外,没有办法可以改变或改善国策,也无法改变或改善生活条件本身,那么,我的确会投身于革命的洪流。

听了斯诺这一番"如果",毛泽东笑着说:"美国将是最后实行

① 《外国人眼中的毛泽东》,华岳文艺出版社 1989 年版,第 103 页。

共产主义的国家。"①

如果马克思有幸活到 20 世纪并像斯诺那样到中国来看看,毛泽东一定要和他商榷一下关于物质生产水平与共产主义革命之间的因果关系问题。在他看来社会的普遍贫穷和落后并不是革命的障碍,而是革命的源泉。穷则思变嘛! 正因为穷,所以才要革命。要是富了,那还革什么命? 毛泽东也许还要举出中国历史上大小数百次农民革命作为佐证:哪一次农民革命不是因为民不聊生才起来的? 人的生存渴望决定一切。美国人没有衣食之忧,所以革命的雷声迟迟响不起来。斯诺的话确实揭示了毛泽东之所以能够发动中国革命的原因。

在中国,虽然马克思所寄望的共产主义革命的主体——工人阶级还不占总人口的百分之一,但是中国遍地都是饥寒交迫的穷苦人。穷人多就好革命。一则革命渴望强烈,二则容易发动起来。一个人越穷,就越希望改变现状。而且,由于他穷极了,只要革命稍能为他带来一点儿好处,他就会投身革命。韩素音在《早晨的洪流》中记录了一个革命者的话:"我们想的、吃的、喝的、睡的都离不开革命。"

对于一个一穷二白的人来说,还有什么比革命更值得向往的呢? 毛泽东看准了这一点,他从人的生存渴望中看到了贫穷与共产主义革命之间的必然联系。他有句原话:"世界上最愿意改变自己地位的是无产阶级,其次是半无产阶级,因为一则全无所有,一则有也不多。"②

这的确是一条颠扑不破的真理。当代许多资产阶级政治家也认识到这条真理,所以他们认为要在世界上避免革命的发生,最好的办法是帮助那些想革命的地区摆脱贫困。

不过,毛泽东所说的"无产阶级"绝不等于马克思曾寄望的"产业大军"。毛的"无产阶级"应当叫做"穷人",其特点是"无

人的生存渴望决定一切。美国人没有衣食之忧,所以革命的雷声迟迟响不起来。斯诺的话确实揭示了毛泽东之所以能够发动中国革命的原因。

---

① 《外国人眼中的毛泽东》,华岳文艺出版社 1989 年版,第 108 页。
② 毛泽东:《关于正确处理人民内部矛盾的问题》,1957 年 2 月 27 日。

这样，中国的无产阶级和准无产阶级可就多了，不是百分之零点几，而是占总人口的大多数。毛泽东轻易地解决了中国革命"动力不足"的难题。

产"，并不在于他是工业生产力的代表还是农业生产力的代表，是工人还是农民，或其他什么社会成分。这样，中国的无产阶级和准无产阶级可就多了，不是百分之零点几，而是占总人口的大多数。毛泽东轻易地解决了中国革命"动力不足"的难题。

占总人口 90% 以上的革命动力，又有 90% 以上是农民。而农民，按照越穷越革命的原理，又数贫农最革命。毛泽东统计过，贫农占乡村人口的 70%；其中 20% 是那些"全然无业，即既无土地，又无资金，完全失去生活依据，不得不外出当兵，或出去做工，或打流当乞丐，或为非歹做盗贼的'赤贫'"；50% 是"半无业，即略有土地，或略有资金，但吃的多，收的少，终年在劳碌愁苦中过生活的'次贫'"。

贫农革起命来，富农和中农带着讥笑的声调说道："你们上无片瓦，下无插针之地，有什么不进农会！"毛泽东说："的确，贫农们不怕失掉什么。他们中间有很多人，确实是'上无片瓦，下无插针之地'，他们有什么不进农会？"毛泽东据此得出结论："乡村中一向苦战奋斗的主要力量是贫农。从秘密时期到公开时期，贫农都在那里积极奋斗。他们最听共产党的领导"。[1] "一切破坏的工作都只有他们做得出。"[2]国民党右派和绅士们说这些人都是些"痞子"、"惰农"。毛泽东的看法恰好相反：他们是"革命先锋"，是"成就那多年未曾成就的革命大业的元勋"。"没有贫农，便没有革命。"[3]

按毛泽东的说法，任何一个国内都有上、中、下三等人。中国由于总体生产力水平低，下等人数量必然特别多，而且处境必然特别悲惨。这就为革命的发动者提供了两个有利条件：一是参加革命的人特别多，二是革命起来以后能量特别大。毛泽东正是看准了这两点，从而发动和领导了一切底层人民的革命。这种革命参

[1] 《毛泽东选集》第一卷，人民出版社 1991 年版，第 20 页。

[2] 毛泽东：《湖南农民运动考察报告》，《中央副刊》1927 年 3 月 28 日第 7 号。

[3] 《毛泽东选集》第一卷，人民出版社 1991 年版，第 21 页。

加者甚众,能量特大,与陈独秀等人贵族式的革命方式完全不同。

十二、军事运动与民众运动并举

1927 年,蒋介石的屠杀政策逼得共产党另起炉灶。毛泽东说:我们不应该再打国民党的旗子了,我们应该高高打出共产党的旗子。

重起炉灶,另打旗子,意味着与当局分庭抗礼,意味着谋取政权。毛泽东走到这一步,正如他所说是被"逼上梁山"。

五四时期,毛泽东高呼要打倒一切强权。但他不主张流血革命,而主张用"忠告运动"促使滥用强权者清醒,实行所谓"呼声革命"。因为据他说,若用强权去打倒强权,其结果仍然是强权,毫无意义。

但后来有一件事沉重地教训了他。那是庆祝十月革命三周年,毛泽东带领一批群众集会游行,喊出面包的呼声、自由的呼声、平等的呼声。可是没呼几下,荷枪实弹的警察就不让他们再呼下去了。他沉痛地向斯诺回忆这件事:"一些示威者试图在集会上打起红旗,却被警察阻止。示威者提出,依照宪法第十二条,人民有权利集会、结社和言论自由。但警察不买账。他们回答说他们到这里不是来听宪法课的,而是来执行省长赵恒惕的命令的。这一件事使我愈加坚信,只有通过群众行动来保障群众的政治权力,才能保证有生气的改革的实现。"①

赵恒惕用警棍把毛泽东逼向十月革命的道路。

毛泽东渐渐认识到,在中国,由于毫无民主可言,人民要想革命,唯一的法子就是拿起枪杆子,用武装的革命反对武装的反革命。于是他开始唤起民众,做工农运动,特别是农民运动,希望以此促成国民革命早日完成。不过,在 1927 年之前,他还没有想到

① 埃德加·斯诺:《红星照耀中国》,河北人民出版社 1992 年版,第 116 页。

自己要去亲自抓枪杆子。

1927 年,蒋介石把毛泽东一手发动起来的工农革命运动浸泡在血泊中。这一血的教训进一步使毛泽东领悟到"有军则有权"、"战争解决一切问题"的真理。他纵观历史,认识到一个铁的事实:蒋介石和其他国民党官僚都是靠枪杆子起家的,他们都懂得兵与权的关系,都视兵如命,抓住枪杆子不放。而另外一些不要军队的政党,要么得找个军阀做靠山,要么就根本闹不出什么名堂来。同样,离开了武装斗争,也没有共产党的地位。共产党在 1927 年吃了大亏,毛泽东认为根本原因就是因为"不做军事运动专做民众运动"。这完全是"书生主观的错误"。现在要汲取教训,"以百分之六十的精力注意军事运动,实行在枪杆子上夺取政权,建设政权"①。

说干就干。为了"造成军事势力的基础",毛泽东极力反对陈独秀要把工农武装"改成安抚军合法保存"的意见,提出了他那大胆的"上山"主张。

从此以后,毛泽东开始了奇特的军旅生涯,并且一刻也不敢放弃军权。"左"倾路线当权时,逼得毛泽东交出军事指挥权,只让他当个中华苏维埃主席,他马上感到自己"毫无发言权"。

发言权也是与军权联系在一起的。1957 年,毛泽东批评某些干部的行政命令作风,他毫不隐讳地挑明:用行政命令的办法解决内部矛盾,实际是把一个解放军摆在这边,名为不用武力,实际上如果没有解放军,这个行政命令也就不行了。我们后面有个解放军,还有老百姓,工人农民,是借他们的声势来搞行政命令②。

十三、做有主义有政策的"山大王"

一位外国评论家说:为了完成俄国 1917 年伟大的十月社会主

---

① 《毛泽东文集》第一卷,人民出版社 1991 年版,第 48 页。
② 参见毛泽东:《在山东省级机关党员干部会议上的讲话》,1957 年 3 月 18 日。

义革命,武装起义是从首都彼得格勒开始的,接着像导火索一样发展到其他地方。当时任何人,包括科学社会主义创始人自己,都不可能设想无产阶级革命会有其他的道路。但是出身于半殖民地和半封建社会国家的毛泽东能够提出一条新的英明的道路,并且得到了推广。由于有了毛泽东的领导,中国革命首先从农村开始,建立农村革命根据地,以农村包围城市,最后一个一个地夺取城市。

毛泽东对农村充满兴趣,充满信心。有人提出秋收暴动直取广东的进军路线,他反对说:"暴动纵然失败也不用去广东而应上山"打游击。瞿秋白建议他去上海党中央工作,他固执地说:我定上山下湖,在山湖中跟绿林交朋友。那么不去广东,在长沙就近闹一闹可不可以?也不行,因为长沙敌人力量强大,如果首先在长沙起义,"那不是龙王与龙王比宝,而是叫花子与龙王比宝"。

后来,别人没有听他的,还是要去攻打长沙。可事实正如他所预料的那样:义军攻打长沙受挫,损伤严重。于是毛泽东收拾残部,到了文家市。在那里,毛泽东宣布了他的决策:改变攻打长沙的计划,转移到敌人管不着或者难得管的农村去,即到湘赣边界的井冈山地区打游击,在那里发动群众开展土地革命,积累、发展革命力量,建立农村革命根据地。

有一位叫余洒渡的师长站出来反对:退到那里不是想当"山大王"吗?毛泽东干脆地答道:当山大王就当山大王。历史上从来没有消灭山大王。不过,他补充说:我们这个山大王是特殊的山大王,是有共产党领导、有主义有政策的山大王。不是过去的那种山大王。

为什么一定要到农村去?毛泽东做了系统的论证:中国的革命,实质上是农民革命,革命主力军是农民。而农村又是敌人统治薄弱的地方。共产党到农村去,等于避实就虚,用自己的长处去攻击敌人的短处。

在农村有没有出路,能不能站得住脚?毛泽东回答:前途是光明的,大可不必悲观。中国的政治、经济发展不平衡,几个帝国主义在中国划分势力范围,各派军事势力又混战不休,我们完全可以

毛泽东干脆地答道:当山大王就当山大王。历史上从来没有消灭山大王。不过,他补充说:我们这个山大王是特殊的山大王,是有共产党领导、有主义有政策的山大王。不是过去的那种山大王。

利用敌人的矛盾,在白色政权的夹缝中求得生存和发展壮大,迎接全国革命高潮的到来。

"城市中心论者"用十月革命经验硬套中国实际,他们老以为无产阶级革命就应该到有无产阶级的地方——城市去闹。毛泽东则灵活得多:广大的农村是海洋,我们是鱼,农村是我们休养生息的地方。

毛泽东摈弃了"城市中心论",但也不放过"流寇主义"。毛泽东对中国历史是再熟悉不过的了。中国历史上有过许多可歌可泣的农民革命运动,但最终都以失败告终。毛泽东认为失败的主要原因就是没有建立稳固的革命根据地,一旦受挫就没有退路。他形象地说:革命没有根据地就像一个人没有屁股一样。一个人没有屁股坐不稳,一支军队没有根据地就没有大本营,一场革命没有根据地就会失去社会依托。

于是他精心选择了湘赣边界罗霄山脉中段以井冈山为中心的区域,作为中国革命的第一块根据地的核心。红军以此作为攻守进退的后盾,对统治势力比较强大的湖南取守势,而对统治势力比较薄弱的江西取攻势。在统治阶级政权暂时稳定时,确保中心区域不受或少受损失,而在统治阶级政权发生破裂时,波浪式地向外推进。强敌狠追时就用打圈子的办法对付,平时分兵发动群众,战时集兵迎击敌人。毛泽东说,这种方法就像打网,随时可以撒开,随时可以收拢,任何敌人都奈何不得。①

毛泽东主张通过党去领导军队,又用军队去打土豪、分田地、发动农民建立政权,再把农民武装起来,用一部分武装了的农民去保护和解放另一部分农民……革命就这样滚雪球般地发展,而在这个过程中,逐步形成一种党、政、军、民四位一体的社会结构,形成党、政、军三位一体的权力系统,一句话,形成一种国家模式。这种模式从南方的根据地带到北方的解放区,最后,水到渠成般地发展成全国政权。

旁注: 毛泽东摈弃了"城市中心论",但也不放过"流寇主义"。他形象地说:革命没有根据地就像一个人没有屁股一样。一个人没有屁股坐不稳,一支军队没有根据地就没有大本营,一场革命没有根据地就会失去社会依托。

---

① 参见《毛泽东选集》第一卷,人民出版社1991年版,第101页。

十四、打土豪,分田地

李自成"均贫富、等贵贱"的口号曾经唤起了千军万马,赢得了广大农民的拥护。

毛泽东对中国历史上的农民起义研究颇深。出身农民的毛泽东,更加知道农民最需要的是什么。"打土豪、分田地"这六个字,是毛泽东领导中国革命的纲领。对这个纲领的解释就是他1937年在延安对斯诺说的那句话:"谁赢得农民,谁就赢得中国,解决了土地问题也就赢得了农民。"①

毛泽东做过调查,中国70%的可耕种土地被只占人口总数10%的地主、富农、官吏和高利贷者所占有,另外15%—20%的土地为农民所占有,而占总人口65%以上的贫农、佃农和雇农,却仅占有10%—15%的土地。这种极不合理的占有关系,造成了农村中的贫困落后和动荡不安,同时也为毛泽东发动一场革命准备好了充足的炸药。

毛泽东知道在这样的基础上组织农民的方法。有人称毛泽东为社会主义的工程师,不仅完全懂得农民的疾苦是什么,而且完全懂得这些疾苦怎样能够转化为行动。土地是农民的主要生产资料,农民称它为"命根子"。有了土地他们就可以不饿肚皮,没有土地他们就得离乡背井,四处流浪、乞讨,成为"兵匪游民"或者欠下高利贷,沦为债务奴隶,永世难得翻身。谁若能够满足他们的土地要求,他们就会不惜性命地跟着谁走。

为了尽快发动农民起来革命,毛泽东在秋收起义前就拟定了一个土地纲领:没收一切土地,包括小地主(实际是富农)和自耕农的土地在内,然后分配给无地和少地的贫雇农耕种。为什么要没收一切土地呢?毛泽东说:"如此方可安民。"因为仅仅没收大

---

①　埃德加·斯诺:《旅行于方生之地》,纽约1967年版,第137页。

有了土地他们就可以不饿肚皮,没有土地他们就得离乡背井,四处流浪、乞讨,成为"兵匪游民"或者欠下高利贷,沦为债务奴隶,永世难得翻身。谁若能够满足他们的土地要求,他们就会不惜性命地跟着谁走。

地主的土地,还不足以满足广大农民对土地的要求。

但是这样做,又出现了另外的问题:没收一切土地而不是只没收地主的土地,这就把中农的土地也划在没收之列,等于连中农的命也革了,中农很不满意。此外,土地所有权属于政府,农民只有使用权,并且不允许买卖,中农、贫农都不高兴,出现"不安耕种"现象。

于是毛泽东把"没收一切土地"改为"没收一切公共土地及地主阶级的土地",以缩小打击面,团结争取中农。同时采取"抽多补少"和"抽肥补瘦"的办法限制富农。这些办法最大限度地调动了一切革命因素,减少了革命的阻力。毛泽东曾高兴地说:"我看当时只有我这种办法是正确的。"

毛泽东的办法解决了中国革命的大问题。农民从共产党手中接过土地,"翻身不忘共产党,幸福感谢毛主席"。农民有了自己的土地以后,就必须投身保卫根据地的革命斗争,以免他们手中的土地得而复失。

十五、所谓"富农路线"

江西根据地时期,"左"倾机会主义者曾指责毛泽东没有执行"把小资产阶级变为无产者,然后迫使他们革命"的路线,而是执行了一条"富农路线"。1934年召开的六届五中全会,还专门批判了毛泽东的"富农路线"。

富农也是"农",不过富一点,是富一些的农民而已。毛泽东一贯关注农民问题,但他在分析中国社会各阶级时碰到了一个难题:富农属于什么阶级? 它不像地主可以归入资产阶级,也不像中农那样可以归入小资产阶级。《中国社会各阶级的分析》在阶级和阶层上都找不到富农的位置。在《中国农民中各阶级的分析》中毛泽东依次排到了大地主、小地主、自耕农等八个阶级,依然不见富农。大地主是大资产阶级,自耕农是小资产阶级,富农只能处在这两者之间,似乎应为中产阶级,即处在小地主的位置上。这大概就是毛泽东在产生"富农"概念之前给富农定的位置。富农,因为前面有个"富"字,所以毛泽东历来对它没有好感。《湖南农民运动考察报告》对富农的"恶劣态度"进行了猛烈谴责。到了社会主义时期,富农进一步升格,在"地富反坏右"、"黑五类"中位居"第二",是理所当然的专政对象。

毛泽东一贯站在贫农立场上,主张依靠贫下中农,怎么会有一条"富农路线"呢?

所谓"富农路线"原不过是1929年至1930年间土地革命中出现的一种"左"倾政策的对立物。当时的"左"倾机会主义者主张"地主不分田,富农分坏田",甚至鼓吹乱杀乱烧,提出"杀尽一切反动派的头颅,烧尽一切反动派的房屋"等口号。毛泽东为了纠正这些过"左"的倾向,所以才有了"富农路线",实际上"富农路线"并不姓"富"。

毛泽东最初规定的土地政策是:没收一切土地,地权属于政府;以乡为单位,抽多补少,按人口平均分配。后来发现两个问题:(1)没收一切土地,连中农也伤害了;农民没有地权,不安于耕种,中农、贫农都不满意。(2)抽多补少,平均分配,结果"抽多的不愿抽肥,补少的不愿接瘦",贫农和富农之间发生矛盾。

毛泽东通过于都、兴国调查,在中共闽西第一次代表大会上解决了第一个问题:中农的土地不没收,富农的土地只没收其多余部分,小地主不过多打击,地主酌量分与田地,给以生活出路。

第二个问题经过寻邬调查和南阳会议也得到了解决。南阳会议通过《富农问题》决议案,提出在"抽多补少"之后加上"抽肥补瘦",限制了富农把持肥田。

第一个问题的解决似乎有点儿"右",但联系第二个问题,可以看出毛的所谓"右",不过是"给地主以生活出路"和"允许富农拥有一份土地"。他的整个土地革命策略是:倾向于贫农,不伤害中农,限制富农,打击地主。贫农是依靠对象,中农是团结对象,地主是打击对象,对富农则融团结和打击为一体,就像对待民族资产他的整个土地革命策略是:倾向于贫农,不伤害中农,限制富农,打击地主。贫农是依靠对象,中农是团结对象,地主是打击对象,对富农则融团结和打击为一体,就像对待民族资产阶级一样。

阶级一样。

与"左"倾机会主义不同的是,毛泽东主张限制富农,打击地主,但又不主张把他们饿死,而是让他们活下去。理由是不要逼得他们造反,尽量减少对立面。穷人因为活不下去才革命,地主富农如果没法活对革命也不利。关键是要让他们活下去。革命是使穷人活得好一些,富人活得差一些,但总归都要活下去,只有少数罪大恶极者除外。这样革命才能为绝大多数人所接受,一部分人热烈欢迎,一部分勉强接受,但不会有人饿极拼命。

直到1941年,毛泽东仍然坚持他的这条"富农路线"。他在《关于农村调查》中说:当时"提出解决富农的办法,不仅要抽多补少,而且要抽肥补瘦,这样才能使富农、中农、贫农、雇农都过得下去。假如地主一点土地也不分,叫他们去喝西北风,对富农只给一些坏田,使他们半饥半饱,逼得富农造反,贫农、雇农一定陷入孤立。当时有人骂我是富农路线,我看当时只有我这办法是正确的。"[1]

毛泽东曾说过他在井冈山初期所定的土地政策太严厉了,但他从未承认自己犯过什么"富农路线"的错误。他致力于农民运动和土地革命,其目的就是要挖掉蒋氏政权的社会根基。但是在土地政策方面,他的主张甚至比刘少奇还要温和。正是这种温和的社会政策,为他赢得了大多数人,孤立了主要敌人,在极端困难的条件下站稳了脚跟,并求得了发展,打败了蒋介石。

十六、变非法斗争为合法斗争

抗日民族统一战线成立后,国民党和共产党之间的矛盾和斗争并没有消除,只是矛盾暂时降级了,斗争的形式也有了改变。

国民党从围剿和屠杀的政策改变到改良和欺骗的政策,从硬

---

[1] 《毛泽东文集》第二卷,人民出版社1993年版,第379页。

的政策改变到软的政策,从军事政策改变到政治政策。共产党怎么办?

毛泽东的对策是:我们也从军事的变到政治的,从武装的转到和平的,从非法的转到合法的。他们不得不暂时向无产阶级找同盟军,我们也向资产阶级找同盟军。

为了共同抗日,共产党进行了有原则的让步:根据地政府改成中华民国特区政府,工农红军改成国民革命军第八路军。共产党和红军都合法了。蒋介石管不管饭是另一回事,但共产党对他的政策必须有所改变。不然就达不到团结抗日的目的。

于是,毛泽东把政治战略做了如下调整:抛弃两个政权敌对的政策;停止武力推翻国民党的方针;停止使用暴力没收地主土地的政策。斗争不是不要,但要停止那些不利于团结抗日的斗争,而保存那些有利于团结抗日的斗争。

过去在两个政权敌对路线下的斗争方式、组织方式和工作方式,毛泽东都相应的做了改变。他提出要用争取和平的口号去反对内战,又用争取民主的口号去巩固和平。和平是目的,民主是手段,这就是毛泽东以阶级斗争服从于民族斗争的新战略。

怎样争取民主呢?共产党虽然合法了,但和国民党相比还是一个小党,况且蒋介石灭共之心一直未死,他早对共产党防了一手,怎么会给你民主,让你和他平起平坐呢?

毛泽东当然是有办法的。办法就是以民主改革为口号,联合其他政治势力和全国民众,迫使国民党进行两个方面的民主革命。

一是将政治制度上国民党一党派一阶级的独裁政体改变为各党派各阶级合作的民主政体。

二是依据宪法保障人民的言论、集会、结社等自由权利,包括释放政治犯、开放党禁等。

革命不宜,改革总可以吧。不过,蒋介石知道这两项改革意味着什么。

"各党派各阶级"当然包括国民党和共产党、资产阶级和无产阶级。但这样的"各党派各阶级合作的民主政体"岂不是要削弱

他提出要用争取和平的口号去反对内战,又用争取民主的口号去巩固和平。和平是目的,民主是手段,这就是毛泽东以阶级斗争服从于民族斗争的新战略。

国民党的统治地位,把国民党的政权让一部分给共产党,让共产党与国民党平起平坐吗? 所以蒋介石不能答应。

人民的言论、集会、结社自由更是冲着当权的国民党而来的。当时的共产党是在野党,站在人民中间。允许人民有言论、集会、结社自由,那岂不是允许共产党有发动、组织人民反对国民党的自由吗? 所以这一条蒋介石也不能答应。

蒋介石不给人民民主权利,那也好。这样,他就会站到人民的对立面,人民则站到共产党一边。最后,蒋介石拥有军事优势,毛泽东则拥有广大人民。这些人民又用蒋介石"送"来的枪武装起来,加入到"打倒蒋介石,解放全中国"的战斗中去。

蒋介石不给人民民主权利,那也好。这样,他就会站到人民的对立面,人民则站到共产党一边。最后,蒋介石拥有军事优势,毛泽东则拥有广大人民。

十七、将敌人的后方变成他们的前线

全面抗战爆发后,国民党军队被推上了正面战场。共产党领导的军队怎么办?

显然,共产党的军队不宜到正面战场。正面战场要打阵地战,这不是共产党军队的优势。

但老是待在西北一隅也不是办法。那样消灭不了多少日军,共产党的力量也无法发展壮大。毛泽东需要找到一种理想的战场,在那里既能有效地抗日,又能有效地发展自己。

他俯瞰神州大地,很快从千里狼烟中找到了用武之地,那就是民族敌人的后方。

当日本人把国民党从通商口岸和城市赶走后,那里很快就成为政治真空地带。毛泽东把进军的利剑插向这些地方,又是一次战略意义上的避实击虚。

这些地方是日军的侧翼和后方,敌我力量犬牙交错,正是共产党军队发挥其传统战策优势,迂回穿插、侧翼包抄,在运动战、游击战中消灭敌人的理想之地。正面战场有国民党军队,我军在侧翼和后方包抄游击,毛泽东说,这样必将迫使"敌人在其整个占领地上不能停止战争"。①

这些地方还有广大深受外敌奴役、充满抗日怒火的人民群众。共产党来到这些地方,好比十年内战时期来到农村可以放手发动群众,壮大人民力量。

毛泽东深入敌后的战略,可以把抗日和兴共,把目前的民族斗争与将来的阶级斗争有机地结合起来。

毛泽东把整个敌后地区分成三种:第一种是被我方游击部队和我方政权掌握着的抗日根据地;第二种是被日本帝国主义和伪政权掌握着的所谓敌占区;第三种是双方争夺的中间地带,即所谓游击区。毛泽东说,我们的责任就是极力扩大根据地和游击区,极力缩小敌占区。

敌占区只能开展地下斗争。游击区则是共产党发动人民群众,军民同仇敌忾,共同抗击日本侵略者的地方。随着敌人的被消灭及人民力量的逐步壮大,这样的地区就会由游击区过渡到根据地。

抗日根据地是什么? 就是后来的解放区。土地革命时期的根据地远离大、中城市,抗日根据地则来到华北、华东、华中和华南许多大、中城市的周围。所以毛泽东的敌后抗日战争,等于是把原来偏远的农村根据地向着它要包围的城市大大逼近了一步。当蒋介石带领人马在西南避敌锐气的时候,毛泽东已把人马布置到后来解放战争的前线了。

十八、蒋介石只认得拳头

尼克松发现毛泽东和蒋介石在谈话时都喜欢使用一种囊括整个中国、横扫一切的手势。因此,当这样的两个人在历史上相遇时,他们就不会妥协,他们就发生冲突,一个成为战胜者,一个成为

尼克松发现毛泽东和蒋介石在谈话时都喜欢使用一种囊括整个中国、横扫一切的手势。因此,当这样的两个人在历史上相遇时,他们就不会妥协,他们就发生冲突,一个成为战胜者,一个成为被战胜者。

———————

① 《毛泽东选集》第二卷,人民出版社1993年版,第418页。

被战胜者。①

冲突的时候又到了。1944 年 11 月 7 日,美国总统特使赫尔利飞到延安进行国共调停。赫尔利将军捎来重庆方面的话:蒋介石愿意在中国军队的最高管制机构——国民军事委员会中让中共占有一个席位。

毛泽东听后立刻嘲笑道:如果双手给人绑着,一只脚踏进门去是毫无意义的。

最后议出中共的五点建议,建议将国民政府改组为联合国民政府,国民军事委员会亦改组为联合国民军事委员会,等等。

赫尔利不仅完全同意这五点建议,而且还加以扩大,几乎把美国宪法所保障的每项权利都包括了进去。

但是在签字时,在场的巴雷特观察到,毛泽东签名的方式好像美国人签支票,而不是在两份文件上盖印。

毛泽东肯定估计到,这些共产党乐意的条件蒋介石绝对不会同意的。果然,后来蒋介石连字也没有签。

抗战结束后,另一位国际朋友又关心中国的命运。斯大林电告毛泽东:中国不能再打内战了,要再打内战,就可能把民族引向灭亡的危险地步。

毛泽东听后极不愉快,他非常生气地说:"我就不信,人民为了翻身搞斗争,民族就会灭亡?"②

斯大林建议共产党交出武装力量,改编为国防军,和国民党搞联合政府,以换取中共的合法地位。毛泽东的回答是:人民的枪,一支也不交;不但不交,还要发展。

毛泽东早就代表人民说话了,现在更能代表,因为他已经领导了一亿人口的解放区,120 万正规军和 200 万民兵部队。他相信自己完全有能力把蒋介石这只纸老虎淹没在人民战争的汪洋大海之中。

斯大林电告毛泽东:中国不能再打内战了,要再打内战,就可能把民族引向灭亡的危险地步。毛泽东听后极不愉快,他非常生气地说:"我就不信,人民为了翻身搞斗争,民族就会灭亡?"

---

① 参见《外国人眼中的毛泽东》,华岳文艺出版社 1989 年版,第 362 页。
② 《在历史巨人身边》,中央文献出版社 1991 年版,第 308 页。

不过,毛泽东还是去了重庆。他不能不去,因为蒋介石已经三次来电邀他去重庆举行面对面的谈判,以便共商和平建国的大计。

毛泽东非常清楚蒋介石的把戏。蒋的和平邀请,一方面可以为他运兵到内战战场赢得时间;另一方面可以向世界和全国表示他的"和平诚意"。如果毛泽东不去,他就可以把战争的责任推到毛泽东身上。

毛泽东自有他那针锋相对的方针:蒋介石对人民是寸土必争,我们是寸土不让。他要谈,我们就以谈对谈;他要打,我们就以打对打。以革命的两手对付反革命的两手。

毛泽东从来没有在政治主动权上输给蒋介石,这一次也绝不会。蒋希望毛不去,可毛泽东偏偏站在他面前了。

蒋介石不是喊和平吗?于是毛泽东对重庆各界人士说:和为贵,除了和平的方法以外,其他的打算都是错的!他充满信心地说道:在和平、团结、民主、统一的大原则下,在蒋先生的领导下,我们中国人民是可以克服任何困难的。我们这次的商谈,不是暂时的合作,而是长期的合作,不是一时的团结,而是永久的团结。

但是毛泽东太了解蒋介石了。他在赴渝前就向刘少奇面授机宜:蒋只认得拳头,不认识礼让。我军在前方胜利越大,我去重庆就越安全。

毛泽东太了解蒋介石了。他在赴渝前就向刘少奇面授机宜:蒋只认得拳头,不认识礼让。我军在前方胜利越大,我去重庆就越安全。

第三章　毛泽东的政治智慧

一、政治上两点间最短的距离往往不是直线

毛泽东的政治智慧集中体现在他关于统一战线的理论和实践中。他曾说,中国共产党拥有战胜敌人的三个主要法宝,统一战线乃是其中的第一大法宝。

什么是统一战线?说白了,就是一种在政治舞台上纵横捭阖的高超技巧。毛泽东并不讳言这一点,他在论及抗日民族统一战线时曾说道:"日本帝国主义者和蒋介石能够用纵横捭阖的手段来对付革命队伍,共产党也能够用纵横捭阖的手段对付反革命队伍。他们能够拉了我们队伍中的坏分子跑出去,我们当然也能够拉了他们队伍中的'坏分子'(对于我们是好分子)跑过来。"①

统一战线之所以必要,是基于敌强我弱这一基本事实。毛泽东所领导的中国革命,基本上是从零开始的,在相当长的时间内,革命力量小于敌方力量。因此,要战胜强敌,就必须尽可能多地争取同盟军。用毛泽东的话说,就是把敌人营垒中被裹挟的人们,都从敌人营垒中拉过来。假如我们能够从他们队伍中多拉一些人出来,那敌人的队伍就减少了,我们的队伍就扩大了。

因此毛泽东认定:只有统一战线的策略才是马克思列宁主义的策略,才是弱中求强,以弱胜强,由弱变强的唯一法宝。

---

① 《毛泽东选集》第一卷,人民出版社 1991 年版,第 158 页。

与统一战线策略相反的另一种策略,毛泽东称做"关门主义的策略"。他对关门主义展开了凌厉的攻势,几乎使尽了政治语言中所有的攻击性词汇。

"关门主义的策略是孤家寡人的策略",是"革命队伍中的幼稚病"。他们幻想"革命的力量要纯粹又纯粹,革命的道路要笔直又笔直"。毛泽东讥讽说:照他们看来,"民族资产阶级是全部永世反革命了。对于富农,是一步也退让不得。对于黄色工会,只有同它拼命。如果同蔡廷锴握手的话,那必须在握手的瞬间骂他一句反革命。……知识分子只有三天的革命性,招收他们是危险的。"①因此,关门主义者只能单枪匹马和强大的敌人硬打硬拼,而不应该广招人马把敌人包围起来加以消灭。

毛泽东一针见血:关门主义的这种"纯粹"和"笔直"的想法,是马克思列宁主义向之掌嘴,而革命的敌人则向之嘉奖的东西。关门主义"为渊驱鱼"、"为丛驱雀",把"千千万万"和"浩浩荡荡"都赶到敌人那一边去,只会博得敌人的喝彩,实际上帮助了敌人,而使革命陷入困境,走上失败的道路。关门主义的可笑之处在于他们不懂得:"革命的道路,同世界上一切事物活动的道路一样,总是曲折的,不是笔直的。革命和反革命的阵线也可能变动,也同世界上一切事物的可能变动一样。"②

政治策略说到底就是要善于处理这种"直"与"曲"的关系。所谓"以屈求伸"、"以迂为直"、"以退为进"、"将欲取之,必先与之"等策略智慧,都是围绕"曲"、"直"二字做文章。

毛泽东比关门主义者高明的地方,在于他深深懂得,在政治上两点间最短的距离往往不是直线,而是曲线。他知道什么时候应当强硬,什么时候需要妥协,暂时的妥协不过是为了将来的强硬。

毛泽东对待敌人一点儿也不比"左"倾机会主义者手软。暂时拉拢一些非主要敌人,是为了更好地战胜当前的主要敌人,并在

> 政治策略说到底就是要善于处理这种"直"与"曲"的关系。所谓"以屈求伸"、"以迂为直"、"以退为进"、"将欲取之,必先与之"等策略智慧,都是围绕"曲"、"直"二字做文章。

---

① 《毛泽东选集》第一卷,人民出版社1991年版,第154—155页。
② 《毛泽东选集》第一卷,人民出版社1991年版,第155页。

条件成熟的时候消灭所有的敌人。

毛泽东正是因为懂得政治韬略中"以迂为直"的要旨,所以他不仅在抗日战争中主张把"过去是敌人而今可能做友军的人们"统统从敌人的战线上拉过来,而且对于1939年国际舞台上斯大林与希特勒签订苏德互不侵犯条约也能心领神会。当许多人都担心苏联可能因此而成为希特勒在战争中的盟国时,毛泽东一语道破了天机:苏德和好是斯大林先发制人,阻止英德建立反苏联盟。

毛泽东对于1939年国际舞台上斯大林与希特勒签订苏德互不侵犯条约也能心领神会。当许多人都担心苏联可能因此而成为希特勒在战争中的盟国时,毛泽东一语道破了天机:苏德和好是斯大林先发制人,阻止英德建立反苏联盟。

二、建立在动态三角关系上的政治智慧

中国人民求解放的斗争,充满了失败的记录。远的不说,仅从戊戌变法到辛亥革命,就是几起几落,屡试屡败。最后弄得伟大的革命先行者孙中山先生差点儿也心灰意冷。这到底是什么原因?

1926年,毛泽东对此做了一个诊断:"中国革命亘三十年而成效甚微,并不是目的错,完全是策略错。所谓策略错,就是不能团结真正的朋友,以攻击真正的敌人。"[1]

根据这一观点,经过28年的奋斗,毛泽东果然避免了失败,取得了前无古人的巨大成功。而这一观点本身,也被他提炼得更加精当:"谁是我们的敌人? 谁是我们的朋友? 这个问题是革命的首要问题。"[2]

"雄文四卷"就从这句话起笔,毛泽东的成功记录也从这里开始。

也许是成功的实践加固了起初的信仰,毛泽东在修订原文出版选集时,还有意识地将原来30年革命的结论加以扩大,变成"中国过去一切革命斗争成效甚少,其基本原因就是因为不能团结真正的朋友,以攻击真正的敌人"。

---

① 毛泽东:《中国社会各阶级的分析》,《中国农民》1926年2月1日第1卷第2期。

② 《毛泽东选集》第一卷,人民出版社1991年版,第3页。

　　"谁是我们的敌人？谁是我们的朋友？"这两句话中包含着三种成分："我们"、"敌人"、"朋友"。简称"我、敌、友"。"友"是"我"要依靠、团结的对象，"敌"则是"我"要打击、消灭的对象。这一简单的三分法成为毛泽东纵横捭阖、经略天下的基本框架。

　　在毛泽东看来，"敌、我、友"不仅仅是一种人为的划分，"无论哪一个国家，天造地设，都有三等人，上等、中等、下等"①。把天道和人道归并在一起，"下等人"就是"我们"，"中等人"是我们的"朋友"，"上等人"是我们的"敌人"。革命就是我们这些下等人去联合中等人以反对上等人。

　　"敌、我、友"除了配"上、中、下"，还可以配"左、中、右"。1957年，有人质问共产党："你们把人们划分为左、中、右，未免不合情况吧？"毛泽东答道："除了沙漠，凡有人群的地方，都有左、中、右，一万年以后还会这样。为什么不合情况？""我们从来就是把人群分为左、中、右或叫进步、中间、落后，不自今日始，一些人健忘罢了。"②

　　在《中国社会各阶级的分析》中，毛泽东用"上、中、下"和"左、中、右"的三分法，把中国社会详细地分成五大阶级：大资产阶级、中产阶级、小资产阶级、半无产阶级、无产阶级。其中，"中产阶级"和"半无产阶级"可以和"小资产阶级"一起，看做"大资产阶级"和"无产阶级"两极之间的中间状态，也可以分别看做"大资"和"小资"、"小资"和"无产"之间的过渡状态。"大"、"中"、"小"三者组成"有产阶级"范围内的"左、中、右"，"小"、"半"、"无"三者又组成"无产阶级"范畴中的"左、中、右"。此外，每一个阶级内部，毛泽东都进行了第二次划分，甚至第三次划分。这样就形成一个多层次的"左、中、右"三分结构。如果把这个立体模式投射到一个水平面上，就构成一个环环相接、依次过渡的长链条。其中有领导力量，也有革命主力；有真正的朋友，也有暂时的朋友；有主要

如果把这个立体模式投射到一个水平面上，就构成一个环环相接、依次过渡的长链条。其中有领导力量，也有革命主力；有真正的朋友，也有暂时的朋友；有主要的敌人，也有次要的敌人……

---

①　毛泽东：《中国社会各阶级的分析》，《中国农民》1926年2月1日第1卷第2期。

②　毛泽东：《事情正在起变化》，1957年5月15日。

的敌人,也有次要的敌人……

在这个链条上,毛泽东展开了他多层次的政治韬略:

在整个社会或国家中,采取发展进步势力、争取中间势力、孤立反动势力的韬略;

在民族资产阶级中,采取团结左翼、提防右翼的韬略;

在反共顽固派中,采取利用矛盾、争取多数、反对少数、各个击破的韬略;

在农村各阶级中,采取依靠贫农、团结中农、限制或有条件地打击富农的韬略;

在工人阶级内部,采取鼓励先进、批评落后、鞭策中间的韬略。

从链条的左端向右端,依次是团结争取的对象。愈靠近左端,团结的分量愈大,反之则愈小。毛泽东主张团结一切可以团结的力量,把朋友划到敌人的阵营底下去,除了极少数不能团结的顽固分子以外,都要争取、团结。即使一时争取不过来的敌人,也应尽量争取其中立,以便减少"我们"的对立面。

从链条的右端向左端,依次是打击、孤立的对象。愈靠近右端,打击的分量就愈重,反之则愈小。在敌强我弱的形势下,毛泽东历来主张不要树敌太多,打击面过宽。而应该先打击主要的敌人,等到自己发展壮大,有了足够的力量以后,再逐个消灭其他敌人。

这两个方向上的运动是同时进行的:朋友团结得越多,敌人就变得越少。

但是朋友和敌人的界限在空间和时间上都不是固定不变的。革命愈处于初级阶段,敌我力量的对比差距愈大,就愈需要尽可能地团结朋友,尽可能少地树立敌人。随着革命的深入,敌友界限就逐步从右端移向左端。等到原来的敌人全消灭了,革命的目标就由右向左,移到原来的朋友,从右向左依次改造朋友,解决人民内部的矛盾。当敌人全部消灭了,朋友也逐个地改造好了,"我"就由弱小变成强大,造成天下归一,四字皆"我"的局面。

毛泽东经略天下、以弱胜强的基本原则有两条:一是尽可能多

毛泽东经略天下、以弱胜强的基本原则有两条:一是尽可能多地团结朋友;二是一个一个地消灭敌人。

地团结朋友;二是一个一个地消灭敌人。因为"左、中、右"是一个连续的系列,而且总是呈现两头小中间大的规律,所以,通过这两条原则,可以启动整个社会关系的链条。革命的力量开始时无论多么弱小,只要按照这两条原则行事,就会像滚雪球一样,力量越来越大,最终赢得天下。

三、促使"左、中、右"向着有利于我的方向运动

物理世界的三角为人们提供稳定性,政治舞台上的三角关系不仅是平衡的必要条件,而且蕴含着奇妙的造势枢机。如果没有三角,仅仅是两极之间的简单较量,那政治舞台上就几乎谈不上有什么智慧韬略,一切全凭力气,连小学生也知道什么叫政治。然而一个政治家成败的关键并不在于他拥有多大的力量,而在于他是否能够发现政治上的种种三角关系,并设法把它转动起来,使之朝着有利于自己的方向运转。

毛泽东很早就发现人类社会的一大秘密:"无论哪一个国内,天造地设,都有三等人,上等、中等、下等。"①"除了沙漠,凡有人群的地方,都有左、中、右,一万年以后还会是这样。"②"任何有群众的地方,大致都有比较积极的、中间状态的和比较落后的三部分人"。③

这个"左、中、右"的具体含义或者叫法,在不同的时期、不同的阶段、不同的领域、不同的层次,各不相同。然而它的普遍存在却是毫无疑问的。

毛泽东把这个"左、中、右"分别配在"敌、我、友"上,左边的那一头为"我",右边的那一头为"敌",介于两极之间的中间状态则

一个政治家成败的关键并不在于他拥有多大的力量,而在于他是否能够发现政治上的种种三角关系,并设法把它转动起来,使之朝着有利于自己的方向运转。

---

① 毛泽东:《中国社会各阶级的分析》,《中国农民》1926 年 2 月 1 日第 1 卷第 2 期。

② 毛泽东:《事情正在起变化》,1957 年 5 月 15 日。

③ 《毛泽东选集》第三卷,人民出版社 1991 年版,第 898 页。

属于"友"。

怎样使这个"左、中、右"向着有利于我而不利于敌的方向转动呢?

以抗日战争时期国内各阶级的相互关系来说,毛泽东提出的政治策略是:发展进步势力,争取中间势力,孤立反共顽固势力。

进步势力指共产党及其领导的八路军、新四军所代表的无产阶级、农民阶级和城市小资产阶级;中间势力指中等资产阶级、开明绅士和地方实力派;顽固势力指大地主、大资产阶级及其政治代表国民党中的反共顽固派。

三种势力相互制约。进步势力和顽固势力彼此斗争,你想吃掉我,我想同化你,并且都想把中间势力拉到自己一边。而中间势力也有他们自己的打算,他们想利用进步派和顽固派之间的矛盾以达到自己政治上自强的目的。

中间派的特点是动摇在两极之间。但正因为这一点,他们是启动政治三角的关键。在革命和反革命两大基本势力的生死决战中,中间势力迟早要发生分化,不是倒向这一边,就是倒向那一边。而中间势力到底倒向哪一边最终决定着革命的胜负。毛泽东很早就看准了这一点,所以他的政治策略集中表现在如何争取中间势力向着进步势力一边转化上面。一旦中间派都站在我们这一边,我们就会发展壮大,敌人也就自然被孤立了。

怎样争取中间派? 毛泽东认为有三个条件:一是尊重他们的利益,在顽固派未被消灭之前,不能触犯他们的利益,有时还要保护甚至给予他们一定的好处,这样才能使他们跟着我们走。如果我们侵犯了中间派的利益,他们就会跑到敌人那边去,转过来反对我们。二是我们要有足够的力量。三是我们对顽固派的斗争取得步步胜利。这两点是连在一起的,中间派两边观望,哪边强就靠到哪一边。如果他们靠到敌人一边,我们就会陷于孤立。

这就发生一个矛盾:我们没有力量中间派不会来,我们要有力量必须赢得中间派。那么我们的原始力量从哪里来?解决这个矛盾不能单靠政治说教,因为说教的效果总是有限的。也不能单靠

怎样争取中间派? 毛泽东认为有三个条件:一是尊重他们的利益,二是我们要有足够的力量,三是我们对顽固派的斗争取得步步胜利。

86

给予利益,因为不可能有那么多利益出让。毛泽东的办法是在政治大三角中分出许许多多的小三角,逐步地积聚力量,逐步地把中间派转化过来。

我们拥有很大的潜在力量,但我们中也有先进、中间、落后这个小三角。"我们"原来只是少数先进分子,但通过奖励先进,批评后进,鞭策中间,"我们"的力量就集中起来了,由一个变成十个,由十个变成百个,渐渐壮大。这便是革命的"原始积累"。

我们有了一定的力量就可以去影响中间派。而中间派必定也有偏左、偏右和居中这样的小三角。我们不可能把所有的中间派一下子拉过来,但我们可以从左至右一部分一部分地把他们争取过来。争取了最左边的那一部分,就影响了稍左的那一部分,如此不断循环,我们的阵容逐步扩大,中间派越来越倾向于我们。

顽固派中同样也有左、中、右,有最顽固的,次顽固的,不太顽固的。我们可以先打击最顽固的,而暂时把次顽固的中立起来。等最顽固的消灭了,再依次解决其余的顽固分子。

于是,我们一天天壮大,敌人一天天弱小。最后,敌人失败了,我们胜利了。

毛泽东没有祖宗的荫庇,没有得力的靠山,没有雄厚的资产,也没有过人的体力。但是他精通政治上各种各样的三角关系,并知道怎样去启动它们,怎样使它们向着有利于自己而不利于对手的方向转动。通过这套办法,他从零开始,但最终以弱胜强,从几条破枪变成三军统帅,从名不见经传的小人物变成震动世界的东方巨人。

四、团结一切可以团结的人

毛泽东曾对共产党的许多干部讲:你们每天写日记不要写别的,就只写一句"团结百分之九十"就行了。团结一切可以团结的人,这是毛泽东治党治国的基本经验之一,也是他统一战线的核心精神之一。

为什么要团结大多数？常言道："一个好汉三个帮，一个篱笆三个桩"，红花虽好也要绿叶扶。毛泽东是共产党的领袖，共产党是无产阶级的政党。而中国的无产阶级，在共产党创业的阶段，只有几百万，还不到全中国人口的百分之一。代表这样一个阶级的政党怎样才能夺取革命的胜利呢？毛泽东的根本着眼点就是通过共产党把最广大的人民群众团结在无产阶级周围，而不是把自己缩小到最小的圈子里空谈革命。

毛泽东懂得，为了把最反动的敌人消灭，就需要联合一切可以联合的力量，而不能只靠先锋队办事。只靠先锋队，单枪匹马和强大的敌人硬打硬拼，是毛泽东一再指责的关门主义和冒险主义。

毛泽东主张"五湖四海"和"千军万马"。青年时代他最著名的口号就是"民众的大联合"。他比较十月革命和辛亥革命、五四运动，发觉只有民众的大联合才是改造社会的根本方法。晚年，他总结中国革命的经验，也是一句话："问题在于是否能够联合大众。"

团结就是力量。毛泽东喜欢用手掌和拳头向干部们说明，只有五指紧握成拳头，打出去才有力量。他还做过这样的比喻：群众没有团结组织起来，好比一堆散沙，缺乏力量，我们要用泥把这堆散沙胶在一起，捏成一团，使任何敌人都打不破。反革命打不破我们，我们却可以打破反革命。

无产阶级首先要团结最广大的农民群众作为同盟军。这是革命胜利的基本保证。但这还不够，还要团结联合广大的中小资产阶级，团结一切爱国民主人士，团结广大的知识分子，在必要的时候，甚至还要团结争取一部分暂时不是主要对手的敌人，包括团结蒋介石那样的上层分子抗战。总之是要团结一切可以团结的人。是"一切"，不是"一些"。只要能团结，就都团结，越多越好。

有人曾经搞不清楚像"三合会"、"三点会"那样的帮派组织该不该团结。毛泽东指出，参加这些帮会的，除少数会道门头子外，大部分是穷苦人，他们生活困难，有的也会自发去抢些东西，但是

团结就是力量。毛泽东喜欢用手掌和拳头向干部们说明，只有五指紧握成拳头，打出去才有力量。

不能打,要团结。只有团结一切可以团结的人,才能有效地孤立和打击真正的地主豪绅。可见,毛泽东的团结大门是向所有的人敞开着的,包括犯过错误的人,反对过自己的人,可敌可友的人,以及此时此地非主要的敌人。只有一种人除外:此时此地主要的敌人。这需要有一种能够容纳五湖四海的广博胸怀和领袖气概,而能够包容五湖四海、联合千军万马的人,当然是任何敌人都可以战胜的。

　　"团结一切可以团结的人"和"战胜任何强大的敌人",这两者本来就是互为因果的。因为凡有人群的地方都有左、右,而左、中、右三部分的自然分布规律总是两头小中间大。左、右两极,敌、我双方,到底谁强谁弱,谁胜谁负,从根本上说,取决于中间势力倒向哪一边。毛泽东统一战线的核心问题就是要在中间势力上做文章,即如何争取中间势力。争取了中间势力,就等于壮大了自己,同时也就等于削弱了敌人。我们的朋友团结得越多,敌人就越减少,我们就越强,敌人就越弱,我们要战胜敌人就越容易。解放战争打到国统区的时候,毛泽东曾说胜利的一大关键是争取群众站在我军方面。毛泽东是靠人民战争、群众路线打败强敌的,而人民战争、群众路线的核心精神还是"团结绝大多数"。

五、在区别上建立我们的政策

　　如果说某件事政策性很强,那一定是其中包含着许多十分细致甚至微妙的区别,稍有偏颇,便会失策。

　　没有区别便没有政策。政治策略的精髓在于对不同的人区别对待。能知微见著,区分种种不同情况并采取相应对策的政治家,必定是大政治家。相反,头脑简单,胡子眉毛一把抓,则被人称为政治蠢材。

　　海伦·斯诺说,"毛泽东的特点是大,他总是确定某项政策和某种理论的大轮廓,而把细节留给行政人员"。但是他的大政方

政治策略的精髓在于对不同的人区别对待。能知微见著,区分种种不同情况并采取相应对策的政治家,必定是大政治家。相反,头脑简单,胡子眉毛一把抓,则被人称为政治蠢材。

针不是大而化之,笼而统之。他能够"以惊人的敏捷从谷物中挑出秕子,而又本能地识别出真正有价值的东西"。①

古今中外恐怕再没有哪个政治家,能像毛泽东那样善于做精细入微的区分工作,更没有人能像他那样善于以不同的手段对付不同的对手。

首先必须把所有的人从总体上区分为左、中、右三大类,或曰进步、中间、反动。相应的对策是:发展进步势力,争取中间势力,孤立反动势力。

左、中、右三大类中又有较小的左、中、右,还有更细的左、中、右,如此不断反复,足以区分到社会的每一个角落、每一个单元、每一个层次。

人民内部,哪怕是工人阶级内部,也有先进、中间、落后之分。应该鼓励先进、批评落后、带动中间。

农民中有富农(有余钱剩米的)、中农(保得衣食住的)、贫农(一无所有或有也不多的)三个不同层次。应该依靠贫雇农、团结中农、限制(一定时候是打击)富农。

中农中又有上中农(自给有余的)、中中农(大体可以自给的)、下中农(年年叹亏的)三个不同部分。下中农应稳固地团结,中中农应努力地争取,上中农要注意其摇摆性。

有产阶级可分为大资产阶级(地主、买办阶级)、中产阶级(主体是民族资产阶级)和小资产阶级三大部分,也必须区别对待。

小资产阶级从总体上说是我们最接近的朋友,必须团结争取过来,而不能让敌人拉了过去。但其中亦有上、中、下三个不同层次,其区别和对待方法与中农中的三个部分相似。

中产阶级整体上是动摇不定的,具有两面性,其右翼应当看做我们的敌人,即使现时非敌人也去敌人不远。其左翼可看做是我们的朋友,但不是真正的朋友,我们应当时常提防他们。毛泽东反复强调,怎样对待民族资产阶级,是统一战线成功与否的关键。

古今中外恐怕再没有哪个政治家,能像毛泽东那样善于做精细入微的区分工作,更没有人能像他那样善于以不同的手段对付不同的对手。

---

① 《外国人眼中的毛泽东》,华岳文艺出版社1989年版,第145页。

地主买办的阶级营垒也不是铁板一块,如在抗日战争中就有亲日派和亲英美派的区别,对前者应孤立、打击,对后者可暂时团结、利用。

国民党阵营在民族矛盾上升过程中也发生分化、破裂,像蔡廷锴、张学良那样的亲共抗日分子应团结,其他坚持反共卖国的分子则应与之斗争。

各派军阀也不是完全一致的,如两广派是"收复失地"与"抗日剿匪"并重,蒋介石则是"先剿匪,后抗日",也应区别对待。

反共顽固派中也有区别,有尚能抗日的、坚决反共的,还有两面动摇的,应分别加以联合或者孤立。

即使在汉奸亲日派中,也有铁杆汉奸和两面分子的区别,对前者应实行打击、孤立的政策,对后者应采取拉拢、争取的政策。

帝国主义都不是好东西,但在当时条件下,既需将侵略中国的日本帝国主义和现时没有举行侵略的其他帝国主义加以区别;又需将同日本结成同盟的德意帝国主义,和同日本处于对立地位的英美帝国主义加以区别;还需将过去采取远东慕尼黑政策危害中国的英美和目前放弃这个政策改为帮助中国抗日的英美加以区别。

经过这样的区别,毛泽东便能最大限度地团结一切可以团结的人,同时,又能在所有的敌人中挑出他当前最主要的敌人。

国民党在外交方面曾有所谓"敌人只有一个,其他皆是朋友"的政策。毛泽东则有所不同。对他来说(不是指外交方面),敌人只有一个,其他皆是朋友,但是这些朋友不能一概而论,不能同等对待。其中有真正的朋友,也有表面的朋友;有暂时的朋友,也有长期的朋友;有不太友好的朋友,还有很不友好的朋友。对这些朋友,应当分别地采取不同的方法加以对待。

这一策略特征也可以这样说:主要的敌人只有一个,其他非主要的敌人可以暂时看做朋友。等到当前主要的敌人消灭以后,再去一个一个地解决其他的后续敌人,直到天底下再没有敌人,"环球同此凉热"为止。

有真正的朋友,也有表面的朋友;有暂时的朋友,也有长期的朋友;有不太友好的朋友,还有很不友好的朋友。

六、敌人要一个一个地消灭

贺子珍回忆说:"毛泽东对'左'倾的危害,看得比较清楚。他常常讲这样的意思:一个人穷极了,饿极了,总想一步登天,一口吃成个大胖子。可这是办不到的,搞不好,还会撑死的。"

贺子珍回忆说:"毛泽东对'左'倾的危害,看得比较清楚。他常常讲这样的意思:一个人穷极了,饿极了,总想一步登天,一口吃成个大胖子。可这是办不到的,搞不好,还会撑死的。"

饭要一口一口地吃,地要一块一块地锄,敌人要一个一个地消灭。用兵家的语言说,叫做"各个击破"。毛泽东反对"分散兵力"、"两个拳头同时打人"、"四面树敌"、"全线出击"等,都是这个意思。

一个一个地消灭敌人,是毛泽东政治策略中的另一核心精神,并且正好与"团结一切可以团结的人"相对应。将一切可以团结的人都集聚在自己周围,同时将敌人加以分割,一个一个地消灭,这样,就没有战胜不了的敌人,就没有任何敌人可以战胜自己。

一方面要集中自己;另一方面要分散敌人。两个方面合在一起,敌之强势就变成弱势,我之弱势就变成强势。经过这样的纵横捭阖,本来是敌强我弱的局势,就变成了我强敌弱的局势。这是毛泽东在战场上和政坛上能够以弱胜强,立于不败之地的根本诀窍。

毛泽东的天才不仅表现在他善于团结联合一切可以团结联合的朋友,而且表现在他善于发现敌人营垒内部的缝隙。敌人不是清一色的,因此敌人营垒内部也有矛盾,不是铁板一块,其中有强有弱,有主有次,有不太坚决、动摇不定的,也有顽固不化、不打不倒的。

毛泽东对敌斗争的一个重要智慧是:"我们要把敌人营垒中间的一切争斗、缺口、矛盾,统统收集起来,作为反对当前主要敌人之用。"①经他这样一用,敌人的营垒就发生了分化:动摇不定的被拉了过来,成为可以团结的朋友;只要不是顽固不化的都加以中

---

① 《毛泽东选集》第一卷,人民出版社1991年版,第148页。

立,变成于我无害、暂不交锋之敌。这样顽固不化的敌人就孤立了,变成了少数,就比较好对付了。

主要的敌人消灭以后,就轮到次要的敌人。如此类推,整个敌人营垒就被各个击破,一个一个地被吃掉。毛泽东对待反共顽固派的基本策略就是利用矛盾,争取多数,反对少数,各个击破。这一招使他在抗日战争相持阶段的严峻形势中,得以粉碎蒋介石接连三次发动的反共高潮,在解放战争中能够以较快的时间、较少的力量投入瓦解庞大的蒋介石集团。

土地革命时期毛泽东分化瓦解的主要是蒋氏政权基础,如开明绅士、游民阶层。这可以说是民间或底层统一战线。民族矛盾上升过程中,毛泽东开始以抗日的旗帜争取、团结蒋介石政权和军队中的中、下层人物,毛泽东称此为下层统一战线。全民抗战爆发后,毛泽东又用"团结抗战,爱国一家"的口号,开展其上层统一战线,迫使蒋介石同意联合抗日,争得了张学良等上层人物的支持同情,还拉出了不少蒋介石部将,下层小人物就更不用说。这样,蒋介石这个次要的阶级敌人在反对主要敌人日本帝国主义的民族战争中,军心、党心、民心已经有所动摇、瓦解。日本投降后,蒋介石变成主要敌人,但是他没有强大多久。毛泽东在军事打击的同时,以"反对独裁,宣扬民主"为号召,很快就从上至下,从军至民,挖空了蒋介石的墙脚。毛泽东的敌人就这样一个一个地被同化、被瓦解、被消灭了。蒋介石陷入众叛亲离之中,不得不两次"下野",最后只好退到台湾。

团结朋友、壮大自己,与孤立敌人、消灭敌人,是互为因果的两个方面。因为敌人和朋友并没有一个时空上的绝对分界,敌人消灭得越多,我们周围的朋友就越多,敌人一个一个地被消灭了,我们的朋友就一天一天地多起来,我们自己的力量就一天一天地发展壮大强盛,当蒋介石败离大陆之日,也就是毛泽东入主中华之时。

敌人和朋友并没有一个时空上的绝对分界,敌人消灭得越多,我们周围的朋友就越多,敌人一个一个地被消灭了,我们的朋友就一天一天地多起来,我们自己的力量就一天一天地发展壮大强盛,当蒋介石败离大陆之日,也就是毛泽东入主中华之时。

七、以国民党的名义做农民工作更有利

1923年6月,中国共产党在共产国际的督促下,召开第三次全国代表大会,专门讨论与国民党合作的问题。

为了促成国共两党合作,莫斯科煞费苦心,一方面派赵飞到南方联络孙中山,另一方面又派马林来劝中共领导人。

但是马林所带来的共产国际的指令在"三大"上并没有获得一致通过。该指示强调中国国民党是国民革命领导的重心,中共党员应加入国民党,并在国民党内积极工作。尽管它也提到了共产党在国民党中应保留其组织上和政治上的独立性,但总的说,它是要共产党服从国民党的领导。这当然是大多数共产党人不愿接受的。

当时的中共只是共产国际的一个"支部",陈独秀作为总书记,不得不服从"总部"的决议,改变他以前所持的与国民党合作的消极态度。陈独秀在会上按照共产国际的指示精神作了政治报告,随后瞿秋白表示赞同。但是另外的三个人:张国焘、蔡和森、毛泽东,却发表了相反的意见。赞成和反对,两种意见一时相持不下。

这种平衡最后由毛泽东打破了。毛在最后表决时,站到了马林、陈独秀、瞿秋白一边,投了赞成票,从而使共产国际的提案获得了通过。毛泽东甚至提出安源工人应集体加入国民党,这一点遭到张国焘的极力反对。

毛泽东在"三大"上改变态度到底意味着什么?张国焘认为这是"毛泽东的变节"。还有人指责毛泽东"想当中央委员"。

苏联的中国现代史专家格鲁宁认为,毛泽东当时的见解,既不同于陈独秀,又不同于张国焘。他有他自己的独立的见解:是否与国民党合作,要看合作是不是有利于他所热衷的农民运动。

毛泽东第一次明确提出要重视农民运动的主张,也是在这次

毛泽东在"三大"上改变态度到底意味着什么?张国焘认为这是"毛泽东的变节"。还有人指责毛泽东"想当中央委员"。

大会上。共产国际提案的重点是要中共服从广州的国民党的指挥，这样就有可能使共产党自身的革命目标彼岸化，从而舍弃毛泽东关于农民运动的提案。因此，毛泽东反对与国民党合作不是没有理由的。

可是，为什么他后来又变卦，转而赞成合作呢？对于这个问题，日本的中国近代史专家永野英身做了一个大胆的推测：

"不使用共产党这个人们不大熟悉的名称，而是以在中国革命史上作出过贡献的，并拥立孙文这个众所周知的领袖的国民党的名义做农民工作更为容易。在出于国民革命的大义而与可以自由地做农民工作的国民党的合作中，比在信奉对农民持偏见的马克思主义的人占主流的共产党组织中，不是更能充分地找到实现他的愿望的场所吗？"①

毛泽东当时是否出于这种考虑，他本人从未做过说明。不过，后来的事实似乎证明永野英身的推测不是没有道理的。毛泽东没有忘记，孙中山在重新解释三民主义时，加上了"扶助农工"这一新政策。1924年国共实行了合作，并且成立了一个国民党农民部，而领导这个部的，正是和毛泽东一样热衷于农民运动的共产党人彭湃和阮啸仙等人。

不管是国民党还是共产党，只要不回避毛泽东所关心的中国革命的主题，便于做农民运动，这就够了。张国焘所谓"毛泽东的变节"，从正面讲，正体现了毛泽东与众不同的务实精神以及他在策略上的高度灵活性：既然在国民党内同样可以做农民运动，而且做起来可能更方便些，那为什么不合作呢？

毛泽东果然合作得不错。他在国民党"一大"上当选为国民党中央执行委员会候补委员，一年后又出任国民党宣传部副部长，并亲手编辑国民党的机关刊物《政治周报》。有那么一段时间，他干得很出色。他利用国民党的席位，干着他所关注的农民运动，而且干得比其他共产党人更好。

---

① 《日本学者视野中的毛泽东思想》，中央文献出版社1988年版，第22页。

张国焘所谓"毛泽东的变节"，从正面讲，正体现了毛泽东与众不同的务实精神以及他在策略上的高度灵活性：既然在国民党内同样可以做农民运动，而且做起来可能更方便些，那为什么不合作呢？

当然,毛泽东并不认为在国民党内就非得一切按国民党的主张办不可。事在人为嘛! 当国民党中的一些人诬蔑农民运动是"痞子运动"时,他第一个站出来为农民辩护。同时,他非常策略地把这些攻击者限定为"国民党右派",意思是他们并不能代表整个国民党的态度。

到了1927年,第一次国共合作完全分裂,国民党右派得势了,并且向毛泽东心目中的"革命元勋"举起了屠刀。这时,又是毛泽东第一个站出来说:现在我们再也不能打国民党的旗子了。

国民党的政治框架再也装不下毛泽东的革命内容了。于是毛泽东不得不另起炉灶,另谋出路,公开亮出共产党的旗帜。当然,这并不妨碍他一旦革命需要再度与国民党合作,重新向他的政敌表示友好。毛泽东的政治策略是极富弹性的。

八、以阶级斗争服从民族斗争

1956年9月25日,毛泽东坐在中南海的会客厅里,向前来取经的拉丁美洲一些党的代表说:"在受帝国主义和封建主义压迫的国家,无产阶级政党要把民族旗帜拿在自己手里,必须有民族团结的纲领,团结除帝国主义走狗以外的一切可能团结的力量。让全国人民看到,共产党多么爱国,多么爱好和平,多么要民族团结。这样做,有利于孤立帝国主义及其走狗,孤立大地主、大资产阶级。"[1]

在中国的抗日战争中毛泽东正是这样做的。日本帝国主义侵入中国本土,使中国的政局出现一种新的三角关系:日本人、蒋氏集团、共产党。毛泽东在这个三角关系中下了一盘绝妙的活棋。

"日、蒋、共"不同于历史上的"魏、蜀、吴"。日本人要变中国为它的殖民地,它是全中国人民,包括国民党、民族资产阶级以及

日本帝国主义侵入中国本土,使中国的政局出现一种新的三角关系:日本人、蒋氏集团、共产党。毛泽东在这个三角关系中下了一盘绝妙的活棋。

① 毛泽东:《我们党的一些历史经验》,1956年9月25日。

一切不愿做亡国奴的人们的公敌。蒋介石与共产党打了十年内战,也是不共戴天的仇敌,但是如今他们有了一个共同的敌人:日本帝国主义。这样在"日、蒋、共"三方就出现了两对不同的矛盾:民族矛盾和阶级矛盾。毛泽东敏锐地觉察到,日本入侵中国后,民族矛盾上升为主要矛盾,而国内的阶级矛盾则下降为次要矛盾。主要矛盾是起决定作用的东西。于是毛泽东采取与当年列宁"变帝国主义战争为国内战争"相反的政治策略,提出要"以阶级斗争服从民族斗争"。跟着这条策略出现的口号是:"团结抗战,一致对外"。

红军还在长征途中的时候,毛泽东就和张国焘为红军的去向问题展开了争论。张国焘主张向西退却,毛泽东反对西进,力主北上。他争辩说,越向西走,红军对中国政治势力的影响就越小。红军的出路不是西进或停留,而是北上抗日。其理由是:中国人民要打日本,谁要是不把自己的脸面对着民族敌人,人民就会抛弃谁。他深知中国人的民族主义情绪压倒一切。除了极少数死心塌地的汉奸卖国贼,绝大多数中国人都不愿意接受"亡国奴"这个可怕的称号。而汉奸卖国贼肯定要遭到千夫所指,万世唾骂。就像宋代的秦桧,他必须在岳王庙里永世跪在民族英雄岳飞面前,任凭小孩往头上撒尿。如今的形势也是这样,谁高举抗日救国的大旗,谁就能够赢得民心,进而赢得中国。

毛泽东及时捕捉住了日本帝国主义的入侵对中国时局和国人心理造成的新变化。共产党和红军要想摆脱被动挨打的危局,争取形势的好转,就必须扛起抗日的大旗。可是这里存在着一个矛盾;当时红军和共产党的肩膀还很瘦弱,江西时代近30万人马经蒋介石围追堵截到陕北时剩下不足3万,这点家当要对付蒋介石就很不容易,如何抵挡更加凶恶强大的日本帝国主义?这一点毛泽东很明白。但是他更清楚:红军瘦弱的双肩只要一扛起抗日救国的大旗,就会越来越强大。抗日只会兴共,不会亡共。毛泽东巧妙地把民族利益和党的利益结合在一起了。

当抗日和兴共被毛泽东联在一起时,另一个因果链环——反

当抗日和兴共被毛泽东联在一起时,另一个因果链环——反共和卖国却悄悄套在蒋介石头上了。蒋介石同时面临着两个敌人,而又无法联合其中的一个去对付另一个。他只能两个拳头打人,可这两个拳头总协调不起来。

共和卖国却悄悄套在蒋介石头上了。蒋介石同时面临着两个敌人，而又无法联合其中的一个去对付另一个。他只能两个拳头打人，可这两个拳头总协调不起来。如果他抗日，就等于放生了共产党，不仅十年剿共功亏一篑，而且还会纵虎为患于将来。如果他剿共，又会招致"中国人打中国人不打日本人"的舆论，很容易背上卖国的嫌疑。他曾试图摆脱这种两难困境，把抗日的利益和反共的利益统一起来，那就是"攘外必先安内"。可是这个口号远不及"停止内战，共同抗日"得人心。因为中国人的心是先拒外再齐内。毛泽东顺应了这种心理，蒋介石却违背了这种心理。于是，1936年年底蒋介石亲临西安面示张学良：剿共只剩下最后五分钟，一定要坚持这五分钟，不要坏了党国大计。可就是这最后五分钟，对于爱国心切的少帅来说，也坚持不下去。

为什么毛泽东敢于联蒋抗日，而蒋介石不愿联共抗日？这一点他们彼此都清楚。联合抗日意味着共产党的合法化，而共产党一旦有了抗日的权利和自由，它就会很快地把自己的影响和势力扩大到全国。最后，日本人赶走了，站在蒋介石面前的就是一个更难对付的敌手，而毛泽东则有了击败他的下一个敌人的雄厚资本。

"联合抗日"的旗子只对共产党有利，蒋介石就不能打了。可这么一来，他更糟了。他不得不把政治上的主动权让给毛泽东。于是，中国的权力资源作了如下分配：蒋拥有军事优势，毛握有政治主动。毛泽东极力推动抗日民族统一战线，就是为了寻求这种主动。依靠这种主动，他可以把蒋介石的人马慢慢统过来。最后，蒋的优势变成劣势，而毛的劣势变成优势。

九、中国人不打中国人

日本铁蹄踏上中国的土地后，给中国老百姓带来了巨大的痛苦和不幸。毛泽东审时度势，手中又多了对付蒋介石的绝招：中国人不打中国人。

　　毛泽东深知中国人的爱国心与御外侮是分不开的。在民族危机日益加深的形势下，国内各阶级相互关系势必要发生变化。有了"中国人不打中国人"这一招，不仅可以遏制蒋介石疯狂的"剿共"行径，使当时处在弱势地位并很有可能被蒋介石吞没的革命力量减轻压力，获得喘息的机会，找到合法存在的理由；而且可以赢得民心，扩大影响，把"千千万万"、"浩浩荡荡"不满意蒋介石对日让步行为的人从蒋介石的圈子里拉过来，使自己得到发展壮大。

　　1931年，红军在毛泽东的指挥下粉碎了第三次围剿，根据地一派喜悦景象。而此时蒋介石却内外交困。"一·二八"上海抗战爆发，蒋一方面要继续对付他的心腹大患共产党；另一方面作为一国之主又不得不面对日本人；再一方面，还要对付内部在抗战问题上发生的分歧和混乱。毛泽东觉得时机到了。他提出的方针是：红军除留一部分在苏区巩固根据地外，主力应同赣东北的红军打通联系，发展到闽、浙、赣广大地区，而口号不是别的，就是支持国民党十九路军的上海抗战。支持抗战打日本人，这还有什么可说的？一下子剥夺了蒋介石把枪口对准红军的理由，为红军的进一步发展提供了无懈可击的根据。可惜的是，这一精妙决策并没有被当时的中共中央采纳。

　　但形势继续朝着毛泽东预期的方向发展。蒋介石出卖上海抗战后，又把十九路军调到福建与红军作战。这不是让中国人打中国人吗？十九路军的弟兄们心里不是滋味：日本人不让打，却要我们来打中国人，有什么出路？于是发生了1933年"福建事变"：蔡廷锴联合李济深，公开宣布与蒋决裂。他们在福建成立"中国共和国人民革命政府"，并与红军订立了抗日反蒋的协定。这真是千载难逢的良机：红军面前站着一个主动走上门来的盟友，而当时的红军正处在第五次反围剿的艰难之中。毛泽东瞄准了机会，他提出利用福建事变，突进苏浙赣皖地区，以解江西苏区困境的良策。但此时的毛泽东毫无发言权，良机又一次坐失。毛泽东一直为此惋惜，长征途中他用来说服反对者的一个重要事实，就是当时中央没有好好利用福建事变是一大失策。

支持抗战打日本人，这还有什么可说的？一下子剥夺了蒋介石把枪口对准红军的理由，为红军的进一步发展提供了无懈可击的根据。

遵义会议后毛泽东有了发言权,同时民族危机的进一步加深又为他利用民族矛盾争取国民党军队的政治策略提供了更多的机会。1935 年年底,他在瓦窑堡会议上亲自作了题为《论反对日本帝国主义的策略》的报告。会后又成立了党的白区工作委员会,专门做国民党军队的转化工作,在"中国人不打中国人"、"团结抗战"的口号下,利用各种渠道、各种方式,去团结一切可以团结的力量。

第一个转化对象是东北军的一个团长高福源。蒋介石没有在长征中把红军消灭,于是又令东北军和西北军到陕北歼灭立足未稳的"共匪"。这种中国人打中国人的事对东北军和西北军的将士来说也不是滋味,他们的血不是洒在抗日的战场上,而是洒在反共的战场上。高福源就是在与红军交战时被俘的。仗打得不明不白,现在又做了阶下囚,他沮丧、懊恼,只等杀头了事。没想到红军根据毛泽东的统战政策,对他这个俘虏特别优待,给予他比红军自己还好的吃、住条件,这使他明白了"停止内战,团结抗日"的民族大义,认识到蒋介石"攘外必先安内"的政策是置民族危亡于不顾。红军的政工人员当然不会忽略东北军特有的恋乡心理,他们向俘虏们提出了一个红军与东北军联合抵抗民族大敌,打回东北老家去的建议。民族仇恨加上优厚的待遇,终于使高福源感到共产党比国民党更得人心。

高福源原是张学良的卫队长和亲信,在他身上花再大的心血也是值得的。高果然不负共产党的厚望。他被放回东北军后,立即向张学良痛哭陈词,用他刚刚从红军那里听到的民族大义来劝说张学良。张学良与日本人有不共戴天的杀父之仇,又为蒋介石在"九一八"事变中背了"不抵抗"的黑锅。经过爱将这么一番哭劝,家仇国恨一齐涌上心头,张学良终于痛下决心,在"拜把兄弟"和"民族大义"之间作出了明智的选择,走上了联共抗日的道路。

今日国人只知张学良是"西安事变"逼蒋抗日的功臣,殊不知在张后面还有个小人物高福源,而在高后面还有个韬略大师毛泽东。张学良作出联共抗日的决断后,立即派高福源重返红军驻地,请红军派出正式代表与东北军商谈联合抗日的大计。当时,亲自接待这位"俘房"特使的正是毛泽东,毛泽东感谢高福源为国家和民族办了一件大好事,当然也是为共产党办了一件大好事。

十、赶毛驴上山,逼老蒋抗日

赶鸭子上架,赶毛驴上山,都是很费力的事,需要高超的主观能动性:智慧和技巧。

陕北的毛驴很多。毛驴驮了东西是不愿上山的。但陕北的老乡有办法使毛驴上山,这办法:一是拉、二是推、三是打。

毛泽东在红军大学的礼堂里,用这个比喻生动地讲述着西安事变逼蒋抗日的策略意义:蒋介石一心反共不思抗日,但我们可以用对付毛驴的办法,拉他、推他,再不干就打他。只要拉得很紧,推得有力,打得得当,驴子就会被赶到山上。

西安事变爆发前,毛泽东已经通过"利用矛盾,分化瓦解"与"争取地方实力派"的统战策略,把蒋介石的"拜把兄弟"张学良争取到抗日阵线上来了。张又以其特殊的身份拴住了西北军将领杨虎城。张、杨已经不再反共,与共产党达成联合抗日的协议了。只是蒋介石不知内情,硬要亲临西安,强令张、杨再度攻打红军,张学良用部将高福源向他痛哭陈词的办法,多次向蒋"哭谏",仍不解决问题。因此才有西安事变,才从华清池旁响起了震惊中外的"兵谏"枪声。

蒋介石这头毛驴终于被拉住了,现在该是推他、打他,赶他上山的时候了。

捉蒋的当日,张、杨就致电毛泽东,要求中共派团去西安,共商抗日救国大计,处理各善后事宜。毛泽东接到电报,在和周恩来等商量之后,立即作出决策:释放蒋介石,和平解决事变,条件是"停止内战,一致抗日"。蒋介石用抗日的允诺换得了自身的性命,毛泽东则赢得了共产党合法存在和建立抗日民族统一战线的大计。

蒋介石是共产党不共戴天的仇敌,如今抓在手上,为什么不杀掉,反而要放掉?

毛泽东望着一双双迷惑不解的眼睛,讲开了他提前放蒋的道理:蒋介石罪大恶极,血债累累,大家要求杀他,心情可以理解,不算过分。不杀他,不足以平民愤。但是在目前的情况下,蒋介石是不能杀的。杀了他,可以解我们的心头之恨,一时痛快。但却正中了日本帝国主义和汉奸亲日派的下怀。日本人正在挑拨南京和西安的关系,他们扬言如果南京与张学良妥协,日本政府就不会继续袖手旁观,其目的是中国发生更大规模的内战,以便坐收渔人之利。南京的国民党亲日派,正打着"讨伐叛逆"的旗号,纠集大批军队开赴潼关,逼近西安,扬言要炸平西安。他们想用这种办法置蒋于死地,以便取而代之。蒋介石一死,各派军阀群龙无首,其结果只能是天下大乱。而这样的结果,对国民党没有好处,对共产党也没有好处,唯一得到好处的将是日本侵略者,他们会趁机扩大对华侵略战争。

有的人说:蒋介石好不容易才抓到,白白放掉岂不太可惜了?

毛泽东开导说:这次蒋介石被捉,既不同于俄国十月革命被捉的沙皇尼古拉二世,又不同于滑铁卢被擒的拿破仑。前者是革命胜利的结果,后者是革命失利的结果。这次抓蒋介石,是出其不意,攻其不备,他的实力还原封不动地保留在那里,杀掉一个蒋介石,还有许多个蒋介石。这些人各自为政,相互混战,未必比一个蒋介石更好对付。相反,留下蒋介石这个头头,并通过谈判,逼他改变反共卖国的态度,可以把力量用到抗日上去。捉蒋放蒋,有利于抗日,而抗日又有利于共产党。一旦走上全民族共同抗战的道路,共产党不仅可以遂其抗日救国的大愿,而且可以重新获得公开发展的大好时机,为将来更好地对付蒋介石增加本钱。现在不杀蒋介石,只是暂时放他一马。等我们力量强大了,从他手上夺来了天下,比杀掉他一个人岂不更合算吗? 所以我们应当抓而不杀,采取逼蒋抗日的方针,趁机把这头毛驴赶上山去。

毛泽东开导说:这次蒋介石被捉,既不同于俄国十月革命被捉的沙皇尼古拉二世,又不同于滑铁卢被擒的拿破仑。前者是革命胜利的结果,后者是革命失利的结果。这次抓蒋介石,是出其不意,攻其不备,他的实力还原封不动地保留在那里,杀掉一个蒋介石,还有许多个蒋介石。

　　还有人担心:蒋介石心狠手毒,不讲信义,放掉他后,他会信守抗日的承诺吗? 毛泽东做了分析:日本人和亲日派都巴不得我们杀掉蒋介石,而蒋介石最怕死。他攥在我们手上,面临着抗日则生,不抗日则死的选择。再加上宋氏兄妹的劝说,他肯定会接受张、杨二位的主张,以抗日的担保换取性命的。至于背信弃义嘛,毛泽东心里有底。当时国难当头,团结抗日已成为民族共识。蒋介石如果答应了抗日而又不守信用,继续坚持反共卖国那一套,那他就会进一步失去民心,遭国人唾骂,更不好做人,在政治上陷入更大的被动,而让共产党赢得更大的主动。毛泽东料到蒋介石不会这样的。毛明白,蒋的承诺完全是出于不得已。但他既然当着世人作出了承诺,就不好再收回去。即使他骨子里还在想着反共,他也不会公开宣称他不要抗战只要反共了。而这,也就可以了。毛泽东还有办法对付他呢。如果他抗日不认真,还在想着反共,那就打他几下子。只要打得得当,他还是会被迫按共产党的意志一步步上山的。

十一、暂时搁下我们的目标

　　著有《中国——我的第二故乡》的西德友人王安娜 1937 年春天在延安请教毛泽东:要是统一战线成功的话,延安会发生什么变化呢?

　　毛泽东答道:"党现行的许多政策,大概会放弃吧。比如,停止没收地主土地,只是要求减租。对我们来说,蒋介石如果真的认真抗日,我们甚至准备把红军交给他指挥。边区的领导权也可以协商。我们的目标暂时可以搁下,以对付共同的敌人。"①

　　毛泽东为了抗日大计,甚至可以交出军政领导权!

　　但这只是"暂时"的。暂时这样并不意味着将来也是这样,一

---

　　① 《中国出了个毛泽东》,解放军出版社 1991 年版,第 242 页。

切依时间转移。

日本人打进中国,要变中国为它的殖民地。而中国不只是国民党的中国,共产党也有一份。如果民族利益不得保全,谈何共产党一党利益?

暂时这样做首先是为了对付共同的敌人。日本人打进中国,要变中国为它的殖民地。而中国不只是国民党的中国,共产党也有一份。如果民族利益不得保全,谈何共产党一党利益?

暂时这样做还有另一个原因。共产党暂时还很弱小,还不足以同国民党抗衡。而抗战正是扩大影响,积蓄力量,壮大自己的好机会。这样看,暂时搁下我们的目标,岂不更有利于将来吗?

共同抗战还没有开始,毛泽东就向斯诺预言,抗日战争不仅将使日本侵略者发生由强到弱的转化,国内的革命力量和反动力量也要发生强弱转化。到抗战结束时,"中国革命力量的人数将会大大增加,装备更精良,更有经验,更得人心,并将成为亚洲东部的主要力量"①。

共产党的目标只是暂时搁下了。早在延安时,毛泽东就对斯诺说:"共产党永远不会放弃社会主义和共产主义的目标。"②除了在国共和谈的桌上,毛泽东从不隐讳,共产党不最终夺取政权绝不罢休。眼前的一切,只是将来的一个必经环节。眼前不这样做,一是因为外敌当前,应以民族大义为重;二是力量不够,还不到最后决战的时候。

一些不了解中国政治的西方观察家,不明白为什么在经过了十年激烈内战之后,红军和白军忽然携手合唱《友谊地久天长》。是红军变白了?还是白军变红了?斯诺说:"谁都没有变。"认为中共现在为民族独立而战,就是放弃了原来的目标,变成了民族主义者,这只是西方自由派人士一厢情愿的天真想法。"中共现在是民族主义者,因为他们是处在革命的民族统一战线阶段,……如果条件变了,他们会采取自己认为必要的任何手段以便继续待在历史的火车上面。"③

毛泽东高明的地方在于他把眼前的目标与将来的目标有机地

---

① 《外国人眼中的毛泽东》,华岳文艺出版社 1989 年版,第 99 页。
② 《外国人眼中的毛泽东》,华岳文艺出版社 1989 年版,第 99 页。
③ 《外国人眼中的毛泽东》,华岳文艺出版社 1989 年版,第 183 页。

结合在一起,使前者为后者服务。蒋介石是"反共"和"抗日"同时并举。毛泽东则把"反蒋"和"抗日"两个目标巧妙地错开,并使两者互相照应。他在"联蒋抗日"的同时为下一阶段的"反蒋"工程做好了准备。他吃透了"日、蒋、共"三个方面两对矛盾间的相互关系。

十二、既统一又独立的统战策略

毛泽东说:"我们的方针是统一战线中的独立自主,既统一,又独立。"①

这条方针的前半部分是毛泽东努力反对关门主义、孤家寡人政策的成果,后半部分则得益于第一次国共合作的教训。那一次共产党没有经验,在共产国际的帮助下,半推半就地与国民党合作,结果吃了大亏。而吃亏的原因,在毛泽东看来,就是在统一战线中丧失了独立性,放弃了领导权,一切听命于国民党,结果,当蒋介石翻脸的时候,共产党就陷入被动,无以回击。

有了陈独秀的教训,毛泽东变得聪明了。他深知在当时的情况下,共产党没有统一战线不行,有了统一战线没有独立自主也不行。统一战线是毛泽东主动要搞的,但搞成以后并不是万事大吉。共产党有可能借统一战线获得一个大发展,也有可能在统一战线中连老本都丢掉。到底鹿死谁手,关键在于统一战线的领导权抓在谁手上。而共产党要想取得抗日民族统一战线的领导权,首先必须强调自己在统一战线中的独立性。

于是毛泽东开始了两条战线上的斗争:一方面,他猛烈地批判"左"倾关门主义,告诉那些只知"直"不知"曲",单刀匹马和强敌硬拼的同志:我们要搞统一战线,否则共产党就无法摆脱目前的劣势而获得发展;另一方面,他又及时地批判右倾机会主义,提醒那

① 《毛泽东选集》第二卷,人民出版社1991年版,第540页。

些相信国民党超过相信人民群众的人：我们不能无原则地让步，否则，就不是我们把人家统过来，而是人家把我们统了去。

毛泽东十分懂得民族斗争与阶级斗争之间的微妙关系。蒋介石本来不想合作，而想在"最后五分钟"消灭羽翼尚未丰满的共产党以后，再去谋他的民族利益。后来迫于形势，不得不和共产党搞统一战线。在蒋介石看来，搞统一战线，共产党就得服从国民政府，由于国民党是执政党，服从政令也就是服从国民党，服从蒋介石。有了这种服从关系，你共产党未必能沾光。

哪知毛泽东更聪明，他更知道这样在民族斗争中谋本党本阶级的利益，而且谋得更合情理。他对自己的同志说：目前我们必须同国民党合作，搞全民族的统一战线。但是我们千万不要把无产阶级和资产阶级的纲领、政策、思想、实践等看做一样的东西而忽视其原则性差别，否则合作就会变成混一，无产阶级就会变成资产阶级的尾巴。

为了保证共产党在统一战线中的独立性不被当权的国民党、蒋介石抹掉。毛泽东提出："必须保持加入统一战线中的任何党派在思想上、政治上和组织上的独立性。"他特别强调，"不论是国民党也好，共产党也好，其他党派也好，都是这样"[1]。其实，国民党并不存在这个问题，因为它是当权的党，越统一对它越有好处。

统一战线实际上是国民党当权，蒋介石当家。那么共产党的行动要不要服从它，要不要经过它？毛泽东回答：要服从，但不能完全服从；要经过，但不能一切经过。

这种"擦边球"怎么打法？毛泽东向他的同志们面授了四条机宜：[2]

（一）有些事"先奏后斩"。例如将师的番号改为军的番号，不涉及问题的实质，但又容易惹出"政令不一"的麻烦，所以应该先经过国民党的同意。

この种"擦边球"怎么打法？毛泽东向他的同志们面授了四条机宜：（一）有些事"先奏后斩"。（二）有些事"先斩后奏"。（三）有些事"暂时斩而不奏"。（四）有些事"暂时不斩不奏"。

---

① 《毛泽东选集》第二卷，人民出版社1991年版，第524页。
② 参见《毛泽东选集》第二卷，人民出版社1991年版，第540页。

（二）有些事"先斩后奏"。例如派兵去山东,发展二十余万军队之事,是蒋介石最敏感的问题,先经过就行不通,只能造成既成事实以后再告诉他。

（三）有些事"暂时斩而不奏"。例如召集边区议会,估计蒋介石现时不会同意,将来在新形势下可能同意,那时再去向之奏明。

（四）有些事"暂时不斩不奏"。例如斗地主,分田地,分浮财,在民族统一战线时期,既不能做,也不必奏。做了就会导致统一战线破裂,影响抗日大局。

十三、既联合又斗争的两手政策

统一战线,顾名思义,就是要统一,要团结,要联合一切可以联合的人,要同别人做朋友,而斗争则是对付敌人的手段。有些人据此认为,要联合就不能斗争,要斗争就无法联合。你搞斗争,人家怎么敢来呢? 再说,你拉人家来做朋友,人家来了以后,你又斗争,这也不够朋友的情义呀? 这也是一种头脑简单,天真幼稚。

毛泽东认为刚好相反,不斗争就搞不好联合,搞不好团结。以斗争求团结则团结存,以退让求团结则团结亡。为什么呢? 他的理由大致有两条:

其一,联合的人多了,阵容扩大了,必然发生这样的问题:成分越来越复杂,颜色越来越不一致。如果老这样下去,不进行必要的斗争清理整肃,就会把我们的阵线搞乱,为敌人分化、离间我们提供机会。我们不但强大不起来,还会变得弱小,容易被敌人击破。或者出现不怀好意的朋友,反客为主,要我们听他的,把我们统一到他那边去。这样,表面上看我们的阵营扩大了,实际上我们的阵地不见了。"我们"已不复为我们,等于为他人做了嫁衣裳,白白忙活了一阵子。这样的统一和联合不是适得其反吗?

其二,不斗争是一种没有力量的表现。只有通过有效的斗争,才能教训那些敢于放肆、敢于捣乱的人,使他们不敢轻易造次,从

毛泽东认为刚好相反,不斗争就搞不好联合,搞不好团结。以斗争求团结则团结存,以退让求团结则团结亡。

毛泽东智慧

而紧紧地团结在我们周围。

因此，毛泽东认为既要联合，又要斗争，两只手一只也不能少。不联合我们的队伍不能扩大，不斗争我们就会在联合中失去地位。为了坚持这种两手政策，毛泽东用了很大的精力开展两条战线上的斗争，一方面反对"一切斗争否认联合"的"左"倾错误，另一方面反对"一切联合否认斗争"的右倾错误，使一度幼稚的共产党的两只手都强硬起来，变成谁也对付不了我，而我却谁都能对付的有经验的党。

联合和斗争一路走，联合是针对中间派的，斗争自然也是针对中间派的。中间派处在统一阵线之中，无疑是应当团结的，但是一切中间派都具有两面性。这种两面性就是毛泽东两手政策的出发点。你有两手对我，我也应有两手对你，否则就会吃亏。对中间派革命、爱国、不反对我们的那一面，我们要团结、联合；而对其动摇、妥协、反对我们的那一面，我们又要批判、斗争。只有这样双管齐下，中间派才能变成于我有利而无害的因素。

中间派有不同层次，有人民内部的，也有敌人内部的，中间派本身也有左、中、右。无论哪个层次上的中间派都有两面性，但不同层次上的中间派两面性的比重各有不同。离我们距离越近的中间派，其革命性成分就越多；反之，离敌人距离越近的中间派，其反动性成分就越多。对这些不同的中间派，其联合与斗争的比重和方式也应有所不同。如果一样的斗争，或一样的联合，都达不到以斗争求团结的目的。

毛泽东的基本方法是：除了最坚定的左派、革命派和最顽固的右派、反动派以外，中间部分长长的一串，包括左派中不坚定的分子，右派中可争取的分子，以及中间派中各不同部分，都要施以团结和斗争两手。但是两只手用力的程度，依据离我们距离的远近而有区别。越靠近左边的，我们越要强调联合、团结的方面，越靠近右边的，我们越要强调斗争、打击的方面。例如在抗日战争时期，对民族资产阶级、开明绅士、地方实力派三股中间势力，只是当做反帝的同盟者来争取，而对农民和城市小资产阶级，则作为基本

毛泽东用了很大的精力开展两条战线上的斗争，一方面反对"一切斗争否认联合"的"左"倾错误，另一方面反对"一切联合否认斗争"的右倾错误，使一度幼稚的共产党的两只手都强硬起来，变成谁也对付不了我，而我却谁都能对付的有经验的党。

的同盟军来团结。与此相应的对前者的斗争要多一些、重一些,对后者的斗争要少一些、轻一些,主要是批评教育。

重要的是对每一个中间派,每一个同盟者,都必须同时使用两手。使用的方法可以有两种:其一,一边斗,一边和,两手同时并用。比如我要批评某一朋友的错误,在指出他的错误的同时,必须肯定他的成绩,加以适当鼓励,以免产生对立情绪,离我而去。我要嘉奖他时,除了指出他的成绩,同时又指出他的不足,提出更高的要求,以免他翘尾巴,不听我的。其二,斗一斗,和一和,两手交替使用。斗了一阵,达到了目的,随即进行安抚,主动表示友好,好了一阵后,发现他又有不对,再斗一斗。如此不断反复,不但不破坏团结,反而会团结得更好。

斗争的目的是为了巩固统一,加强团结,因此必须掌握好分寸,不能搞过火的、无休止的斗争。过火地斗争,一味地斗争,事物会走向反面,使统一破裂,矛盾激化,朋友变成敌人。这等于帮了敌人的忙,孤立了自己,与团结统一的出发点相违背,是毛泽东一贯反对的。

十四、三个"三分之一"

毛泽东的统战策略是一种极其灵活的政治技巧。它的目的是要把尽可能多的人团结在自己周围,以便有效地孤立打击最主要的敌人。除了这一点是明确的,其他的都没有固定的模式,运用之妙,存乎一心。

有时候,为了便于操作,这种谋略也体现为某种定制。抗日战争时期解放区的"三三制"政权就是一例。毛泽东规定:抗日民族统一战线的政权组织,"必须坚决执行'三三制',共产党员在政权机关中只占三分之一,吸引广大的非党人员参加政权"。① 另两个

---

① 《毛泽东选集》第二卷,人民出版社1991年版,第724页。

"三分之一"留给非共产党人员。毛泽东规定国民党党员一定要占三分之一。第三个"三分之一"则是无党派人士的。据说这样做便表明共产党没有包办一切,"我们只破坏买办大资产阶级和大地主阶级的专政,并不代之以共产党的一党专政"①。

美国记者白修德曾研究过这种制度。他认为共产党之所以要这么做,是因为"他们知道,没有反对派是不民主的"。当时共产党最大的反对派便是国民党。所以毛泽东特别强调国民党员一定要占三分之一,并且不能少于三分之一。当然在质量上毛泽东也是有考虑的。他说:"必须容许不反共的国民党员参加"②。一是"必须容许",二是"不反共"。由于"不反共",所以国民党方面就说这些人是国民党的叛徒。但不管怎样,共产党能够容纳国民党,而国民党不能容纳共产党,到底哪个民主、哪个独裁,舆论自有公论。

第三个"三分之一"是指"那些不积极反共的小资产阶级、民族资产阶级和开明绅士的代表"③。这部分人的特点是"反共"但"不积极"。共产党那一部分是不会反共的,国民党所占的那个三分之一必须是"不反共的"。假定无党派中有一半是反共的,总共也只有六分之一的"反共分子",绝对的少数。这样做既容许了异党分子,又保证了本党的绝对优势,堪称古今中外政治体制上的一绝。

白修德说:"实行的时候,这个制度并不完全那么死板,不过中共总是把他们自己的比例做到不超过三分之一"。这是不假的。毛泽东也说过,在那些"开始建立抗日民主政权的地方,还可以少于三分之一"④。只能少不能多,多于三分之一便表明共产党占了优势,不民主,不平等。可"事实上",白修德说,"中共之多于或少于三分之一的比例是没有多大关系的。在每个地区的政府

> 美国记者白修德曾研究过这种制度。他认为共产党之所以要这么做,是因为"他们知道,没有反对派是不民主的"。

---

① 《毛泽东选集》第二卷,人民出版社1991年版,第724页。
② 《毛泽东选集》第二卷,人民出版社1991年版,第724页。
③ 《毛泽东选集》第二卷,人民出版社1991年版,第724页。
④ 《毛泽东选集》第二卷,人民出版社1991年版,第724页。

里,他们都是唯一与整个政策相联系的团体。他们是军队的领导人,他们又是农民的保护人。他们制订策略,无论从哪方面说,农民都把共产党人看做是他们自己的领导人,看做是他们自己意志的代言人。"①

"三三制"实践为毛泽东积累了丰富的政权经验。他相继提出"人民共和国"、"民主共和国"、"联合政府"、"人民民主专政"等政权模式。这些模式有一个共同点,即都"在无产阶级领导下"。至于被领导地位上的客体,在不同时期略有区别,比如在抗日战争时期是"一切反帝反封建的人们",在解放斗争时期是"一切民主阶级",在新中国成立以后是除了敌人以外的全体人民,包括工人阶级、农民阶级、城市小资产阶级和民族资产阶级。关键不在于有多少不同成分,不在于有多少党派、阶级参加政权,而在于"在无产阶级领导下"。有了这一条,"各革命阶级联合专政"、"人民民主专政"、"无产阶级专政"等都是一回事。所以毛泽东1956年说,人民民主专政,实质上是无产阶级专政。

在这样的政权中,无产阶级或共产党的领导是必需的,异党异阶级的存在也是必需的。只有把这两点结合起来,才能做到既民主又专政。如果只有共产党一种颜色,就不能体现民主,就难以和共产党所极力反对的国民党一党专制区分开来。据说国民党创始人孙中山先生的遗孀宋庆龄女士,曾要求加入共产党,但毛泽东不同意。倒不是这位共产党的忠实追求者不够加入共产党的条件,而是因为她留在党外对共产党更有好处。她留在党外,可以代表另一个党派帮助共产党说话。如果她成了共产党员,就起不了这种作用。不过,孙夫人的愿望在她临终前还是得到了满足。

据说国民党创始人孙中山先生的遗孀宋庆龄女士,曾要求加入共产党,但毛泽东不同意。倒不是这位共产党的忠实追求者不够加入共产党的条件,而是因为她留在党外对共产党更有好处。她留在党外,可以代表另一个党派帮助共产党说话。如果她成了共产党员,就起不了这种作用。不过,孙夫人的愿望在她临终前还是得到了满足。

---

① 《外国人眼中的毛泽东》,华岳文艺出版社1989年版,第120页。

十五、有理、有利、有节

抗日战争时期,国民党由于民族矛盾上升而发生分化,分成左、中、右三派。左派在抗日爱国上与共产党有共同语言,右派虽然也有赞成抗日的一面,但坚持反共立场不变,所以毛泽东称其为反共顽固派。中派处于两者之间,应当争取。左派更不用说,是共产党应该团结也可以团结的对象。问题是右派。毛泽东用团结争取左派和中间派的办法孤立了右派。但右派还存在,还在不断地反共溶共。怎样对付这样一帮反共顽固派?

整个抗日战争时期,共产党与国民党顽固派之间联合和斗争的关系都十分微妙。对顽固派无疑必须团结,因为他们也处在抗日统一战线中,不团结就有可能使他们脱离统一战线,投到民族敌人的怀抱。但是顽固派又有其反共的一面,如果共产党为了维持和他们的统战关系而一味退让,就会被他们同化、吃掉。因此又有斗争的必要。如果斗争得不当,又会导致统一战线分裂。

怎样斗争才算得当呢? 毛泽东采取了三条原则:

一是自卫原则。斗要斗得有理。"人不犯我,我不犯人,人若犯我,我必犯人。"人家打到头上,不能不给予有力还击,但是也不可无缘无故去进攻人家,输掉理由。输掉理由,在政治上就陷入被动,就被视为破坏了统一战线。

二是胜利原则。不斗则已,要斗就要斗得对我们有利。绝不同时打击许多顽固派,天天打,到处打,打又打不出个名堂,空耗精力而又不足以服敌。只选择最反动、最不可忍的打,而一打就打个痛快,让他知道厉害,不再敢轻易冒犯。

三是休战原则。不要无休止地斗下去,要有所节制。当顽固派的进攻被我们打退后,在他们没有举行新的进攻之前,我们应该适可而止,使斗争告一段落,并且主动地与他们讲团结,表示友好和大度,以便巩固斗争的成果。

斗要斗得有理。"人不犯我,我不犯人,人若犯我,我必犯人。"人家打到头上,不能不给予有力还击,但是也不可无缘无故去进攻人家,输掉理由。输掉理由,在政治上就陷入被动,就被视为破坏了统一战线。

第四章　毛泽东的领导智慧

一、"我们也会感动上帝"

1945 年，毛泽东在中共"七大"闭幕式上向代表们讲了愚公挖山不止因而感动上帝帮他把门前两座大山背走的故事，然后说："我们也会感动上帝的。这个上帝不是别人，就是全中国人民大众。全国人民大众一齐起来和我们一道挖这两座山，有什么挖不平呢？"

"七大"的路线就是"感动上帝"，即放手发动群众。怎么感动、怎么发动呢？

毛泽东做了不少榜样，比如帮助沙洲坝农民解决吃水问题，亲自关心侯家沟妇女不生孩子的问题，都在群众中引起了很大的感激。他经常教育干部要关心群众生活，关心老百姓的柴米油盐问题。有的干部认为战事繁忙，哪有时间去关心这些小事。毛泽东则认为这些"小事"有很大的意义，它们可以感动上帝，即获得千百万群众对革命的支持和帮助。而群众的支持是取得革命胜利的根本条件。所以他反复告诫干部们：你要群众跟着党走，就要关心他们的生活和要求。中国的老百姓淳朴憨厚，你给了他一点儿关心，他就会跟你走到底。

1948 年 8 月，毛泽东向杨成武布置进兵绥远的战斗。绥远乃是傅作义的老窝，要进去并且站住脚不容易。毛泽东向杨成武面授了三条取胜的对策：一是首战必胜；二是严格执行优待俘虏政

他反复告诫干部们：你要群众跟着党走，就要关心他们的生活和要求。中国的老百姓淳朴憨厚，你给了他一点儿关心，他就会跟你走到底。

策;三是放手发动群众,取得群众支持。关于如何发动群众,毛泽东又做了具体指点。他说,军队所到之处,都要广泛宣传我军的政策,我军的主张,严格执行三大纪律八项注意,对老百姓秋毫无犯,还要利用一切机会帮助群众治病、挑水、扫院子,让群众知道我们是人民的子弟兵,是来帮助他们,解放他们的。每占领一个地方,就要放手发动群众,把群众组织起来,支持部队作战。

每部署一场战役,毛泽东都忘不了发动群众这一条。他认为解放战争要取得胜利,除了多打胜仗外,最重要的是"感动上帝",争取群众站到我军方面。有了群众这个上帝的帮助,蒋介石的飞机和大炮也不在话下。蒋介石当时未必明白,他以巨大的军事优势而败在毛泽东手下,除了军事指挥失策之外,最根本的原因还是他失掉了群众,失去了民心,"上帝"没有站到他这一边。

有了群众这个上帝的帮助,蒋介石的飞机和大炮也不在话下。蒋介石当时未必明白,他以巨大的军事优势而败在毛泽东手下,除了军事指挥失策之外,最根本的原因还是他失掉了群众,失去了民心,"上帝"没有站到他这一边。

二、和人民群众打成一片

毛泽东告诫共青团八大的代表们:"要做个顶天立地的人,顶天就是能掌握马列主义,站得高,看得远,立地就是有坚实的群众基础,和群众打成一片。"这也是他自己的基本人生经验。

毛泽东对"主义"颇认真,他一生搞了不少"主义"之争,特别是晚年。早年他还特别强调了"主义"的作用:"尤其要有一种为大家信守的'主义'"。"主义譬如一面旗子,旗子立起了,大家才有所指望,才知所趋赴。"

不过,"主义"的旗子还需立在大地上,即充分反映广大人民群众的利益愿望,才能把人民召集起来。毛泽东先后信仰过不少主义,后来选定马列主义,并不是因为别的,只是因为他觉得这个"主义"集中体现了劳苦大众的利益和愿望。所以毛泽东的力量源泉说到底还是"人民群众"。这一点,他的老朋友斯诺做了恰当的评价:这个人身上不论有什么异乎寻常的地方,都是产生于他对中国人民大众,特别是农民——这些占中国人口绝大多数的贫穷饥饿、受剥削、不识字,但又宽厚大度、勇敢无畏、如今还敢于造反的人们——的迫切要求做了综合和表达,达到了不可思议的程度。毛对群众的相信也是毫无保留的。在转战陕北时,由于敌情复杂,卫士们非常担心他的安全,而他则轻松地说:怕什么呢? 有老百姓嘛! 要相信群众。一有坏人,老百姓马上就会发觉的,用不着我们动手,老乡就会把他捉起来!

　　他之所以敢于藐视一切反动派,就是因为他相信群众站在自己这一边。反动派是纸老虎,注定要灭亡,也不是因为别的,就因为他们没有群众拥护。他对斯特朗说:蒋介石是只纸老虎。转而又强调:如果蒋介石顾及人民的利益,他就是一只真老虎。

　　任何强敌他都敢于挑战,但是他绝不得罪群众。在陕北时,有个农民曾说“怎么雷公不劈死毛泽东”。这话可是很恶毒的,但毛泽东没有发怒,却从中了解到征粮过多群众有怨言,下令要边区政府减少三分之一的征粮数。后来他号召中央机关开展轰轰烈烈的大生产运动,也是为了减轻群众负担。当年还发生过黄克功与青年女学生刘茜恋爱不成而开枪打死刘的事件。黄是有功之臣,曾任过红军团长,许多人要求免黄死罪,毛泽东却下决心非斩不可。为什么? 并不是因为死了个女学生,而是为了挽回群众影响。1971 年林彪驾机逃出国境,周恩来请示毛泽东:怎么办,打不打下来? 毛泽东说:“不要打。天要下雨,娘要嫁人,由他去吧!”他头向后躺在沙发靠背上,无可奈何地挥了挥手,打下来,怎么向全国人民交代。

　　他天不怕,地不怕,就怕脱离群众,即使当上领袖也是如此。有一次罗瑞卿陪他周游各地,从他的安全出发,限制他随意出入人群。他却不领情,叫道:罗长子,你不要搞神秘主义,妨碍我接近群众。还有一次,他在武汉听一个居委会主任汇报,听着听着,他竟说了这样的话:我非常羡慕你的工作,每天跟群众打交道最有意思。

　　他真有点儿像神话中的巨人安泰,一刻也不能脱离大地。一离开大地,他就没有力量;一回到大地,他就力大无穷。

他天不怕,地不怕,就怕脱离群众,即使当上领袖也是如此。有一次罗瑞卿陪他周游各地,从他的安全出发,限制他随意出入人群。他却不领情,叫道:罗长子,你不要搞神秘主义,妨碍我接近群众。

三、两头小中间大,抓两头带中间

毛泽东发现一条重要社会定律:"任何有群众的地方,大致都有比较积极的、中间状态的和比较落后的三部分人"。①

根据这个规律,毛泽东找到了一个很有效的发动群众的方法,那就是"抓两头,带中间"。他兴奋地说:"这是一个很好的领导方法。任何一种情况都有两头,即有先进和落后,中间状态又总是占多数。抓两头,抓先进和落后,就是抓住了两个对立面。抓住两头就可以把中间带动起来了。"这是 1958 年毛泽东在《工作方法六十条》中介绍的一条方法。其实,早在 20 世纪 40 年代初他就把这一诀窍作为一条重要的领导方法传授给了各级领导者。他说:"领导者必须善于团结少数积极分子作为领导骨干,并凭借这批骨干去提高中间分子,争取落后分子。"②在 20 世纪 50 年代农业合作化运动中,毛泽东也是采用了这套办法:我们先把热心的人搞进来,然后向第二部分人宣传,热心了又进来,再向第三部分人宣传。他还告诉各级领导:要分期分批。一切的人将来都要入社的。

群众要是闹起事来,可不好办,因为这表示领导和群众间出现了对立。但是毛泽东也有办法,并且还是那套办法:"对闹事的人,要做好工作,加以分化,把多数人、少数人区别开来。对多数人,要好好引导、教育,使他们逐步转变,不要挫伤他们。我看什么地方都是两头小中间大。要把中间派一步一步地争取过来,这样,我们就占优势了。"③最后只剩下极少数极少数反对我们的人,他们不站到我们这一边,也不要紧,因为他们已被孤立,想闹也闹不起来。不但闹不起来,还要受到原来跟着他一起闹事的广大群众的制裁,叫他尝到被冷落、被划清界限、被反戈一击的味道。

① 《毛泽东选集》第三卷,人民出版社 1991 年版,第 898 页。
② 《毛泽东选集》第三卷,人民出版社 1991 年版,第 898 页。
③ 毛泽东:《在省市自治区党委书记会议上的讲话》,1957 年 1 月。

反右斗争也是如此。"有两派最坚决:左派和右派。""中间派的特点是动摇,不然为什么叫中间派? 这一头是无产阶级,那一头是资产阶级,还有许多中间派,两头小中间大。"①因此,"我们和右派的斗争集中在争夺中间派,中间派是可以争取过来的"。怎么争取呢? 就是在各种鸣放场合,让左、中、右三派都出台表演,让他们混战一场,特别是让右派充分暴露,到了适当的时机,"我们巧妙地推动左、中分子发言,反击右派"②。毛泽东告诉各级领导者:"团结左派,争取中间派,孤立右派,这是一套很好的马克思主义的策略。"③

为什么两头一抓,整个群体就动了起来,向着我们所希望的方向运动呢? 毛泽东看准了"两头小中间大"这条朴素真理。那就是说,任何事情,总有人赞成,总有人反对,总有积极的,总有消极的。而最积极最赞成的和最消极最反对的都是少数。少数对少数,本见不出高低。关键在中间的那个多数。他们随大流,看两头哪一头占优势、处于有利地位,他们就向哪一头运动。你把两头一抓,中间那动摇不定、不明方向的群众就知道该向哪边看齐了。于是中间部分发生分化,积极分子、拥护的人越来越多,而消极分子、反对的人则越来越少。这样整个三部分群众就都会按照我们的意志运动起来。

怎样抓两头呢? 其实很简单:对先进积极的那一头加以表彰、奖励,对消极落后的那一头加以批评、惩戒;号召人们向好的学习,而不要向坏的学习。这样一褒一贬,一学一批,就等于在混沌未分、是非不明的群众中树起了两个对立面:一边是红旗,是正面典型,舆论的光辉纷纷投向他们,广大群众自然会引以为榜样,向他们看齐;另一边是白旗,是反面教员,舆论的锋芒纷纷对准他们,广大群众必定会引以为戒,远远地离开他们。正面教员和反面教员同时起作用,何去何从,一清二楚。如此两边合击,中间部分哪有

---

① 毛泽东:《打退资产阶级右派的进攻》,1957 年 7 月 9 日。
② 毛泽东:《组织力量反击右派分子的猖狂进攻》,1957 年 7 月。
③ 毛泽东:《一九五七年夏季的形势》,1957 年 7 月。

怎样抓两头呢? 其实很简单:对先进积极的那一头加以表彰、奖励,对消极落后的那一头加以批评、惩戒;号召人们向好的学习,而不要向坏的学习。

不动的？中间部分既然动起来了,整个群众哪有不动的道理?

古今政治家都知道如何通过赏好惩坏来齐众。但是他们在赏好时,必须拿出诱人的物质利益,重赏之下才有勇夫。这样势必要牺牲许多黄金绢帛。同时很有局限,不可能遍赏天下。如果你有财力遍赏,那奖赏又失去了激发作用。毛泽东长期处于艰苦创业之中,不可能拿出那么多黄金美钞赏给那么多好样的官兵民众,因此必须把重点放在精神激励上面。这种精神刺激本来不一定会为人们带来多少实惠,但它却可以提供恒久的动力,比物质奖赏更有效。其奥秘在于"抓两头",逐步策动中间,即通过表扬好的、谴责坏的,造成一种广泛的舆论压力。由于这种扬善贬恶的活动本身就是一种群众运动,不需要你投入多少实惠,就会使群众发生分化,渐渐形成一种政治压力,使运动中的每个人都面临着一种何去何从、非此即彼的选择。如果他不站到红旗底下,他就有可能被大多数所抛弃,最后发现站到了白旗下面。这样一种激发机制虽然不必动用金钱,却足以推动中间状态发生分化,推动整个人群向着插红旗的地方运动。

但是,精神奖励不会造成财政紧张,但会带来一个坏处,使得那些不太高明的领导者误以为精神刺激是万能的,频繁地树先进,插红旗,弄得先进典型遍地皆是,群众学不胜学。好样的太多了,势必庸俗化,失去感召力。要解决这个问题还得回到毛泽东的思路上来:除了学习好样的,还得批判坏样的,同时抓住两头,通过对立面的斗争来激发广大群众。

精神奖励不会造成财政紧张,但会带来一个坏处,使得那些不太高明的领导者误以为精神刺激是万能的,频繁地树先进,插红旗,弄得先进典型遍地皆是,群众学不胜学。好样的太多了,势必庸俗化,失去感召力。

四、典型引导胜过一般号召

1942年年初,延安第一兵工厂发生了一次共产党未曾经历过的严重事件:工人罢工。以前总是共产党发动工人向剥削阶级或反动当局罢工,这次罢工却发生在革命根据地针对革命当局。事出有因:其时蒋介石正指挥胡宗南向陕甘宁根据地发动进攻,情况

118

万分紧急。军委命令兵工厂要在短期内造出十万颗手榴弹,以应御敌之需。哪知此时工人却在少数人的煽动下闹起事来,要求减轻生产任务,提高生活待遇,并扬言要罢工。中央立即派人赴厂,向工人做深入细致的思想工作:帮助工人正确认识当时敌我斗争的严峻形势,揭发批判极少数带头闹事的家伙,教育工人不要上他们的当。于是工人很快觉悟过来,又和党一条心了。

在向工人做思想政治工作的过程中,发现第一兵工厂有一位叫赵占魁的工人,他一贯劳动态度好,技术水平高,很能团结人。更可贵的是,在坏人煽动工人闹事时,他仍坚守岗位,用实际行动进行了抵制,表现出很高的政治觉悟。这不正是共产党所要求的工人形象吗? 要是所有工人都像赵占魁那样该多好啊!

毛泽东立即抓住赵占魁这个典型,利用他的号召力在边区开展轰轰烈烈的"赵占魁运动"。运动很快推广到其他解放区,各地区都树立了自己的"赵占魁"。从那时起,边区政府经常召开劳动英雄代表大会、劳模大会,交流经验、表彰先进。"赵占魁运动"从1942年持续到内战爆发,前后七年,在红色区域形成一股子争当先进的好风尚。毛泽东由此进一步看到了树立先进典型以推动群众前进的神奇作用。于是在他以后的领导生涯中,便有了一系列的"向……学习"的号召,如:"向雷锋同志学习","工业学大庆","农业学大寨"……各行各业,各条战线,各级各类人群中,都有了自己的排头兵。

毛泽东说过:典型是一种政治力量。树典型等于插旗子,其秘诀就是把一种需要加以提倡的精神,加以推崇的价值观,加以实现的原则,加以推广的经验,具体化在一个或几个看得见摸得着的具体人物或事件上,使之成为一面鲜艳的旗帜,成为指示大众前进的榜样、标兵。因此,凡需要提倡一种什么精神,就需要找到一个或几个相应的典型来体现这种精神,如:张思德全心全意为人民服务的精神,白求恩毫不利己专门利人的精神,老愚公藐视困难挖山不止的精神,雷锋做革命螺丝钉的精神,大寨人战天斗地的精神,大庆人自力更生的精神,等等。充当典型的好人好事通常要由领导

毛泽东说过:典型是一种政治力量。树典型等于插旗子,其秘诀就是把一种需要加以提倡的精神,加以推崇的价值观,加以实现的原则,加以推广的经验,具体化在一个或几个看得见摸得着的具体人物或事件上,使之成为一面鲜艳的旗帜,成为指示大众前进的榜样、标兵。

者来培养、发现或挑选，或者由领导定出一些标准，让群众通过评比来产生。评比先进的过程也就是使群众区分好坏、明辨善恶的过程，而典型产生的过程也就是领导者头脑中的一般原则具体化的过程。

典型产生后，还要通过宣传、表彰等舆论导向作用，推动广大群众向这些"好样的"学习。毛泽东知道中国的普通老百姓是容易影响、善于模仿的，并且知道他们接受社会规范的方式。学习一个具体的典型比接受一种抽象的原则要方便得多，因为它看得见、摸得着，使一般群众学有目标，赶有方向，比有榜样。由于榜样就在你身边，即使你不去刻意仿效，他的光环也会影响着你，使你不知不觉受到感染同化。这样，由一到十，由点到面，相互感染，竞相仿效，逐渐形成一种气候，最后自然是典型的普及化，人人都成为好样的。于是，典型身上所运载的普遍原则得以推广，树典型的领导者的最初意志也就得到了实现。

典型主要是树给中间状态学的。人人都向"好样的"学习，那些"坏样的"自然也就受到了舆论的鞭挞。因此在树立正面典型时，常常也要找出几个相应的反面典型，这样可以衬托正面典型，又可以为广大的中间状态树立反面教员。正面典型是学习的榜样，它好比旗帜，旗帜一树，万夫云集。反面典型是批判的靶子，它好比禁令，禁令既下，足以为戒。经过这样一学一批，广大的中间状态便发生分化，纷纷向"好样的"那一极运动。于是好人好事一天天多起来，与此同时，坏人坏事一天天少起来，他们或者受到感染裹挟变得不那么坏，或者被冷落孤立而无法使坏。

于是好人好事一天天多起来，与此同时，坏人坏事一天天少起来，他们或者受到感染裹挟变得不那么坏，或者被冷落孤立而无法使坏。

五、重视反面教员的作用

毛泽东毕生致力于教育人民的事业。他教育培养出许多干部，而这些干部，和他一样，都是一身二任，既"办事"又"传教"的。

但是后来在阶级斗争实践中，毛泽东又发现："单是共产党来当正面教员还不够"。"人需要正反两个方面的教育"。他说,我们中国历来如此,有正面教员,有反面教员。什么清政府、袁世凯、北洋军阀、蒋介石、日本帝国主义、地富反坏右等对立面,在他看来,"都是我们很好的反面教员,没有他们,中国人民教育不过来"①。

反面教员为什么如此重要? 原来这也是对立统一规律在起作用。毛泽东相信,真的、善的、美的东西,总是和假的、恶的、丑的东西相比较而存在,相斗争而发展的。"禁止人们跟谬误、丑恶、敌对的东西见面,跟唯心主义、形而上学的东西见面,跟孔子、老子、蒋介石的东西见面,这样的政策是危险的政策。它将引导人们思想衰退,单打一,见不得世面,唱不得对台戏。"②相反,让这些东西自己暴露出来,加以展览,或者把它们揭发出来,摆在人民面前,让人民去比较、鉴别、批判、斗争,可以使人民受到锻炼,受到教育。毛泽东从种牛痘受到启发。为什么要种牛痘? 就是人为地把一种病毒放到人体里面去,实行"细菌战",跟你斗争,使你的身体里头产生一种免疫力。他说:"同错误的思想作斗争,好比种牛痘,经过了牛痘疫苗的作用","增强干部和群众在政治上的免疫力"。反之"在温室里培养出来的东西,不会有强大的生命力"。③

当然,他更重视那些"活生生的"反面教员,比如在阶级斗争现场上发现的反革命、坏分子等。从这点出发,他主张:"对少数坏人,除了最严重犯罪的以外,也不要捉,不要关,不要开除。要留在原单位,剥夺他的一切政治资本,使他们孤立起来,利用他当反面教员"。④ 每一个这样的反面教员的发现,都不宜通过专政机关,靠少数人关起门来办,而要发动广大群众,让群众检举、揭发。揭发出来以后,就是阶级斗争的好教材,应该广为宣传。最好是召集万人大会,让群众声讨批判一番。还可以像珍奇动物一样,送到

① 毛泽东:《打退资产阶级右派的进攻》,1957 年 7 月 9 日。
② 毛泽东:《在省市自治区党委书记会议上的讲话》,1957 年 1 月。
③ 毛泽东:《关于正确处理人民内部矛盾的问题》,1957 年 2 月 27 日。
④ 毛泽东:《在省市自治区党委书记会议上的讲话》,1957 年 1 月。

毛泽东从种牛痘受到启发。为什么要种牛痘? 就是人为地把一种病毒放到人体里面去,实行"细菌战",跟你斗争,使你的身体里头产生一种免疫力。他说:"同错误的思想作斗争,好比种牛痘,经过了牛痘疫苗的作用","增强干部和群众在政治上的免疫力"。反之"在温室里培养出来的东西,不会有强大的生命力"。

各处让群众轮流观展批判。最后给他戴上"帽子"送到群众之中，实行群众专政，让他在群众的监督之下接受劳动改造，而不是在劳改中心接受改造。这样，群众便有了经常性的阶级斗争活教材。这种办法，对阶级敌人来说比关在牢房里还难受，可以促使他们早日改过自新。对广大群众来说，可以受到经常性的教育：你看，这就是与人民为敌的下场。

反面教员大致有两类。一类是惩戒性的，如上所述。另有一类是激励性的，人民虽然暂时不能对他专政，但可以揭露他的反动行为和企图，激发人民的斗志，告诉人民革命还没有完，阶级敌人还大有人在，绝不能丧失警惕，放下武器。20世纪50年代毛泽东发现杜勒斯就是这样一个好教员。"我们把杜勒斯当做老师"。他告诉在座的外国朋友，"杜勒斯制造的国际紧张局势，对我们是有利的。他把局势弄得越紧张，我们就越容易动员世界人民。"他诙谐地说："我们十分希望十年内我们不同美国建立外交关系，也不搞贸易。这将对我们很有利。至于侵占台湾，杜勒斯乐意继续多久就继续多久吧！反正美军最终不得不撤离台湾。不过，我们倒乐意让他们在那里多待些日子。当我们人民的教员嘛！一旦他们撤离，对我们反而较为不利了。对我国人民和世界人民来说，还有什么更好的教员呢？"①

20世纪50年代毛泽东发现杜勒斯就是这样一个好教员。"我们把杜勒斯当做老师"。他告诉在座的外国朋友，"杜勒斯制造的国际紧张局势，对我们是有利的。他把局势弄得越紧张，我们就越容易动员世界人民。"

六、团结反对过自己的人

毛泽东主张"团结跟自己意见分歧的，看不起自己的，不尊重自己的，跟自己闹过别扭的，跟自己作过斗争的，自己在他面前吃过亏的那一部分人"②。

这段话显然是针对王明、李立三等人说的。召开"七大"时，

---

① 毛泽东：《在省市自治区党委书记会议上的讲话》，1957年1月。
② 毛泽东：《增强党的团结，继承党的传统》，1956年8月30日。

许多代表不愿选王明等人做中央委员。后经毛泽东出面多次做工作,他们才被选上。毛泽东生怕王明等几个人选不上,选上了,他才松了一口气。这是怎么回事?王明路线不仅给革命造成很大损失,而且使毛泽东本人吃尽了苦头。现在应当好好治治他才对,怎么反而还要千方百计使他选上中央委员?

选王明当中央委员,当然不是毛泽东对王明这个人表示同情,更不是对他的错误表示谅解,而是为了得人心,为了团结照顾王明以外的更多的人。

毛泽东解释说:如果我们不选犯错误的人,我们就要犯错误。因为那是照着他们的办法办事。他们就是这样,不管你犯了什么错误,统统不要。如果我们也照这样办,以牙还牙,我们就是重复他们的错。毛泽东不用王明对待他的办法对待王明,又在道义上战胜了王明,这样可以大得人心。

"这里,最基本的道理,就是他们不是孤立的个人,而是代表小资产阶级里头相当大的一部分人。"①多选一个王明,可以团结争取一个阶级,有什么不好?

还有一个相关的理由。在王明路线下犯过错误的人,不是一个两个,而是一大批。这些人经过整风学习,已经认识到了错误,并在改正错误。他们势必想到以后还会不会得到信任,会不会受到歧视。选了王明等几个人当中央委员,这些犯过错误的人就会放下思想包袱。

事实证明,对反对过自己的人,采取宽大态度比"以牙还牙"要好得多。不过,这样做有个条件,就是这些人不再反对,或者不可能再反对。王明没有这个条件,他们没有力量,心里很虚,不搞点"残酷斗争、无情打击"就吆喝不动别人。毛泽东有这个条件,作为"七大"预备会的整风运动,已经把王明的路线搞臭了,王明再也爬不起来,对毛泽东来说他已成为一个无害的对立面,选他当中委不会吃亏,还可以争取到更多的人,何乐而不为?

如果我们不选犯错误的人,我们就要犯错误。因为那是照着他们的办法办事。他们就是这样,不管你犯了什么错误,统统不要。如果我们也照这样办,以牙还牙,我们就是重复他们的错。毛泽东不用王明对待他的办法对待王明,又在道义上战胜了王明,这样可以大得人心。

———————

① 毛泽东:《增强党的团结,继承党的传统》,1956年8月30日。

毛泽东让王明待在中央委员会里可能还有一个考虑,王明是莫斯科路线的代理人。召开"七大"的时候,斯大林、毛泽东、蒋介石这个三角关系还在起作用。在国共之争中,斯大林偏向哪一边,仍是谁胜谁负的一个重要的外部条件。选王明当中央委员,当然也有利于处理同莫斯科的关系。

1949年,毛泽东访苏前,曾以王明为例向米高扬说明中共对犯错误干部的政策。米高扬后来说,当他向斯大林汇报这一点时,斯大林没有表示任何态度。毛泽东的做法使斯大林无话可说。即使斯大林想说点什么,他也开不了口,因为毛泽东对王明等人的做法比斯大林对待布哈林等人的做法要高明得多,得人心得多。

张国焘的错误性质比王明更严重,毛泽东还是那样对待。他对张国焘说:"人不会不犯错误,你犯了错误,给党和人民,给红四方面军造成很大损失,这是过去的事情,只要你认识了、改正了就好了,党和人民是照样欢迎你的。"张国焘没有听这些话,1938年清明节前夕,他提出要去中部县祭黄帝陵,明明是想借机逃到国民党那里去,毛泽东还是放行了。后来毛泽东对张妻说:"张国焘,我们和他一起干革命20多年,他要走,要跑,不愿干革命了,那有什么办法!我们希望他回来和我们一起干革命才好。"张妻要毛为他们做主,毛泽东出主意让她也去那边,给张做做工作,希望他们一起回来。结果谁也没有回来,张国焘很快就发表了脱党声明。这些结果毛不是不能预料,但是他要做到仁至义尽。义尽了,人家仍然要走,那也没有关系。我的义已尽到了,你还要去,那是你的事,是你不义。张国焘走到哪里也不会构成多大威胁,或许让他走是最好的处理办法。

毛泽东这样对待张国焘,当然也是为了团结张以外的人,为了团结红四方面军的广大干部和战士。张离开延安前不久,毛泽东就对红四方面军的同志说过:你们不要自以为是犯过错误的,张国焘路线虽错,四方面军的干部是没有错的。毛泽东对张国焘仁至义尽,又把张的错误与张的部下分开,这样就使许多人放下了包袱,把这些人都团结过来了。

七、从正面鼓励知道自己错了的人

毛泽东对待犯错误的人，有时很严厉，有时很宽大。这不单取决于错误的性质和大小，更重要的是看犯错误的人是否认识到自己错了。对于犯了错误而不承认错误的人，毛泽东会严厉批评，甚至抓住不放。相反，对已经知错，特别是主动认了错的人，他不但不批评，不追究其错误，反而从正面来鼓励你，安慰你，肯定你的成绩。这是毛泽东团结人的一个重要策略。

1937年夏天，西路军总指挥徐向前一路艰辛回到延安。当时有些人埋怨徐向前把几万人马都搞光了，一个光杆司令还回来干什么？毛泽东在接见徐向前时却一点儿也不责怪他。他还为徐减轻责任，他分析西路军的失败是由多方面的复杂原因造成的，不能怪徐向前。他还鼓励徐向前说："留得青山在，不怕没柴烧，你能回来就好，有了鸡何愁没有蛋呢？"毛泽东的话把徐感动得热泪盈眶。因为他已经尝够了失败的滋味，已经意识到自己的责任，本来是准备回来接受批评的，没想到回来后听到的不是批评、指责和呵斥，而是鼓励、安慰和信任，他怎么能够不激动？他当然懂得不辜负期望，就得加倍努力工作。果然，半年之后，从抗日前线传来喜讯，徐向前和刘伯承、邓小平在太行山区发展了几万人的部队。

许世友曾是张国焘的部下，张犯了路线错误，许世友也背了思想包袱，怕不被信任，甚至等待着受批评，准备着检讨。可是毛泽东见到许世友，却这样说：红四方面军的干部，都是党的干部，党的宝贝。张国焘的错误，应该由他自己负责，与你们没关系。你们打了很多仗，吃了很多苦，辛苦了，我向你们表示敬意。许世友被感动了，他深深感到毛泽东伟大，张国焘渺小。自此以后他对毛泽东忠心耿耿。

毛泽东是团结犯错误同志的专家。徐向前把几万人搞光了，许世友跟随张国焘多年，他们不能说一点儿错误、一点儿责任没

对于犯了错误而不承认错误的人，毛泽东会严厉批评，甚至抓住不放。相反，对已经知错，特别是主动认了错的人，他不但不批评，不追究其错误，反而从正面来鼓励你，安慰你，肯定你的成绩。这是毛泽东团结人的一个重要策略。

有。问题不在于他们有多大错误,不在于他们的错误可以谅解,而在于他们已经意识到自己有错,他们已经感到很惭愧,他们本来以为要受批评、受指责。在这样的时候,你去批评他们,他们也没有意见,也可以接受,甚至觉得这是应该的。但是毛泽东认为在这个时候,批评已没有必要了,用正面鼓励的办法比批评更有效。其中的心理机制在于:对方已有愧在心,准备接受批评,而你不去批评,相反从正面加以鼓励,加以信任,这样他就会感到你有恩、有信于他,他的心理负担因为不受批评而减轻,同时也因为受到格外的信任而加重,这比批评更能推动他前进。当然,这里有一个前提,就是对方已于心有愧。如果他根本没有认错的心理负荷,你从正面鼓励,不但没有好的结果,还会产生副作用。

> 对方已有愧在心,准备接受批评,而你不去批评,相反从正面加以鼓励,加以信任,这样他就会感到你有恩、有信于他,他的心理负担因为不受批评而减轻,同时也因为受到格外的信任而加重,这比批评更能推动他前进。

八、消灭"山头主义"的四个步骤

"山头主义"是个形象说法,没有文字定义。"山头"指的是不同根据地,一个根据地好比一个"山头",众多的根据地就有众多的"山头"。"山头主义"相当于本位主义、地方主义、宗派主义。

延安整风后期提出反对山头主义问题。毛泽东也主张反对山头主义,因为它于全党的团结和统一不利。不过,他从实际出发,认为山头主义不可能一下子消灭,只能逐步消灭。据此,毛泽东提出消灭山头主义的四个步骤。

第一,承认之。山头的存在是个客观事实,是客观历史条件造成的,而不是人为的。中国共产党实行农村包围城市、武装夺取政权的战略,革命的烈火是选择敌人统治力量薄弱的环节,一处一处分别点燃的。各块根据地处于白色政权的包围之中,加上交通阻隔,通讯困难,与中央的联系以及彼此间的联系不多也不直接。各根据地只在中央的大政方针下,独立自主地对敌作战,因而形成各自的斗争方式、各自的人缘关系。在观察问题时,立足点也各不相同。这种情况在各根据地连成一片、夺取全国政权之前是不可避免的,因而应当予以承认。

第二,照顾之。各根据地长期在分割的状态下独当一面地开展对敌斗争,他们之所以能够在严酷的斗争环境中独立支持而不被敌人打垮,主要是靠了根据地的军民、官兵、上下级之间生死与共的血肉联系。他们这样做已属很不容易。而且各"山头"的同志在血与火中锤炼出来的感情关系,对于全党的统一并不一定是坏事。相反,只要处理得当,它可以成为全党大团结的基础。因此不仅应该承认,而且应当予以照顾。所谓照顾,就是在考虑全局问题,特别是在用人上应当顾及各个"山头"的利益。应当考虑到各个方面的代表性,应当允许那些老上级老下级之间的关系在一定时期一定范围内存在。

第三,削弱之。各个"山头"在长期斗争中形成的比较稳定的人际关系,特别是上下级关系,拿到全局的方位来看,也有不利的一面,即影响全党的团结和统一。动不动讲"他们"、"你们";只认老上级,不认新上级;只关心老部下,对新部下不亲切。这种情况长期存在和发展下去,会形成自由主义。因为是熟人、同乡、同学、知心朋友、亲爱者、老同事、老部下,明知不对,少说为佳,包庇祖护,以感情代替原则。严重者会发展成宗派主义,一个"山头"下来的人彼此抱成一团。因此从全党的团结统一出发,对"山头"和"山头主义"应该逐步削弱,而不是加强。

第四,消灭之。"山头"是客观历史条件造成的事实,"山头主义"是这种事实的反映。随着各个根据地逐步连成一片,"山头主义"应该逐步削弱。一旦全国性的政权基础形成,"山头主义"就应当归于消灭。只有这样,才能最后达到全党的统一和一致。

历史上常常有这样的教训:一支强大的革命队伍在打退或消灭了敌人以后,又面临着内部的分裂对抗,甚至互相仇杀,为敌对势力卷土重来提供了机会。内部危机总是和革命的胜利同时增长。太平天国就是这样功亏一篑的,李自成的失败也有这个因素。毛泽东既尊重历史事实,又着眼大局未来,对"山头主义"采取分步对策,一方面保护了大多数人的积极性,另一方面又保证了全党

各个"山头"在长期斗争中形成的比较稳定的人际关系,特别是上下级关系,拿到全局的方位来看,也有不利的一面,即影响全党的团结和统一。动不动讲"他们"、"你们";只认老上级,不认新上级;只关心老部下,对新部下不亲切。这种情况长期存在和发展下去,会形成自由主义。

的团结和统一。

正因为"山头"存在
已久,毛泽东在党内
注意约束自己,不同
党内某一个或某几个
军政要人发展超出同
志、超出战友关系的
私情。

正因为"山头"存在已久,毛泽东在党内注意约束自己,不同党内某一个或某几个军政要人发展超出同志、超出战友关系的私情。他认为作为全党领袖,对不同"山头"的人,不应该有亲疏远近,而应该照顾大多数,从全局出发。他以博大的领袖胸怀要求自己,也这样教育别人,终于把一个有众多"山头"存在的党带向高度集中统一的党。

九、从"总书记"到"主席"的过渡

毛泽东的"主席"称号是从江西苏区开始的。不过那时他只是瑞金中华苏维埃临时政府主席,而不是党的主席。毛泽东作为党的主席,是从"七大"开始的。

"七大"前,党没有"主席",只有"总书记"。毛泽东是中国共产党的第一任主席,在他之前,最后一位党的负责人是张闻天(洛甫)。

张闻天是在遵义会议上接替博古而成为党内负总责的。与此同时,遵义会议还使军事指挥权从李德手中转到毛泽东手中。对毛泽东来说,张闻天是当时党内负总责的最佳人选。而争取张闻天的支持并促成张出任党内负总责这一做法最为充分地表现出毛泽东高超的政治智慧和政治家的胆识。

张闻天是一位知识分子型的老布尔什维克。他也曾留学苏联,是从苏联归国的那"二十八个半"留学生之一。但是他不像其他"苏俄派"那么"百分之百"。他和毛一样喜欢独立思考,还有相当高的理论造诣。当"苏俄派"在党内占了统治地位而把毛撇在一边时,毛觉得首先要争取的支持者应该是张闻天。因此在长征途中毛没少在张身上花工夫。经过毛的苦心劝导,到遵义会议前,张已经成了毛的坚定支持者。

由于张在党内颇有影响和地位,说服争取了他,问题就解决了一半。同时,由于张与其他"苏俄派"具有特殊含义的"人缘"关系,由他担任党内负总责,其他"苏俄派"绝不会感到失意。即使博古那样坚定的"苏俄派",他把党内负总责让给张闻天也比让给毛泽东心里好受些。当然,共产国际就更用不着为中共党内这么一点儿小的权力变化而大惊小怪、匆忙干涉了。

因此,张闻天是一个在当时两个方面都可以接受的人物。由他出任党内负总责,对当时维护党的团结和统一无疑是很有好处的。

除此之外,张闻天还有一个特点。与党内另一姓张的巨头张国焘相比,张闻天有一个很好的优点,他没有政治野心。毛泽东如果和张国焘在一起共事,必定要有一个人做"分裂主义者",而与张闻天共事,就不会发生这种情况。

毛泽东与张闻天的合作一直很愉快。张主持党的工作,毛当配角的同时又是军事问题的决策人。党的指示,有时是他们两人共同协商,共同签发,有时则是毛泽东起草,送到张闻天那里,以张的名义发出。

索尔兹伯里说:"对于党的决定,周恩来与毛不同。毛对于每个决定都要提出自己的意见,力图使自己的观点占上风。"但在毛、张合作期间,似乎没有发生过什么重大分歧。

这种关系一直持续到"七大"。1935 年 9 月,毛泽东发觉张国焘有依仗人多枪多胁迫党中央跟他去的意图后,便借"和洛甫、博古他们开个会"的名义机智地摆脱了张国焘的控制,带领红一方面军一、三军团单独北上。张国焘知道后,在右路军中召开了一个"反对毛、周、张、博北逃大会"。不仅张闻天,连博古也成了张国焘反对的对象。但最后闹逃跑、闹分裂的还是张国焘,而不是毛泽东。张国焘的人马虽然比毛泽东多,但毛泽东身边有个由周恩来、张闻天和博古组成的党中央。

遵义会议把张闻天搬到党内负总责的位子上,表面上政治权力没有发生多大变化,实则不然。没有这一步,就不会有"七大"的团结和胜利。毛泽东把延安整风看做"七大"的一次预备会。而延安整风就是要解决遵义会议存留下来的政治路线问题。这时

毛泽东与张闻天的合作一直很愉快。张主持党的工作,毛当配角的同时又是军事问题的决策人。党的指示,有时是他们两人共同协商,共同签发,有时则是毛泽东起草,送到张闻天那里,以张的名义发出。

毛泽东在全党的领导地位已经无可置疑，彻底清算五次反围剿以来给革命造成重大损失的"左"倾路线错误的时机已经成熟。这个时候解决分歧问题不仅不会影响党的团结统一，反而有利于全党的团结统一。果然，通过整风和"七大"，全党都紧紧团结在毛泽东周围。在毛泽东思想的基础上，实现了全党的空前团结和统一。

于是"毛泽东"由小小的苏区苏维埃主席变成了全党的"主席"，"主席"代替了"总书记"。张闻天完成了从遵义到"七大"的神圣过渡。毛泽东终于取得了对军队和党的绝对领导权。

十、没有调查就没有发言权

毛泽东是中国共产党的创始人之一，但他并不是从建党之日起就一直处在党的最高领导地位上。他在党内的发言权有时大有时小，有一段时间还完全丧失，不过很快又失而复得。

建党初期，毛泽东与党内那些书生的意见不甚一致。不过他知道仅在党的讲坛上争论不休是不能解决问题的，一切都要靠实践去解决。于是他一头扎在工农运动中，出没于湖南境内的工矿农村。为了组织发动工农运动，他建立和发展了不少富有战斗力的基层党组织。1924年国共两党在共产国际的策动下谋得合作。毛泽东对此持支持态度，因为国民党实行孙中山"扶助农工"的政策，还设立了中央农村工作部。在这一点上，当时的国民党比共产党内那些小看农民运动的人还强。毛泽东认为，只要能干农民运动就行，打什么旗子无所谓，甚至打国民党的旗子去干农民运动更好，因为国民党是个有资历的老党。这一段时间毛泽东在国民党中央工作得很努力，特别是他任代理宣传部长期间。

孙中山逝世后，蒋介石集团执意要排除共产党。到了1927年，国共分裂已成定局。毛泽东决意不再打国民党的旗子，而要打共产党的旗子。他提出要用枪杆子建立政权，开始上山带兵打仗。

这种独当一面的工作使他再一次看到党组织的重要作用。他用"党指挥枪"的原则很快把一支涣散的部队凝聚起来。在尔后几年的艰苦创业中,党一直是他从事武装斗争,开辟农村根据地必不可少的工具。他身兼红军总政委,在红军和苏区的百姓心目中,他就是党的代表,党的化身。他通过党的领导作用指挥着一支很有战斗力的队伍。虽然他从不挎枪,但所有的枪都在他这个党的指挥之下。

在他的指挥下,红军和根据地一天天发展,新局面很快打开了。

但是不久毛泽东便发现他所指挥的枪竟要受到远在上海而且处于地下状态的那个党中央的指挥和左右。他利用交通、通讯不便的条件灵活地执行在上海的党中央的命令、指示。尽管如此,他还是受到制约,时刻感到有矛盾。他用来对付那些教条主义的武器就是"没有调查就没有发言权。""要不得,要不得,注重调查,反对瞎说。"他提出要在斗争中开创新局面,中国革命的胜利要靠中国同志了解中国国情,从中国的实际出发去争取,而不能一味依靠共产国际从远处想当然地发来的指令。这个武器击中了教条主义者的要害。可是,后来严酷的事实告诉他,没有发言权的不是别人,正是他自己。上海的党中央迁到苏区后,他受到无情的排挤、打击,先后被剥夺了党权和军权,只剩下一个名义上的苏维埃主席,政治局的会议不通知他参加,军政上的一切大事他毫无发言权。

1927年的流血牺牲使毛泽东认识到军权的重要性,1934年在苏区的失意又使他认识到党权的重要性。党权和军权缺一不可。对外,没有军队就没有党的地位。在内部,没有党权就会失去军权。这是"党指挥枪"原则的必然结果。因为党不在自己手中,毛泽东眼睁睁地看着他辛辛苦苦创造的一切都付之东流。军队一天天减少,根据地一天天缩小,最后经过第五次反围剿的惨败,被赶到长征大撤退的路上。损失接踵而来,毛泽东要多心疼有多心疼,要多气愤有多气愤。今天的人们也许会想,毛泽东具有独当一面

1927年的流血牺牲使毛泽东认识到军权的重要性,1934年在苏区的失意又使他认识到党权的重要性。党权和军权缺一不可。对外,没有军队就没有党的地位。在内部,没有党权就会失去军权。这是"党指挥枪"原则的必然结果。

的能力和万人之上的气概,根据地本来是他一手创立的,却被那个败家子的错误路线引向失败,他为什么不另创一个不同于教条主义的党,就像当年列宁从俄国社会民主党中分裂出一个布尔什维克那样呢?

事实证明,毛泽东没有白白等待。长征初期,他用事实和策略争取了一个又一个反对过他的人。等到他由少数变成多数的时候,他在遵义会议上一举击败了对手。他重新获得了发言权,首先是军事决策上的发言权。有了军权就好办,因为当时红军的生死存亡问题大于一切,谁能把这支军队带出泥沼,谁就会赢得整个党的信赖。毛泽东做到了这一点,红军经过长征到达陕北,在那里开辟了尔后十年抗日兴共的新局面。1942年,毛泽东抓住抗日战争相持阶段的间隙,不失时机地开展了延安整风运动。整风运动是对教条主义路线的一次大清算,毛泽东说,它实际是"七大"的一次预备会议。到了"七大",毛泽东思想成为全党一切工作的指导思想。那些曾经反对过他的人,要么加倍地信仰他,推崇他,要么就待在一个不显眼的角落,虽有反对意见但丝毫不起作用。

毛泽东的发言权无可置疑地确立起来了,并且日益巩固起来。这时候他的任务不是同党内的反对派争论发言权,而是同党外的敌对力量蒋介石争夺军权。

十一、任凭风浪起,稳坐钓鱼船

1981年,陈云说毛泽东一生有五大贡献,其中第一大贡献就是培养了整整一代人。他说:"从遵义会议到抗日战争胜利,毛泽东同志的一个无可比拟的功绩,是培养了一代人,包括我们在内的以及'三八式'的一批干部。"

这些干部是毛泽东一手栽培起来的。他们衷心拥护毛泽东,毛泽东也离不开他们。离开了他们,毛泽东纵有三头六臂,也不可能发动一场革命,搬掉"三座大山"。毛泽东曾用皮与毛的关系来形容资产阶级知识分子，其实他和他的干部的关系也是一种皮与毛关系，"皮之不存，毛将焉附"。

"领导者的责任，归结起来，主要地是出主意、用干部两件事。"①毛泽东的主意很多很好。但是这些主意不是供他自己在书斋中欣赏的，也不是为他人或后人准备的。他要亲手把他的思想和主意变成直接的现实行动。可是他只有两只手，那么多主意要靠他一个人的两只手，他活一万年也实现不了。有了干部，他的手和脚就多了起来，他培养的干部等于是他的手脚的延长，他使用干部就像孙悟空的"分身法"，一个"我"可以变成许多个"我"，而所有的"我"都按他那一个"我"的意志去行动。

美国记者白修德 1944 年到延安考察了一段时间。他深有感触地说："延安真是一所巨型实验室，在这所实验室里，所有热情澎湃的学生献出了他们的思想的精华，就在这些山边的无数窑洞里，党把这些精华溶化成了全国性的政策，把这些智慧铸成实际组织的能力，然后又把这些人员和他们脑袋里的成熟思想一股脑儿地重新送回到各个地区。"②毛泽东相信代表先进阶级的正确思想一旦被广大人民群众所掌握，就会变成无穷无尽的改造世界的物质力量。干部就是他运送思想的工具。他先把他的思想灌输给干部，然后干部又把这些思想灌输给群众。他只要在延安的窑洞里轻轻挥动一下铅笔，神州大地、漫山遍野，甚至敌占区、国统区的地下室里，都会发生同声效应，都会响起他的声音，都会发生与他的思想一致的行动。

毛泽东教育广大干部，"群众是真正的英雄，而我们自己则往往是幼稚可笑的"。这只是问题的一个方面；问题的另一方面是，群众的力量只有通过干部才能凝聚起来。群众是"沙"，干部是"泥"。有了干部，群众才知道跟谁走，往哪里走。所以毛泽东除了说要依靠群众，还说要依靠干部。"我们的革命依靠干部，正像

---

① 《毛泽东选集》第二卷，人民出版社 1991 年版，第 527 页。
② 《外国人眼中的毛泽东》，华岳文艺出版社 1989 年版，第 117 页。

斯大林所说的话:'干部决定一切。'"两个依靠都不错,不过,要依靠群众,先得依靠干部。"党依靠着这些人而联系党员和群众,依靠着这些人对于群众的坚强领导而达到打倒敌人之目的。"党大致由两部分构成,一部分人出主意,属领导干部;另一部分人办事情,可叫一般干部。确切地说,前者叫领导,后者叫干部。"干部"就是干事情的那一部分。领导们想好主意,然后推动干部们去做,让干部们付诸实践。因此,毛泽东说:"政治路线确定之后,干部就是决定的因素"①。没有干部,再好的主意也无法付诸实践。群众是水,干部是桨手,毛泽东是舵手。1955年上半年,毛泽东发现农业合作化不像吊膀子逛街那样舒服,中农不揩油不来,贫农不一定完全服我们,心甘情愿不可能。怎么办?毛泽东在一次农村工作会议上说:要做宣传教育工作,一万二千干部下乡说服,非大势压迫不可。这一压,很快便压出一个轰轰烈烈的农村社会主义高潮来。

只要干部动起来,就不怕群众不动。只要干部队伍稳得住,靠得住,任何惊涛骇浪都不会把革命的航船掀翻。毛泽东深有体会,他在党的八届二中全会上讲道:"我们党有成百万有经验的干部","他们都是我们国家的宝贵财产。东欧一些国家不很稳,一个重要的原因就是他们没有这样一套干部。我们有在不同革命时期经过考验的这样一套干部,就可以'任凭风浪起,稳坐钓鱼船'。"②毛泽东对他的干部队伍中的战斗力充满信心。他之所以能够在谈笑间搅动乾坤,就因为他有一支召之能来、来之能战、战之必胜的干部队伍。这就是毛泽东不可战胜的地方。杜勒斯也明白这一点,因此他说要在毛泽东亲手培养的那一代人身上改变中国的颜色是不可能的,只能把希望寄托在第三代、第四代人身上。1957年,国内有些人主张对老干部实行"赎买",即给一点钱让他们退休,理由是老干部不懂技术,不懂经济,只会打仗,搞阶级斗

党大致由两部分构成,一部分人出主意,属领导干部;另一部分人办事情,可叫一般干部。确切地说,前者叫领导,后者叫干部。"干部"就是干事情的那一部分。

① 《毛泽东选集》第二卷,人民出版社1991年版,第527页。
② 毛泽东:《在中国共产党第八届中央委员会第二次全体会议上的讲话》,1956年11月15日。

争。毛泽东听了非常气愤。这不是要挖他的墙脚，拆他的台吗？没有这一大批忠实可靠的干部，一有风浪，不翻船才怪哩。

毛泽东首先是位思想家。他的思想如果没有成千上万的干部（他们相当于他的弟子）付诸实施，那么毛泽东在中国历史上的影响力恐怕要小得多，甚至他的思想能不能成为主流思想也是个问题。有了一大批按照他的思想训练出来的干部则不大相同。这些干部按照他的思想去思想，并且把他的思想传给广大群众，传给子孙后代。这些干部按照他的教训去行动，去改变历史的面貌，去设计社会生活。最后，这些干部，他们的一言一行，包括在他们领导、影响下的几代人，这几代人的现实生活，都成了毛泽东思想的实体化形态。他们使毛的思想成为抹不掉的历史事实。不管历史多么久远，不管后代人将怎么去重塑历史，都抹不掉毛泽东刻下的痕迹。因为这不是一个人的思想，而是整整一代人甚至几代人用生命雕琢出来的历史事实。

毛泽东和他的干部之间，有一种牢不可破的共生关系，这些人沐浴着毛泽东思想的阳光，他们懂得没有毛泽东就没有他们自己的道理，他们的地位、荣誉、功勋、业绩，甚至手中的饭碗，都可以说是毛泽东给的。他们就像学生不可能背叛老师，儿子不可能否认父母一样，对毛泽东绝对忠诚。有许多在"文革"中受到冲击，住过牛棚，下过农村，挨过批斗的干部，他们明明知道他们的这些遭遇是毛泽东晚年的错误造成的，但是当他们有幸重见天日、重返领导岗位的时候，他们仍然不埋怨毛泽东，仍然不完全否定毛泽东。为什么？第一，他们否定了毛泽东也就等于否定了自己；第二，如陈云所说，"老一代人拥护毛泽东同志是真心实意的"。毛泽东就凭这两点，所以才"任凭风浪起，稳坐钓鱼船"。

第五章 毛泽东的军事智慧

一、灵活机动的游击战术

毛泽东的军事智慧，就战略战术方面来说，其精髓集中于游击战。这种游击战术是毛泽东在井冈山的崇山峻岭中进行军事实践中摸索出来的。

毛泽东的军事智慧，就战略战术方面来说，其精髓集中于游击战。这种游击战术是毛泽东在井冈山的崇山峻岭中进行军事实践中摸索出来的。

秋收起义失利后，毛泽东放弃了攻打长沙的计划，带着残余人马上了井冈山。他早听说井冈山上曾经有个叫朱聋子的山大王，在崇山峻岭之间跟官兵打圈子，弄得官兵无可奈何，很有传奇色彩。现在他也想学学朱聋子，到深山老林里当一个红色的"山大王"。

毛泽东想，朱聋子只会打圈子，打圈子是为了避实就虚，摆脱敌人的追兵；而他来井冈山是为了消灭敌人保护自己，光打圈子不够，还要会打仗。既要会打仗，又要会打圈子，在运动中求胜。毛泽东的游击战就这样揭开了序幕。

井冈山位于罗霄山脉中段，方圆五百里，纵横八十里都是绵延的山岭，峭壁耸立，森林蔽日，云遮雾嶂，地形复杂，易守难攻。毛泽东上井冈山后，依托这里的有利地形和良好的群众基础，建立起中国第一个农村革命根据地，形成了工农武装割据，势力日渐强大。

1930 年 10 月，蒋介石调动十万重兵，采取"长驱直入，分进合击"的战略，在吉安到建宁 800 里长的阵线上，由北向南，兵分八路向中央根据地直扑过来。11 月，敌人开始进攻。敌人占领吉安后，妄图依靠兵力、武器的绝对优势速战速决，于是急于寻找红军主力作战。但红军依照毛泽东制订的"诱敌深入，后发制人"的方针，就是不与敌人交战，而是把主力全部集结于黄陂、小布地区，养精蓄锐，伺机破敌。

谭道源五十师到达源头、上潮、芦峰岭一线，似乎有继续入侵小布之势。于是毛泽东、朱德决定，动员红军准备第二天歼灭来犯小布之敌。誓师大会主席台两旁柱子上挂着一副毛泽东亲笔书写的对联：

敌进我退，敌驻我扰，敌疲我打，敌退我追，游击战里操胜券；

大步后撤，诱敌深入，集中兵力，各个击破，运动战中歼敌人。

这副对联集中概括了毛泽东的游击战的战略战术，其精髓在"灵活机动"四个字。

会后，红军立即由小布出发，轻装向北，在小布通往源头的道路两旁埋伏下来，"专候"谭道源由芦峰岭下山。

没料到谭道源是只狡猾的老狐狸。他进入根据地后，特别小心，进展缓慢，到源头后就再也不出来了。红军等了两天，就是不见谭道源出来，只得撤了回去。当时有人问毛泽东为什么不打鼻子底下的敌人。毛说，红军在小布地区设置了大口袋，引诱敌人来钻，可是敌人始终不脱离所守的坚固阵地，如果硬攻，伤亡代价就很大，不如现在撤回去，等有机会再打。

小布设伏，没能使谭道源入彀，张辉瓒却向龙冈逼近了。张辉瓒的第十八师曾有"铁军"称号，兵员充足、装备精良、战斗力强，又深受蒋介石的器重，因而不可一世，孤军深入，毫无顾忌。张辉瓒的部队到达东固时，公秉藩已先张一天占领了东固。张不摸实情，以为是红军占领，强行攻击，激战四小时，互有伤亡。

公秉藩挨了打，认为是张辉瓒忌妒他先占了东固，抢了头功，一气之下，折回富田"休整"去了。张孤军深入，不得不留下一个旅守东固作后方阵地,率其余人马开抵龙冈。

龙冈位于永丰、吉安、兴国三县交界处;四面环山,孤江自南而北穿流其间,形成了一个瓮状冲积盆地。毛在这里安排了一个口袋,专等张的人马来钻。在晨雾的掩护下,张辉瓒的"铁军师"钻进了口袋,被红军全歼,张辉瓒也被活捉。

这就是毛泽东创造的游击战术在第一次反"围剿"时的运用。第二、第三、第四次反"围剿"同样运用了游击战,灵活机动地对付敌人。

敌人兵力一次比一次加大,想寻红军主力作战。红军一次又一次在毛泽东的指挥下,诱敌深入,牵着敌人的鼻子在崇山峻岭之间打圈子。哪座山最高就翻哪座山,哪条道最险就走哪条道,直到把敌人拖得筋疲力尽,晕头转向。红军再寻找有利时机,集中优势兵力,各个歼灭敌人。

毛泽东正是以这种游击战术粉碎了敌人一次又一次的重兵"围剿"。然而,蒋介石污蔑红军是"共匪",党内"左"倾领导者也觉得毛泽东像是从《水浒传》中跳出来的农民叛乱者,把毛泽东同中国历史上的农民起义军首领相提并论,把游击战看成是成不了事的游击主义。

毛泽东坚持游击战,取得了第一、第二、第三、第四次反"围剿"的胜利。而第五次反"围剿"的失败更从反面说明了游击战是克敌制胜的法宝。

二、隐真示假,声东击西

东汉末年,朝廷大将朱儁把黄巾起义军围困在宛城(今河南南阳)。朱儁在城外垒起一座小土山来观察城内的情况,同时让自己的军队播动战鼓,假装向城西南角进攻。朱儁在小土山上看到城内的黄巾军全部都奔向城西南角,于是亲自率五千精兵,乘东北角空虚而一举攻进城去。

这就是《三十六计》中的"声东击西"。声东击西的关键是隐真示假,迷惑敌人,使其判断失误,从而暴露弱点,然后趁虚而入,攻其不备,出其不意,乱中取胜。

长征途中的遵义会议是个历史的转折点。这次会议后,毛泽东重新掌握了军事指挥权。四渡赤水,就是毛泽东亲自指挥的一连串声东击西的战斗。

遵义会议后,红军继续北上。1935 年 1 月下旬,红军在川黔边境的土城、元厚一带第一次渡过赤水河,进入川南的叙永,积极准备北渡长江和红四方面军会合。蒋军看到红一方面军离长江只有几十公里,急忙集结中央军和各路军阀,重兵封锁长江,阻止红一方面军入川,同时对红军形成包围。由于敌情发生变化,继续北上对红军不利。在这种情况下,毛泽东决定放弃北渡长江的计划,挥师向东,部队随即进入云南的扎西地区,把敌人远远地甩在了后面。

蒋介石发现红一方面军在扎西休整,连忙调兵遣将,追赶而来。毛泽东没等蒋军赶到,趁贵州境内敌人空虚之际,出其不意地突然从扎西挥师东指,2 月中旬在太平渡、二郎滩等渡口二渡赤水河,再度进入贵州。

红军进入贵州后,直取娄山关。娄山关是桐梓至遵义的必经关口,地势险峻,素有"一夫当关,万夫莫开"之称。红军奋勇战斗,夺取娄山关后直抵遵义城内。敌军加上从桐梓、娄山关退下来的残兵败将,遵义城内一共有八个团,被英勇善战的红军一举歼灭,遵义再次回到红军手中。

红军回师的巨大胜利,大大地震惊了蒋介石,他急急忙忙调来两个师想夺回遵义,结果被红军打退。这次,红军在遵义地区共歼灭和击溃敌人两个师又八个团,取得了长征以来的第一个大胜利。

遵义大捷之后,蒋介石亲自到重庆"督剿"。他企图用第五次"围剿"的办法把红军围歼在遵义地区。毛泽东将计就计,故意在遵义地区徘徊,诱使更多的敌人前来"围剿"。蒋介石误以为围歼时机已到,于是命令其部队火速向遵义逼进。为了进一步迷惑、调

長征途中的遵义会议是个历史的转折点。这次会议后,毛泽东重新掌握了军事指挥权。四渡赤水,就是毛泽东亲自指挥的一连串声东击西的战斗。

动敌人,毛泽东又率红军突然北进,在茅台一带三渡赤水河,再次进入川南,装出要北渡长江的姿态。

蒋介石在遵义扑了空,以为红军又要北渡长江,赶紧调集大军堵截,并在云、贵、川边境大修碉堡工事,构筑封锁线,目的是围歼红军。不料红军没有渡江北上,等到把敌军的兵力吸引到四川南部、贵州北部一带后,毛又指挥红军突然掉头东进,从川南重返贵州,在二郎滩、太平渡第四次渡过赤水河,避开了敌人的碉堡工事,再一次把敌人远远地抛在后面。

"四渡赤水出奇兵","毛主席用兵真如神"。西南地区复杂的地形、河流等因素使毛泽东的声东击西战术更显得出神入化。红军终于跳出了敌人重兵围追堵截的圈子,摆脱了灭亡的阴影。

《孙子兵法》中说的"能而示之不能,用而示之不用,近而示之远,远而示之近",就是隐真示假。"声东"就是"虚晃一枪",目的在于吸引敌人的注意力。然而这"虚晃一枪"不是随随便便的"虚",而是要顺着敌人的意图,从而使敌人产生千真万确的真实感受,这样才能成功地调动敌人的主力。"击西"才是真正的目的,然而为了确保"声东"成功,就得暂时隐蔽起来。一旦"声东"成功,"击西"也就不会出现什么问题了。所以"声东击西"的重头戏是"声东",要动用全部的力量,假戏真唱。四渡赤水战斗中,毛泽东就是摸准了蒋介石要在西南地区围歼红军,阻止其北上的意图,几次装出要渡江北上的样子,调动了蒋军和各地军阀,等敌军主力逼近红军时,红军又出其不意地从敌军的空虚地带取道相反方向,从而成功地甩掉了追兵,最终跳出了包围圈。

三、诱敌深入,关门打狗

1930年,红军刚刚在江西的深山老林里站稳脚跟,便已使蒋介石感到了威胁,匆忙调集十万重兵,对中央根据地实行大规模的"围剿"。敌军"长驱直入",张辉瓒更是急兵早进,想早日寻找红军主力决战,建功邀赏。然而,毛泽东的方针恰恰相反,他避实就虚,主动地放弃了吉安、东固等地,诱敌向根据地腹地深入,在黄陂、小布地区设了口袋阵。这个口袋没有缚住谭道源,张辉瓒却出现在龙冈。龙冈地形恰似一个口袋;敌人一旦误入,就难以逃出来。结果红军稳稳地全歼张辉瓒全师,不漏一兵一卒。

"诱敌深入"关键是要掌握地形、敌情。诱敌必然要舍得诱饵。拿什么作诱饵可以引敌上钩而又不至于使自己损失太大呢?那就要看敌人需要什么。第一次"围剿",蒋介石想夺回红军的根据地,他要地盘;想消灭"共匪",他想找红军的主力决战。一个是地盘,一个是红军主力。毛泽东抓住了蒋介石的心理,主动地打破了一些坛坛罐罐,放弃了一些地盘,以小股兵力引诱敌军在崇山峻岭之间转来转去。敌人想顺藤摸瓜,却被红军拖得筋疲力尽。等到敌军元气大伤之时,再把敌军诱至红军早已设好的口袋,聚而歼之。

"诱敌深入"关键是要掌握地形、敌情。诱敌必然要舍得诱饵。拿什么作诱饵可以引敌上钩而又不至于使自己损失太大呢?那就要看敌人需要什么。

延安时期,蒋介石发动重点进攻,目的是要摧毁中央首脑机关。毛泽东就以延安为诱饵,换取全国。毛泽东料定蒋介石占领延安之后,会"乘胜"寻我主力作战,于是将计就计,以少数兵力,漫山撒开,摆出阵势,向西北方向的安塞转移,诱敌前进,掩护中央机关转移。而我主力则隐蔽在延安东北一带寻找战机。

青化砭是个歼灭敌军的好地方。30里大川,公路两旁都是高山,正像一条张开的口袋。只是青化砭有个土寨子,要使敌军全部进入伏击圈,就得让出寨子。但这样一来,就会增加红军攻击时的困难;不让出来,敌军负隅顽抗,又不能全歼。最后决定拆掉北墙留南墙,这样既可挡住敌军视线(敌军从南边来),又可减少红军攻击时的障碍。

敌军果然自延安向青化砭方向而来。红军主力一万多人埋伏在路两旁的山上,等了两天。小心翼翼的敌军三十一旅、一三五旅经过飞机空中侦察以及机枪火力侦察后,确信没有埋伏,才向青化砭进军。

当敌军全部进入伏击圈时,红军二纵在尾部打响了,新四旅在前头掐住了敌人的脖子，一纵、教导旅自两侧合击，分割猛插，把未站稳脚跟的敌人斩成数段。由于山高谷深，敌人躲无处躲，逃无处逃，只好束手就擒。

龙冈战役和青化砭战役都是充分利用了当地的有利地形。一般来说，敌人深入我方区域作战，对地形、地势缺乏了解，容易为我牵至有利于我作战的地带。山区作战诱敌可以，江河湖汉水乡地区也可以，平原作战则不一定适合。

光有地形的便利还不够，"诱敌深入"还要充分估计敌人的力量。料准了是狗不是狼，然后才敢诱入，诱入以后就得迅速把门关上，把敌人完全地孤立起来，速战速决，以期尽歼。否则就是引狼入室，引火烧身，反而陷入被动。

龙冈战役中张辉瓒骄横一时，孤军深入，虽有"铁军师"之称号，也只能是瓮中之鳖。青化砭战役敌军势力较弱，红军占绝对优势，胜利也有把握。否则即使诱敌深入，也不敢关门打狗。一旦狗跳墙，反而可能使自己陷入被动。

四、攻其不备，调动敌人

在战场上，能够成功地调动敌人而不被敌人调动，其中很有学问。而攻其必救是调动敌人的最常用的方法。

春秋战国时期，魏国大将庞涓，率八万大军进攻赵国。赵国抵御不了魏国的进攻，乃向齐国求救。齐国大将田忌打算把军队直接开到赵国去，与魏作战。齐军师孙膑则不同意，提出了"围魏救赵"的策略。田忌采纳了孙膑的策略。乃以一部分兵力直趋魏国，把魏国的国都大梁（今开封）包围起来，以此调动魏军回援。魏军果然回援，在途中中了孙膑的埋伏。魏军大败，赵国得救。

毛泽东在长征途中，也曾机智地调动敌人。四渡赤水，红军把敌人的主力远远地抛在了身后。毛的下一步计划是红军要经过云南西去，渡金沙江北上，彻底跳出敌军的包围圈。但是云南有重兵把守,强行从云南西去,无异于自取灭亡。为了调出云南的敌军,毛巧妙地安排了袭击贵阳。当时,毛派一支部队出击瓮安、黄平方向,装作东进湖南,和二、六军团会合的样子;而主力部队迅速向南移动,逼近贵阳城。红军兵临守备空虚的贵阳城下,吓坏了正在贵阳督战的蒋介石。他既害怕红军围攻贵阳,又担心红军东去湖南。于是便急调云南军阀部队开进贵阳"保驾",又令薛岳和湖南地方部队东往余庆、石歼等地布防,以阻止红军与二、六军团会合。云南十分空虚,毛泽东趁机放弃贵阳,指挥红军主力从贵阳、龙黑之间,迅速穿过湘黔公路,甩开敌人,大踏步向云南去了。等蒋介石醒悟过来,已经无法追赶毛泽东率领的主力红军了。

五、以退为进,以迂为直

所谓"三十六计,走为上计",是指在敌方兵力占绝对优势,我方不能战胜敌方的情况下暂时退却。这种退却不是失败,而是转败为胜的关键。

宋朝毕再遇和金人对抗,因为金兵势众宋兵势弱,战胜金兵完全没有可能,毕再遇便部署在一个漆黑的夜晚把部队悄悄撤走。撤退前,他吩咐把羊吊起来,将羊的两条前腿放在鼓上。羊被吊得难受,两条前腿不停地乱踢乱动,把鼓敲得直响。金人听到战鼓不断敲响,看到宋兵旗帜仍在迎风飘扬,没有察觉毕军已撤走。过了几天,金人才发觉宋的阵地已空无一人,再去追时毕再遇已去得很远了。

兵家对此推崇备至,誉为"善于退却"。

"以退为进,以迂为直",有时候,为了前进,退却是必要的。毛泽东在《中国革命战争的战略问题》中说:"及时退却,使自己完全立于主动地位,这对于到达退却终点以后,整顿队势,以逸待劳地转入反攻,有极大影响……战略退却的全部作用在于转入反攻,战略退却仅是战略防御的第一阶段,全战略的决定关键在于随之而来的反攻阶段能不能取性。"①

退却不是随随便便地后退。但有些人就是不理解退却的奥秘何在。因为在他们看来,退却和逃跑是没有任何区别的。单从形式上看可能是这样的,因为一部分地盘丧失了,坛坛罐罐也被打烂了,本来还有还手之力却只有招架之功,这和怯懦败阵有什么区别?

毛泽东却不这样看。退却不是无条件的。当敌强我弱、力量对比悬殊太大之时,就不能硬着头皮死拼。当然,退却就必定要丧失一部分地盘,就要在一部分人家里打烂坛坛罐罐,但换取的是随之而来的反攻,是值得的。退却也不是无限的,有利的作战地形和遇到好打的敌人就是退却的终点,而退却的终点就是反攻的开始。退却搞不好会影响军队的士气,但只要工作细致,有充分的思想准备,就不会造成不良影响。内行都知道退却和溃败是两码事。曹刿曾下车察看敌人的车辙是否很乱,以判明敌人是否假装战败借以诱其上当受骗,而蒋介石却不曾多一个心眼。第一次反"围剿"时期,我军的退却是"诱敌深入,后发制人"。抗日战争时期,我军的退却是"深入敌后,放手发动群众,开展独立自主的游击战"。蒋介石重点进攻陕北时,我军的退却是"蘑菇战"。

毛泽东深谙"迂直之计",故能够处变不惊,于生死关头力挽狂澜,开辟新局面。

六、攻城打援,伏兵阻击

有人做过总结,"攻城打援"有三种形式:第一,攻城是为了打援,攻城为虚,打援为实,攻城的目的是为了调动敌人,使援敌在运动中或进入我预设阵地时歼灭之。第二,打援是保证攻城,把援敌

(左侧旁注) 退却不是无条件的。当敌强我弱、力量对比悬殊太大之时,就不能硬着头皮死拼。退却也不是无限的,有利的作战地形和遇到好打的敌人就是退却的终点,而退却的终点就是反攻的开始。

---

① 《毛泽东选集》第一卷,人民出版社1991年版,第212、214页。

阻击在一定距离外,保证顺利攻城,全歼守敌。第三,攻城与打援并重,在可能的条件下,把兵力一分为二,攻城的攻城,打援的打援,取得攻城与打援的双胜。

这只是就作战的目的而言。实战中,枪声一响,攻城与打援这一对矛盾随时都有转化的可能,战斗的目的和良好的愿望是不可能对局势、胜败有任何影响的,只有灵活、机动地运用这一战术,才是克敌制胜的关键。

毛泽东指挥的战役当中,"攻城打援"有许多例。其中济南战役尤其值得一提。

济南是国民党在山东地区的战略要地。国民党以第二绥靖区的 11 万余人担任守备;同时,配置在徐州地区的主力 23 个旅约 17 万人,随时可以北援。华东野战军采取"攻济打援"的作战方法,以七个纵队组成攻城集团,以八个纵队组成打援集团,于 1948 年 9 月 16 日晚,对济南发起进攻,26 日全部歼灭守敌(其中一军起义),活捉国民党第二绥靖区司令王耀武。由于我军迅速攻克济南,徐州之敌未敢北援。

毛泽东为确保攻克济南,亲自为中央军委起草了指挥济南战役的电报若干份,自始至终对济南前线做具体的指挥、部署,把"攻城打援"战术发挥得淋漓尽致。

"攻济打援"已经确定,但是"攻济"和"打援"孰轻孰重,兵力如何部署,毛泽东和济南前线的指挥员看法出现分歧。毛泽东在 1948 年 8 月 12 日、19 日给济南前线的电报说:"……你们第三个方案之目的,是为了争取第一种结果。其弱点是只以两纵占领飞机场,对于济南既不真打,而集中十一个纵队打援,则援敌势必谨慎集结缓缓推进,并不真援。邱、区兵团之所以真援开封,是因为我们真打开封,敌明确知道我是阻援,不是打援,故以十天时间到达了开封。如果你们此次计划不是真打济南,而是置重点于打援,则在区兵团被歼、邱黄两兵团重创之后,援敌必然会采取(不会不采取)这种谨慎集结缓缓推进方法。到了那时,我军势必中途改变计划,将重点放在真打济南。这种中途改变计划,虽然没有什么很大的不好,但丧失了一部分时间,并让敌人推进了一段路程,可能给予战局以影响。"因此毛泽东建议:"我们目前倾向于攻城打援分工协作,以达既攻克济南,又歼灭一部援敌之目的。"①

既已确定了真攻济南,就以攻济为主,打援为辅。然而在具体战役开始以后,又必须随战势的变化灵活掌握。毛泽东估计了三种可能性:一是在援敌距离尚远之时攻克济南;二是在援敌距离已近之时攻克济南;三是在援敌距近之时尚未攻克济南。他说:你们应该首先争取第一种,其次争取第二种,又其次应有办法对付第三种。在第三种情况下,即应临机改变作战计划,由以攻城为主,改变为以打援为主,在打胜援敌之后再攻城。

毛泽东要求济南前线真攻济南(不是佯攻,也不是只占飞机场),其次才是歼灭一部分援敌。但是在手段上,即在兵力部署上,却不应集中多数兵力、不顾一切硬攻济南。如果以多数兵力打济南,以少数兵力打援敌,则因援敌甚多,势必阻不住,不能歼其一部,因而不能争取攻济的必要时间,攻济必不成功。如果攻城使用兵力太大,则打援又无力量。所以,毛泽东建议用七个纵队攻占机场及吸引援敌之力量,其余全部用以打援。依情况发展,如援敌进得慢,而攻城进展顺利,又有内应条件,则可以增加攻城兵力,先克城后打援。如援敌进得快,则应以全力先打援,后攻城。

结果是济南战役以我军一举攻克济南、活捉王耀武而告终,徐州方面的援敌,因我军攻克济南之迅速而未敢出动。

毛泽东的电报显示了他攻城打援的战术已臻炉火纯青的地步。

七、将欲取之,必先与之

战争是利益冲突的集中表现。而土地、城池的得失又往往是

战争是利益冲突的集中表现。而土地、城池的得失又往往是战争胜败的重要标志。寸土必争,寸利必夺,这才是战争的普遍规律。但同样是"取",方式却各不相同。一种是要取就取,直截了当;另一种是要取不取,先予后取。

① 《毛泽东文集》第五卷,人民出版社1996年版,第119页。

146

战争胜败的重要标志。寸土必争,寸利必夺,这才是战争的普遍规律。但同样是"取",方式却各不相同。一种是要取就取,直截了当;另一种是要取不取,先予后取。

　　江西根据地第五次反"围剿"前夕,红一方面军指挥曾为这两种方式孰是孰非,争了起来。王明"左"倾路线的代表主张外线出击,御敌于国门之外。反对战略退却,理由是退却丧失土地,危害人民(所谓"打烂坛坛罐罐"),对外也产生不良影响,他们害怕我们退一步,敌之堡垒推进一步,根据地日蹙而无法恢复。

　　再看看毛泽东的意见。他认为:关于丧失土地的问题,常有这样的情形,就是只有丧失才能不丧失,这是"将欲取之,必先与之"的原则。如果我们丧失的是土地,而取得的是战胜敌人,加恢复土地,再加扩大土地,这是赚钱生意。……不愿丧失一部分土地,结果丧失了全部土地。不在一部分人家中打烂坛坛罐罐,就要使全体人民长期地打烂坛坛罐罐。

　　然而,毛泽东被剥夺了军事指挥权,他的意见不被采纳,第五次"反围剿"失败了。

　　在延安,毛和西北王胡宗南开始了周旋。这一回,毛的"赚钱生意"做成了,不像前一次,他虽然知道怎样做生意赚钱,却英雄无用武之地。

　　胡宗南受蒋介石之命重点进攻陕北。他扬言不攻占延安绝不结婚。毛泽东带着二三百人主动撤离了延安。起初,一部分人不同意撤离延安,并要"不放弃一寸土地"、"誓死保卫延安"、"保卫党中央"。莫斯科也认为撤退的决定是错误的,中国共产党的失败就此到来。然而毛泽东却不服气,他说:不就是几座窑洞吗? 丢掉一座空城没有关系,目的是粉碎敌人的军队。放弃延安,将来还要回来。

　　后来毛泽东向师哲解释主动撤离延安的道理:蒋只要一占领延安,他就输掉了一切。"你懂得拳击吗? 收回拳头,是为了打出去更有力!"他不是害怕蒋介石进攻延安,而是害怕蒋不来进攻。①

①　参见《在历史巨人身边》,中央文献出版社1991年版,第338页。

147

蒋介石得意地飞到延安,毁坏了那里的坛坛罐罐。而且预言,只需三个月的时间就可彻底消灭共军。可三个月之后,蒋介石攻占延安的军队被一点一点地吃掉,这是他在这座空城里叫喊时所没有料到的。

一年以后,延安又回到了共产党的手里。不过毛泽东和党中央没有再回到延安,而是适应形势的发展,东渡黄河,到冀中的西柏坡去了。那里更便于指挥全国各战场。

"将欲取之,必先与之",敌人要夺,就主动地让给他。别看在我手里是宝,给了敌人就像扔给他一个大包袱。胡宗南就是背了延安这个包袱,让毛泽东拖着他在陕北的沟沟梁梁上转圈圈,肥的拖瘦、瘦的拖垮。

蒋介石、胡宗南吃不了兜着走,毛泽东却以延安换取了全国。

八、深入敌后,釜底抽薪

抗战初期,毛泽东和英国记者贝特兰谈抗日战争中八路军的战略战术:"我们采取了其他中国军队所没有采取的行动,主要是在敌军侧翼和后方作战。"

日军原计划在三个月内结束对华战争,不料其速战速决的目的没有达到,就改用"以战养战,以华制华"的战略,把沦陷区变成自己的大后方。许多老百姓被迫当伪军打中国人,粮食等物资源源不断地运送到日军侵华前线。

可以说,日军在中国支持那么久,全靠沦陷区给他补充物资。毛泽东深知水沸是因为锅底有柴在燃烧,他要抽去这把柴,深入敌后,开辟敌后抗日根据地。八路军发动群众,在敌后"大闹天宫",拔敌人的据点,切断敌人的运输线,甚至坚壁清野,使敌人对根据地的扫荡处处扑空,有力地配合了正面部队的作战。

解放战争时期,毛泽东不失时机地发起战略反攻,把战火引到"国统区"内,"大举出击,经略中原",千里挺进大别山,着实给了

日军在中国支持那么久,全靠沦陷区给他补充物资。毛泽东深知水沸是因为锅底有柴在燃烧,他要抽去这把柴,深入敌后,开辟敌后抗日根据地。

蒋介石狠狠的一击。

大别山雄峙于国民党首都南京和长江中游重镇武汉之间的鄂、豫、皖三省交界处。东慑南京，西逼武汉，南扼长江，北制中原，是敌人战略处最敏感而又最薄弱的地区。这里又曾经是革命老区，群众基础好。当时蒋介石正在对陕北和山东解放区实行重点进攻，中原地区守备空虚。毛泽东在陕北被刘戡和钟松的十多个旅穷追不舍、险象环生之时，就敏锐地看到了蒋介石在中原的这一弱点。于是他果断地命令刘邓大军挺进大别山，大举出击，经略中原。

蒋介石后院起火了。卧榻之旁岂容他人酣睡？蒋介石惊恐之余，急忙调集 33 个旅的兵力企图堵截和围攻初进大别山的部队。就在刘邓大军渡过黄河的当天，毛泽东电令陈、粟大军主力出击鲁西南，陈谢兵团出击豫西，不仅拖住了尾追刘邓的蒋军，而且把重点进攻山东、陕北的敌人也调出来了。

蒋介石只知道要重点进攻山东，要搞垮共产党的中央，没想到趁他伸长了两只胳膊，握紧拳头对陕北和山东解放区左右开弓时，毛泽东却指挥雄兵百万，一刀戳进了他的心脏。

这一刀太狠了。当毛泽东在陕北的雨布下面收到刘邓越过陇海线、挺进大别山的战报时，似乎看到了蒋介石的狼狈相，因此不无幽默地说："老朋友，真有些对不起你了。"

> 蒋介石只知道要重点进攻山东，要搞垮共产党的中央，没想到趁他伸长了两只胳膊，握紧拳头对陕北和山东解放区左右开弓时，毛泽东却指挥雄兵百万，一刀戳进了他的心脏。

九、坚壁清野，陷敌于绝境

1941 年 12 月 8 日，日军偷袭珍珠港，把侵华战争扩大为太平洋战争。太平洋战争爆发后，日军进一步加紧了对我敌后根据地的疯狂进攻，以便将其在华的占领地变为太平洋战争的后方基地。

在华北，日军推行"治安强化运动"，实行"清乡"、"蚕食"、"扫荡"。所谓"清乡"，就是要在敌占区强化保甲连坐制，用圈村的办法，实行大编乡，日军想通过重新编乡的办法，清查人口，以肃清内部的抗日分子。所谓"蚕食"就是在八路军经常出没的游击区,怀柔政策和恐怖政策并用,一方面,加紧欺骗宣传,使群众加速奴化;另一方面,广修封锁沟与碉堡,平毁村庄,制造无人区。1942年春天,长城两侧就有一个七百余里长、六十余里宽的无人区。日军把这一带村子里的群众集中起来,用一丈高的围墙把他们围在一个山沟里,名之曰"人圈",对"人圈"里的老百姓肆意残杀奴役。所谓"扫荡",是在抗日根据地采取的政策,对一个个地区实行烧光、杀光、抢光的"三光政策"。据一个被俘的日军说,日本军事指挥机关曾向其山西作战部队下达这样的命令:"凡是敌人区域内的人,不问男女老幼,应全部杀死,所有房屋,应一律烧毁,所有粮秣,其不能运输的,亦一律烧毁,锅碗要一律打碎,并要一律埋死或投入毒药。"

在华中,也有名目繁多的所谓"政治清乡"、"军事清乡"和"行政清乡"等。

就是在这种最残酷的战争背景下,根据地的八路军、地方武装和人民群众创造了多种多样的灵活机动的斗争形式。什么"坚壁清野"、"地道战"、"地雷战"、"麻雀战"等都是对付敌人的好办法。

当时,毛泽东的方针是"分散的游击战","主力兵团地方化、地方武装群众化"。一夜之间,八路军不见了,提枪的人一律典型的华北地区的农民打扮。白羊肚手巾扎在头上,腰里缠着腰带。这种打扮,就像动物适应环境的保护色一样,八路军轻而易举地就消失在人民群众中间。他们化整为零,分头到群众中去,发动他们起来跟"鬼子"斗争。

鬼子"扫荡"来了,还没有等他们进村,报信的早就回来报告了。于是发动群众,把能吃的、能用的全部都藏起来,老、弱、妇、孺则被转移到安全的地方。年轻力壮的和八路军一起在地道口钻进钻出,化零为整,在敌人必经的路上打一场埋伏,等敌人反扑过来时,又化整为零从地道口消失。他们在农民家里用土法造地雷、手榴弹、炸药。光地雷就有溜雷、拉雷、石雷、磁雷、绊索雷、连索雷等,应有尽有,五花八门。敌人一进入根据地就像踏入了鬼门关。他们不知道什么时候会中八路军的埋伏,不知道什么时候会一脚踩响地雷,更不知道什么时候大队的人马忽然就会被飞来的手榴弹炸开花。武工队还深入敌后,在日军后院放火。你到我那里去扫荡,我就到你那里去偷袭,弄得鬼子进退两难,惶惶不可终日。

日军"铁壁合围"的办法不能说不狠。他们企图把根据地越围越小;鬼子的"纵横扫荡"不能说不毒,就像交错在一起的几束探照灯光,在根据地上来来去去地扫描,"辗转抉剔"、"捕捉奇袭",目的还是要把根据地从中国这块土地上消灭掉。

然而,"坚壁清野"似乎更厉害一些,表面上看来是不得已的防御,但却能以柔克刚。它使敌人强大的扫荡队伍一扑一个空,"围"不到什么,也"捕捉"不到什么,却被那些神出鬼没的游击队搞得损兵折将、狼狈不堪。冈村宁次不得不服输,他在惨败之余沮丧地说:"肃清八路军非短期内所能奏效",并以"狮子扑鼠,效力不大"来自我解嘲。

十、以谈对谈,以打对打

第二次世界大战期间,日本偷袭珍珠港,美国太平洋舰队遭到了毁灭性的打击。日本为了保证偷袭的成功,运用"和平外交"的手段,谈判一直持续到偷袭的最后一分钟,美国居然没有察觉,教训可谓惨痛。

中国自古就推崇"不战而屈人之兵"。用和谈来结束战争,那是再好不过了。但是,问题在于"兵不厌诈":对方提出了谈判的要求,其中是否有诈,一时难以搞清楚。有些时候是真想谈判,有些时候却是以谈判来掩护其备战的真实意图。

日本偷袭珍珠港就是趁美军麻痹大意,一举摧毁美军的太平洋舰队。蒋介石在1945年也精心设计了重庆谈判,可是毛泽东对蒋介石的"反革命两手"早有提防,蒋介石的阴谋没能得逞。

冈村宁次不得不服输,他在惨败之余沮丧地说:"肃清八路军非短期内所能奏效",并以"狮子扑鼠,效力不大"来自我解嘲。

　　1945 年 8 月,抗日战争刚刚结束,蒋介石就一心消灭共产党。他连续三次打电报,邀请毛泽东到重庆"共同商讨""国家大计"。当时很多人不赞成毛去重庆谈判,原因是毛泽东一旦踏上蒋介石的地盘,安全就难以保证。毛泽东可能也考虑到了这个问题,但他还是答应蒋介石"准备随时赴渝"。8 月 28 日,毛泽东偕同周恩来、王若飞,在张治中、赫尔利的陪同下,离开延安乘专机抵达重庆。蒋介石可能还没料到毛泽东敢到重庆谈判,他三次电邀毛泽东只是摆出一副要和平的架势,毛泽东若不来,他就可以堂而皇之地宣称毛泽东不想和谈,骗取民心。毛泽东来了,冒着生命危险坐到了谈判桌旁,蒋介石反而着了慌。毛泽东后来解释说这叫"针锋相对"。

在赴渝谈判的同时,毛泽东并没有放松警惕,而是部署解放区积极准备自卫反击。毛泽东称这是"以革命的两手反对反革命的两手"。

　　在赴渝谈判的同时,毛泽东并没有放松警惕,而是部署解放区积极准备自卫反击。毛泽东称这是"以革命的两手反对反革命的两手"。

　　在共产党努力下,经过 43 天的谈判,终于签订了一个停战条约《双十协定》,这是以谈对谈的结果。另外,在重庆谈判期间,蒋介石动员了一百多万国民党军队和五十多万伪军,对解放区实行进攻。我军不失时机地给予反击,仅上党战役,晋冀鲁豫人民军队就歼敌 3.5 万余人,给挑战者以沉重的打击,有力地配合了重庆谈判,还阻滞了蒋介石深入华北、从陆上进兵东北的计划。这是以打对打的结果。

　　1946 年 6 月 26 日,蒋介石撕毁了《双十协定》,悍然出动三十余万大军围攻中原解放区,以此为起点,发动了对解放区的全面进攻。至此,蒋介石假和谈、真内战的面目完完全全地暴露在人民面前。由于毛泽东早有准备,知道这一天一定会来,才没有在内战打响时陷入被动的局面。

　　三大战役结束后,国民党大势已去,面临全面崩溃的绝境。蒋介石又一次打着和平的旗号,"玩弄反革命的两手",他于 1949 年元旦发表"求和"声明,声称愿意商讨"恢复和平的具体办法"。然而,这一次,毛泽东的做法全然不同于重庆谈判。面对蒋介石的假和谈,毛泽东的态度就像解放军勇往直前、直指南京的刺刀一样强硬,他发出"将革命进行到底"的号召,提出要"坚决、彻底、干净、全部地消灭敌人"。

不久,渡江战役打响了,百万雄师跨过长江,乘胜前进,直捣南京。

十一、慎重初战,掌握主动

辽沈战役还在激战之中,毛泽东就不失时机地部署了淮海战役。徐州南屏南京,北通冀鲁,是华东、中原的交通枢纽,历来是兵家必争之地。蒋介石把他的 80 万大军集结在以徐州为中心的陇海铁路两翼,妄图以其精锐部队为核心,兵力靠拢,猬集一团,让我"吃不掉、啃不烂、歼不了",并互相策应,守住中原,确保南京安全。

淮海战役的第一战怎么打法? 毛泽东分析了徐州方面的敌情,最后指出:"本战役第一阶段的重心是集中兵力歼灭黄百韬兵团,完成中间突破。"[1]黄百韬兵团是蒋介石的嫡系,当时驻兵新安镇。毛泽东认为,如果首先进攻新安镇、运河车站等地,就可以分割敌人。对黄百韬兵团实行围歼,必然促使敌人重新调整部署,这样我军就有机会对猬集一团的敌军重点实行分割包围,有利于战役的发展。为了迷惑敌人,使敌军摸不透我军首战的方向,毛泽东命令部队从四面八方对徐州展开攻势,形成一种首战徐州的态势;同时以优势兵力,即我以两个纵队消灭敌一个师的比例,以六至七个纵队围歼黄百韬兵团;而以五六个纵队实行分割包围、阻援打援,牵制邱清泉、李弥两兵团,使其不敢东援。敌处处告急,又不能断定我之主攻方向,所以处处设防,结果只能眼睁睁地看着黄百韬兵团被歼于碾庄地区。

辽沈战役还在激战之中,毛泽东就不失时机地部署了淮海战役。

---

[1]　《毛泽东选集》第四卷,人民出版社1991年版,第1351页。

歼灭了黄百韬兵团,就如同断了刘峙一臂,而使我山东、苏北解放区连成一片;还切断了敌人的海上通道,形成包围徐州,兵临淮海之势。这样,刘峙集团就陷入孤立无援,又无路可逃之绝境,为最后消灭杜聿明集团打下了基础。而且,敌人不能南逃,这就减轻了以后渡江歼灭长江以南敌人的难度,最终粉碎蒋介石"经营华南"的企图。

可以这样说,淮海战役打得漂亮,和首歼黄百韬兵团,完成中间突破有很大的关系。初战选择得当,对整个战役就会起积极的作用,使整个战局朝着有利于自己的方向发展,甚至决定整个战役的胜负。

军事家对初战极为重视,而且出兵谨慎,毛泽东曾经说首战有三个原则不可忘记:必须打胜;必须照顾全战役计划;必须照顾下一战略阶段。

所以,军事家对初战极为重视,而且出兵谨慎,毛泽东曾经说首战有三个原则不可忘记:必须打胜;必须照顾全战役计划;必须照顾下一战略阶段。三大战役首战东北、辽沈战役首打锦州以及平津战役首攻新保安、天津,都充分体现了毛泽东重视初战的指导思想。辽沈战役要照顾全国;打锦州要照顾东北和华北;打新保安、天津、塘沽要照顾北平;首战黄百韬要照顾淮海战场各敌。所以初战不是孤立的,要从全局和战役发展的高度来确定初战。初战只许胜,不许败,这样可以鼓舞士气,而且可以赢得主动,从容部署以后的战斗,初战失利,则原先的计划就被打乱了,一挫再挫,失去了战场的主动,甚至影响全战役的胜利。

十二、先打弱敌,后打强敌

《史记》中记载了一则田忌赛马的故事。田忌参赛的马和对手参赛的马都有上、中、下三等,然而,田忌的上中下等马均比对手的上中下等马略逊一筹。如果上对上、中对中、下对下,田忌没有赢的可能。这时,孙膑提出了策略,让田忌用自己的下、上、中三等马分别和对手的上、中、下三等马比赛,结果三局两胜,田忌赢了这场比赛。

这是一个常被津津乐道的故事。孙膑在双方势均力敌的情况下,运用谋略,调整力量,避实击虚,出奇制胜,帮了田忌的大忙。

战争当然比赛马残酷得多,但如何用兵,也存在避实击虚的问题,孙膑是个军事家,他把战争的规律用在赛马上,岂有不赢之理?

以己之长击彼之短,这是竞技和战争的一般规律。再强大的敌人,也有虚弱的地方,善于发现强敌之弱点,对于弱者来说,是以弱胜强的唯一可行的办法。

抗日战争时期,尤其是战略防御阶段,在日军进攻最猖獗的时候,八路军、新四军避其锐气,坚持敌后游击战。如果执意与日军精锐部队硬拼,无异于以卵击石。但是,日军豢养起来的伪军,多系乌合之众,装备差,战斗力弱,比较好打。因此,毛泽东制订的方针是:第一,集中兵力打伪军;第二,打分散孤立和运动中的日军。先打弱敌,后打强敌,伪军被一批一批地消灭了,日军也就孤立了,其战斗力也就削弱了,因而就不再那么强大。山东滨海地区就是用这个办法,从 1942 年到 1944 年,连续攻克郯城、赣榆、莒县诸城,消灭和争取伪军起义一共三个旅。日军那边少了三个旅,我们则新建了三个独立旅,使滨海、鲁中、鲁南、胶东四个战略区连成一片。抗日战场出现了新局面。

解放战争时期的宿北战役也是个先打弱敌,后打强敌的好战例。

1946 年 12 月,国民党军集中 25 个半旅,兵分四路,从东台、淮阴、宿迁和峰县向我进犯,企图占领苏北,消灭华东解放军主力。敌军来势汹汹,单从兵力对比来看,敌军显然是强者。但它也有弱点,其最大的弱点是进攻正面过宽,各路间隙太大,很难互相策应、支持,战役上协同配合不力。这一弱点,有利于我军在内线实行机动作战,有利于我各个歼灭敌人。

歼哪一路好呢? 拣弱的先打,哪一路较弱就先打哪一路。经过分析认为:从宿迁进攻沐阳、新安镇的这一路,由徐州绥署副主任吴奇伟指挥,辖整编师第十一师和第六十九师。和其他几路相比,这一路比较好打。而这一路中,十一师是强者,是蒋军的"五大主力"之一,但另一路第六十九师突出冒进,所辖三个半旅也是拼凑起来的"插花"班子,战斗力不强,内部矛盾亦多。该师师长戴之奇是特务出身,虽属反共死硬分子,但缺乏军事指挥才能。在战役部署上,他的三个半旅东西一线展开,师部只带一个团,位于最右翼,翼侧暴露,便于我南北对进,首先从敌之左翼打开缺口,尔后实行两面夹击。经过战役合围和战术分割,使敌首尾不能相顾,无法互相支援。

所以,陈毅、粟裕决定集中兵力打戴之奇的整编六十九师。可想而知,结果在宿北全歼戴的第六十九师三个半旅共约两千余人。戴之奇无路可走,自杀身亡。

在敌强我弱的条件下,拣弱的先打无异于变整体弱势为局部强势,变战略防御为战役战斗的局部反攻。我方兵力整体来说与敌方相差甚远,但集中力量对付一部分弱敌,就显得绰绰有余。把弱敌消灭了,强敌必将受到威慑和削弱,就比较容易对付了。

"先打弱敌,后打强敌"这一策略本身并没有什么特别深奥之处,关键在于能正确地分析敌情,区别出强敌和弱敌,不要平均对待,而应把重点放在弱敌一方,集中力量消灭它,只以一部分兵力牵制敌人主力。最忌普遍应付来犯之敌,分散兵力,使本来就弱的兵力更加削弱。

"先打弱敌,后打强敌"不仅适用于敌强我弱的情况,就是在敌我力量相当,甚至是敌弱我强的情况下也不能忽视这个原则。否则就会被弱敌钻空子,丧失优势。

(margin note:)
在敌强我弱的条件下,拣弱的先打无异于变整体弱势为局部强势,变战略防御为战役战斗的局部反攻。我方兵力整体来说与敌方相差甚远,但集中力量对付一部分弱敌,就显得绰绰有余。把弱敌消灭了,强敌必将受到威慑和削弱,就比较容易对付了。

十三、利用矛盾,各个击破

古代兵家作战,讲究天时、地利、人和,三个条件缺一不可。《孙子兵法》中也讲"知胜有五",其中之一就是"上下同欲者胜"。反其意而用之,如果敌人内部出现矛盾,我方就应该抓住他这一弱点,扩而大之加以利用,以助克敌制胜。

蒋介石之所以能够"一统江山"，就是他逐步地战胜了其他各派系的结果。因此，国民党军队内部矛盾错综复杂，许多高级军事要员虽然表面上臣服"蒋委员长"，但对蒋介石并非忠心耿耿，遇事总为自己留一手，免得没有退路；此外，蒋介石的军队有嫡系和杂牌军之分，其间平时待遇不平等，战时则往往不能协同。

抗日战争时期，许多国民党军队在"曲线救国"的号召下，公开当了伪军，充当日军侵华的帮凶。但是日军和伪军之间也有矛盾。伪军虽然是日军豢养的走狗，但狗与主人毕竟是两回事，伪军装备差，战斗力不强，受到日军的歧视。而且日军并不完全信任伪军，这更加剧了他们之间的矛盾。所以，在抗日战场上，日军和伪军也不是铁板一块。

事实上，抗日战争时期，尤其是抗日战争的后期，伪军战场起义的很多，有的是自发起义，有的则是我方利用日伪之间的矛盾，打入内部，做了大量的争取工作换来的。像山东滨海地区赣榆县城的伪军起义和莒县的莫正民部起义就是两例。只有抓准了矛盾，我内线人员才好从中周旋，争取工作才能成功。

解放战争时期，蒋介石和傅作义之间的矛盾冲突也曾帮助毛泽东智退敌兵。1948年秋，蒋介石飞抵北平和傅作义共商华北和东北的问题。为了挽救华北局势，蒋介石面谕傅作义，要他组建一支奇兵，趁中共中央所在地西柏坡空虚之际，来一个闪电式偷袭。

敌"奇兵"已集结保定待命，毛泽东在西柏坡接到敌来偷袭的情报之后，与周恩来做了详细的研究。周恩来建议立即加强备战，准备阻击来犯之敌，同时又做好了中央撤离西柏坡的准备，因为我西柏坡之兵力实在是不够。

毛泽东认为，与其准备对付来犯之敌，不如干脆使敌人不敢来犯。于是毛泽东亲自为新华社写了一篇动员各方力量准备迎战偷袭之敌的新闻稿，其中故意对敌虚张声势，又准确揭露了敌人的偷袭计划以及负责偷袭和策应的部队番号。

毛泽东在北平圆恩寺官邸听到新华社的广播，气得暴跳如雷。下令傅作义立即查办泄露军机之人。并对傅作义说，国军已集结保定,平绥线共军南下西柏坡至少需要三五天,要在共军主力赶到之前一举捣毁共党总部,此为千载难逢之机会,要按原计划行事。

蒋介石估计毛泽东可能在和他唱空城计,所以坚持傅作义按原计划袭击西柏坡。如果傅在第二天就行动的话,说不定偷袭就成功了。但是,傅作义偏偏就和蒋介石不是一个想法。傅本来就不赞成蒋介石偷袭的计划,只是慑于蒋的命令只好答应下来。现在既然西柏坡已经知道了偷袭计划,成功的把握就更谈不上了。可是命令难违,只好硬着头皮出兵。郑挺锋担任这次偷袭指挥。他率四千多人由保定南下,行动迟缓,行进到定县城北地区时,被华北七纵的一支部队迎头拦住,激战一天,伤亡五百多人,无法前进。正好这天郑挺锋闻其胞弟在东北大虎山被俘,心慌意乱无心再战,遂向傅作义请假,以"探母病危"为由溜之大吉。部队无心恋战也随即向北平撤退。

傅作义的第十二骑兵旅在偷袭路上,中了解放军埋伏,损失一个团,败下阵来;第四骑兵旅也因接到傅作义密电,撤回北平。

毛泽东利用蒋介石和傅作义间的矛盾唱了一曲"空城计",迟滞了对方的行动,再各个击破。蒋介石的偷袭计划就这样流产了。

十四、围三缺一,虚留生路

《孙子兵法》里有"围师必阙,穷寇勿迫"。意思是说,对敌人实施包围时,要留有缺口,给敌人留下一条逃走的生路,对陷入绝境的敌人不要去逼迫他,以免敌人顽抗或被敌人反咬一口。

《孙子兵法》里有"围师必阙,穷寇勿迫"。意思是说,对敌人实施包围时,要留有缺口,给敌人留下一条逃走的生路,对陷入绝境的敌人不要去逼迫他,以免敌人顽抗或被敌人反咬一口。

当然,"围师必阙,穷寇勿迫"也不是绝对不变的。项羽就吃了"围师必阙,穷寇勿迫"的亏,以至于放虎归山,垓下一战,四面楚歌,楚霸王无颜见江东父老,刎颈乌江。

同时是"围师必阙",还有另外一种结局,即不是让敌人逃生,而是送死。

在某种情况下,死地围攻反而是消极的,而实行"围三缺一,

虚留生路",有计划地将敌人逼出来后再加以歼灭,则是一种积极
有效的歼敌谋略。

李仙洲就中了"围三缺一,虚留生路"这个圈套,以至于在莱
芜战役中"糊里糊涂"做了俘虏。

鲁南战役后,蒋介石调集重兵在对我山东解放区首府临沂再
度发起进攻。蒋集中了30个旅,分南北两路,企图与我军在鲁南
地区决战。陈毅、粟裕依据战场情况和敌我态势,决定以两个纵队
抗击南线,集中七个纵队消灭李仙洲部的北路。

李仙洲于1947年2月初占领莱芜,并深入到新泰、蒙阴地区。
但是李仙洲怕孤军深入,遭我歼灭,所以又缩回到莱芜城。华东野
战军主力到达时,将缩进莱芜城里的李仙洲部包围了起来,准备一
举歼灭。莱芜城是座山区小城,城区不大,街道狭窄,汽车都难以
通行。向北经口镇至胶济线的明水是一条狭窄的山路,易守难攻。
李仙洲率5万敌军被困在城里,是走是守,举棋不定。我军考虑到
强行攻城,要付出很大的牺牲。敌人城内的粮食弹药已发生困难,
口镇有粮食弹药,离胶济线又近,方便继续向北撤退,所以敌人最
可能向北突围。分析了这一情况后,我军故意在莱芜城的东、南、
西三面加强包围。为了让敌人知道北面空虚,我军释放了几名俘
虏回去,把这个消息带到李仙洲那里。李终于定了从北边突围的
决心。等突围的敌军尾巴刚一出城,我军迅速占领该城,切断其退
路。同时,埋伏在莱芜至口镇的芹村一带的主力全线出击,经过激
烈的战斗,敌5.6万人全部被歼,莱芜战役胜利结束。

十五、围而不打,隔而不围

辽沈战役结束后,蒋介石预感到华北局势紧张,乃千方百计地
促使傅作义集团南撤,并委以"东南军政司令长官"的头衔,令其
掌管东南地区的军政大权。蒋介石企图以此为诱饵,调傅作义的
50万人马撤至江南,以加强长江下游的防备。妄图确保长江以南

辽沈战役结束后,蒋介石预感到华北局势紧张,乃千方百计地促使傅作义集团南撤,并委以"东南军政司令长官"的头衔,令其掌管东南地区的军政大权。

的半壁江山。

　　傅作义有傅作义的打算。他当时任华北"剿总"总司令,辖4个兵团12个军42个师,约五十万人,其中傅系有17个师,蒋系有25个师,分布在东起山海关,西至张家口约五百公里的狭长地带。傅有意把傅系兵力重点放在平绥线上,而把蒋系兵力重点放在平津线上。这样部署,就是为了西撤绥远方便起见。当傅接到蒋介石要他南撤的命令时,他虽不敢公开违背,却迟迟不作部署。一是傅作义认为东北野战军入关不会太快,平津还可以支持一段时间;二是即使平津不保,撤至绥远,自成局面,要比南撤被蒋介石的势力所吞并,前途要好得多。

　　毛泽东洞悉蒋介石、傅作义二人的心理,他在给前线指挥员的电报中指出:敌人总是对我们估计不足,对他们自己总是估计过高,但他们已是"惊弓之鸟",随时准备飞走。为了拖住傅作义集团,不让其东撤西逃。毛泽东命令东北野战军不等休整提前秘密入关,以突然动作包围唐山、塘沽、天津之敌,目的是隔断敌人从海上逃跑的退路,并使其不能收缩兵力,以便尔后各个歼灭。接着又命令华北第三兵团在平绥线包围张家口,吸引傅作义主力西援。

　　东北野战军和华北部队,遵照军委命令,分路向平、津、张地区靠近。华北第三兵团首先包围张家口、宣化,傅作义果然命令北平地区之傅系主力三十五军和一〇四军的一个师增援张家口,由于傅的主力被诱西线,平津之敌未敢决策南逃。

　　等到傅作义发觉解放军东北野战军主力自喜峰口源源不断地入关,以为要同华北军会合直取北平,所以又忙调西援之第三十五军撤回北平,其他各部亦向北平收缩。不料第三十五军在撤退途中为我军抑留于新保安地区,同时由北平西去接应的部队也受到歼灭性打击。

　　当时,淮海战役正打得不可开交。黄维兵团和杜聿明集团军处境危险。

　　针对这种情况,毛泽东连续数次电告平津前线:被刘伯承、邓小平、陈毅、粟裕包围在徐州西南地区的敌军三十四个师,有在十日内解决之可能。此敌解决,蒋军全局动摇,势必重新部署。有可能以海上集结待命的数十艘船只,突然北上,接走平、津、塘诸敌。现在唯一的或主要的是怕敌人从海上逃跑。据此,东北野战军应首先包围天津、塘沽、芦台、唐山诸点(而不是首先包围北平),隔断诸敌之联系。为了使蒋介石不好下决心从海上出逃,在目前两星期之内一般应采用围而不打或隔而不围的办法。例如,对张家口、新保安、南口诸敌实行围而不打,否则将迫使南口以东诸敌迅速策划狂跑。对于平、津、通县诸敌,则实行隔而不围的办法,即只作战略包围,隔断诸敌联系,而不作战役包围,以待部署完成后各个歼灭敌人。

毛泽东的"围而不打,隔而不围"的办法确实出乎蒋、傅意外。蒋介石起初认为东北野战军不可能在辽沈战役结束后立即入关,这是蒋的大意之一;东北野战军入关以后又没有首先包围北平,蒋不知是欲擒故纵的缓兵之计,误以为是毛的力量不够,这是蒋的大意之二;毛泽东令淮海战场缓期歼灭杜聿明集团军,蒋不知是有意策应,没有果断下决心接走平、津、塘的兵力,这是蒋的大意之三。

我军在平津地区的兵力部署得妥妥当当,做了适当的休整和准备之后,从容不迫,按照"先打两头,后取中间"的策略,逐次歼灭了新保安、张家口、天津之敌。北平孤军已成我囊中之物,经过艰苦的谈判,终于迫使傅作义接受和平改编。兵不血刃,解决敌人的三种方式之一——北平方式就这样产生了。

十六、你打你的,我打我的

1947 年 4 月,晋察冀野战军第二、第三、第四纵队及地方武装一部,由安国、定县南下,向正(定)太(原)路国民党军发起进攻。8 日,首先对石家庄周围之敌进攻,激战三昼夜,攻克正定、栾城两县城和石家庄外围据点九十余个,歼敌一万余人。当时,敌人为了牵制晋察冀野战军西进作战的行动,自保定南下,向大清河根据地

北平孤军已成我囊中之物,经过艰苦的谈判,终于迫使傅作义接受和平改编。兵不血刃,解决敌人的三种方式之一——北平方式就这样产生了。

发起进攻。怎么办？我军是回师援冀,还是继续西进?毛泽东及时电告前线:你们现已取得主动权,如敌南援,你们不去理他,仍然集中全力完成正太战役,使敌完全陷入被动。我军按照毛泽东"你打你的,我打我的"策略行事,只以地方武装在大清河一带对付保定南下之敌,主力大胆西进,迅速攻占正太路阳泉以东各据点,并转围阳泉工矿区,诱出太原之敌两个师来援,将其包围于测石驿地区,经激战全歼该敌。战役至5月8日结束,共计歼敌3.5万余人,攻克了阳泉矿区和平定、寿阳、孟县等县城,切断了太原与石家庄的联系,孤立了石家庄的敌人。而自保定南下冀东之敌处处扑空,只得打道回府。

"你打你的,我打我的",即是完全主动的打法,不受敌方牵制,积极地开辟另外的战场,给敌人以更加沉重的打击。正太战役正是因为我军不顾敌军进攻我后方,继续大胆地完成前线作战,从而取得了可喜的战果。这里的"你打你的",是敌想后发兵牵制我,"我打我的"则是不改变原先的计划,不为敌人的行动所调动。

在战场上,敌我双方都想调动对方,争取主动。正太战役敌人没有成功地调动我;而挺进大别山,也用了"你打你的,我打我的"策略,我却成功地调动了敌人,粉碎了敌人对陕北和山东根据地的重点包围。

为什么会出现这种情况呢?"你打你的",是基于敌人对我陕北和山东的重点进攻已是强弩之末。占领延安后,胡宗南被我拖着在陕北高原打转转,找不到我中央决战,却被我拖得筋疲力尽,处处挨打。与此同时,敌中原空虚,南京暴露,我趁虚而入,必定会对敌人的后方形成严重威胁,蒋介石不能不回师增援,而南京附近又无机动兵力,只好把陕北和山东的兵力撤回。

所以说,采用"你打你的,我打我的"战略,必须要有把握确保"我打我的"给敌人造成的打击比"你打你的"给我造成的损失要大得多。这样,敌人才能被调动。否则,不但不能赢得主动,扭转战局,反而会使自己陷入被动。

十七、攻破一点,全盘皆活

战场就像棋盘,双方的兵力部署就像落子布局。在几百万平方公里的战场上,指挥几百万大军作战,毛泽东算得上"特级大师"。

在双方交战最激烈的关键时刻,局势复杂,险象环生,变幻莫测。一步妙棋,满盘皆活;一着投错,也可以导致满盘皆输。

三大战役之前,国民党军队被分割于东北、华北、中原、西北地区。从表面上看,敌似乎占优势,但毛泽东认为,战略决战的时机已经成熟。几百万平方公里的战场,决战的突破口选择哪里? 这一步棋就颇费思量了。毛泽东经过周密细致的分析,最后作出判断:首战东北。

东北是我军势力较强的地区。解放区面积达百分之九十七,群众基础好,军事实力也占绝对优势。而敌人在东北只占领几个城市,孤立分散,地域狭小,补给困难。蒋介石也深感他在东北已是力不从心,计划"撤退东北,巩固华北,确保华中"。但是他优柔寡断,举棋不定。毛泽东摸透了蒋介石的心事:东北这步棋,你该走不走,我就先下手为强了。又吃棋子,又占地盘,何乐而不为? 结果辽沈战役不但歼敌47万余人,完全解放全东北,而且使蒋介石"撤退东北,巩固华北,确保华中"的计划成为泡影,同时,还避免了我军先打华北有可能两面受敌的被动局面。

毛泽东选择首战东北,旗开得胜,全歼东北顽敌,为淮海战役和平津战役的胜利埋下了伏笔。

首战东北是毛的一步妙棋,而东北战场先打锦州,置长春、沈阳之敌于不顾,则是毛的又一步妙棋。若按照林彪的意见,则是先打长春。当然林彪的考虑也有一定道理:长春之敌为我久困,是东北战场上的弱敌,较之沈阳、锦州之敌较容易取胜。而且攻打长春,还可以吸引沈阳、锦州之敌增援长春,以便于打援。如果先打锦州,则所遇敌人较长春强大,不易攻克。在敌人"集中兵力固守大城市"的方针下,打小地区又会到处扑空。

毛泽东和林彪有分歧。毛认为,从局部看,长春孤敌,容易攻打。但敌人却企图以长春来牵制我军,掩护沈阳、锦州之敌以改善态势,并且进行撤退的一切准备。若我军先攻长春,便正中敌人下怀;而攻克长春,不但敌不来援,反而会吓跑沈阳、锦州之敌,迫使蒋介石下决心撤出东北或者从海上逃跑,不利于全歼东北敌人,影响全国战局。锦州的情况则完全不同,虽然锦州敌人比长春多,但锦州至山海关一线各点敌军孤立分散,攻歼取胜比较可靠;在北宁线上作战,可以吸引长春、沈阳之敌来援锦州,有利于打援;还可以分割东北和华北的敌军势力,打下锦州,就关闭了东北的大门,东北战场形成关门打狗之势。华北的敌军增援则将因我华北解放军的牵制而削弱。

所以,毛泽东果断地电告东北野战军:"你们现在就应该准备使用主力于该城,而置长春、沈阳之敌于不顾,并准备在打锦州时歼灭可能由长、沈援锦之敌。"①之后,毛又电告林、罗:"你们的中心注意力必须放在锦州方面,求得尽可能迅速地攻克该城。即使其后一切目的都未能达到,只要攻克了锦州,你们就有了主动权,就是一个伟大的胜利。"②

果不其然,打下锦州,全盘皆活。蒋介石深知这一招的厉害,连忙飞抵沈阳,亲自督战,叫嚷:"东北局势好坏,就在锦州一战。"结果,我军一举打下锦州,又在黑山、大虎山地区歼灭廖耀湘援敌。至此,辽沈战役的主动权就完全掌握在我军手中。

难怪范汉杰在惨败面前又不得不承认毛的雄才大略:"贵军神机妙算,弃长春,舍沈阳,突然亲击锦州,扼住我军战略咽喉重地,乃出我军意料之外,锦州,犹如一条扁担,一头挑东北,一头负华北,贵军夺下锦州,恰好像从中间折断扁担,使东北与华北分离,

---

① 《毛泽东选集》第四卷,人民出版社1991年版,第1335页。
② 《毛泽东选集》第四卷,人民出版社1991年版,第1337页。

棋着厉害。"

十八、攻心为上，瓦解敌军

孙子说："不战而屈人之兵，善之善者也。"成功的心理战就是不战而屈人之兵的好谋略。

毛泽东用兵，就很重视心理战。不仅在具体的战役战斗中广泛地运用心理战术，有力地配合军事作战，而且把心理战提高到"政治攻势"的高度，构成了其军事智慧不可分割的一部分。

听起来有些令人难以相信，毛泽东转战陕北时，曾在芦葭河岸的黄河岔被刘戡的追兵逼到了死亡的狭谷。敌人占着两座山头，居高临下。另一面是咆哮的芦葭河。毛泽东随行只有二三百人，全部暴露在敌人的枪口之下。在这生死存亡的关键时刻，很多人都已把生死交给了命运之神。

忽然，毛泽东把烟头掷在地上说："放心跟我走，老子不信邪。"他从容地转身走上黄河岔的堤岸，不紧不慢地，顺堤向西北方向走去。卫士和警卫人员担心毛的安全，赶紧围了上去，都被毛的呵斥声止住了。

就这样，毛不紧不慢地在河堤上走着，身后二三百人紧跟着，屏住了呼吸。起初还有一两颗子弹在毛的周围钻进泥土，离他只有二三米，随后，奇迹发生了，身后那些山头，枪炮声忽然停止了。刘戡的7个旅眼睁睁地看着毛从他们的枪口底下在河堤上走了三百多米，翻过一个小土岗，不见了。

也许是侥幸，也许是置之死地而后生。但毛后来谈到这件事时得意地唱："我正在城楼观山景，耳听得城外乱纷纷，旌旗招展空番营，原来是司马发来的兵……"这是《空城计》里诸葛亮的唱段。毛以他那自信、坚定的步伐踏乱了刘戡的心，从而转危为安。

"将军可压心"，心理战的对象很多，但主要是敌人的指挥官。在指挥作战中，指挥官的心理状态在许多方面决定着整个军队的

毛泽东用兵，就很重视心理战。不仅在具体的战役战斗中广泛地运用心理战术，有力地配合军事作战，而且把心理战提高到"政治攻势"的高度，构成了其军事智慧不可分割的一部分。

命运。所以掌握其心理,利用其弱点,有针对性地对其施行心理战,必定能取得对敌作战的许多优势。诸葛亮在城头焚香抚琴,与司马懿唱空城计,就是抓住了司马疑心重这一弱点,才得以智退重兵,免遭惨败。

深入了解敌军指挥官的军事才能、战斗意图、道德观念、性格人品,甚至特殊的嗜好是极为关键的。

济南战役中争取吴化文将军起义就是一个很好的例子。

吴化文原属西北军,过去对人民曾有过罪恶行径。但是在济南战役中他却立一大功。他带着第九十六军两万人战场起义,等于砍掉了王耀武的一只臂膀,对我军攻下济南,全歼王耀武集团起了重要作用。

吴化文的起义,心理战起了不小的作用。我方为了争取吴化文战场起义,首先派出联络干部,通过吴化文的一名师长建立了内线关系。经过长期的工作,吴答应起义,但要等待时机,说得很圆滑,也很含糊。后来吴的夫人苦口婆心劝其起义,还搬动了吴的父亲。这还不够,吴夫人的一位亲戚是地下党员,知道吴化文和韩复榘一样,遇到大事都要打卦算命卜吉凶。于是找了一个有名的"小诸葛"替他算命。第一卦说:先生有桩大事犹豫不决,一块石头一落地就交好运了。吴对此疑惑不解。又找他母亲到后祖庙求签问卦,卦上说:"波涛一小舟,水尽到滩头,展开冲天翼,勋业升王侯。"吴化文见到卦文,认为"天意如此",才下定决心,不再犹豫。

吴化文生性多疑,遇事很迷信鬼神,这正是他的弱点,我方正是摸透了他的脾气和心理,才成功地争取了吴的起义。

心理战讲究"兵不厌诈",而同样是心理战,当做"政治攻势"来用,是应立足于"正义"二字。团结一切可以团结的力量,极大限度地孤立顽敌,是毛泽东的一贯主张。要达到团结自己,孤立、瓦解敌人的目的,关键是要揭露敌人的非正义性,极大地宣传我之正义性。正义才是争取民心,甚至争取敌军中的动摇力量的基础。

日本人也曾在中国使用心理战术。什么"日中亲善"、"大东

心理战讲究"兵不厌诈",而同样是心理战,当做"政治攻势"来用,是应立足于"正义"二字。团结一切可以团结的力量,极大限度地孤立顽敌,是毛泽东的一贯主张。

亚共荣圈"等都是用来削弱中国人民对日军侵华的抵抗情绪的。但是,日军在中国领土上犯下的滔天罪行很快就揭穿了其政治欺骗的真面目,把全民族推向了抗战的前线。

倒是我方成功地利用日本军人组成的"反战同盟"和"觉醒同盟",直接把电话机接在日军的电话线上跟日军讲话,削弱了日伪的战斗力,对于瓦解敌军做了大量的工作。

十九、集中兵力,各个击破

在敌强我弱的形势下,毛泽东"反对同时把两个拳头打向两个方向的战略,坚持两个拳头朝一个方向一同打出的战略"。解放战争时期,毛泽东又强调"应以集中兵力打运动战为主,以分散兵力打游击战为辅"①。而在蒋军武器装备加强的条件下,我军必须特别强调集中优势兵力,各个歼灭敌人的作战方法。

定陶战役就是毛泽东亲自部署,刘伯承、邓小平指挥的一次运动战。以弱胜强,完全靠的是"集中优势兵力,各个击破"的策略。

1946 年 8 月底,国民党军队以 14 个整编师共 32 个旅约 30 万人,由徐州、郑州等地分东西两路向晋冀鲁豫解放区大举进犯,企图钳击我军于定陶、曹县地区。当时,晋冀鲁豫野战军刚刚打完陇海战役,蒋介石企图以三倍于我的优势兵力,趁我战后疲惫之机,将我钳击歼灭于陇海路以北、老黄河以南的狭窄地区。

敌重兵压境,我战后疲惫。要迎接这场就在眼前的战斗,首先得争取时间休整。于是毛泽东电令前线主力"于路北休整,补充新兵,以利再战"。同时指出:凡无把握之仗不要打,打则必胜。凡与顽固正规军作战,每战必须以优势兵力加于敌人,其比例最好是四比一(四千人打一千人,四万人打一万人),至少是三比一,歼其一部,再打另一部,各个击破之。克服战役上及战斗上平均用力

在敌强我弱的形势下,毛泽东"反对同时把两个拳头打向两个方向的战略,坚持两个拳头朝一个方向一同打出的战略"。

---

① 《毛泽东选集》第四卷,人民出版社 1991 年版,第 1199 页。

普通求胜之轻敌观念。

刘伯承和邓小平根据毛泽东的指示，一面指示部队抓紧作战间隙休整，一面准备再战。

当时敌情是这样的：东路是蒋介石的嫡系部队，装备好，战斗力强。西路五个整编师，只有整编三师是蒋介石嫡系部队，其余都是杂牌军。毛泽东认为，整编三师是弱中的强者，和其他部队有矛盾，若先打整编三师，其余杂牌不会积极支援，而"该师系中央军，如能歼灭影响必大"，西路敌人必将震惊溃败。这样的话，敌人钳击歼灭我军的计划就会整个落空。于是刘邓准备先打整编三师。

1946 年 9 月 5 日，敌整编三师已被我诱至预定战场。师部进至天爷庙，主力二十旅进至大、小杨湖，三旅进至周集。原来和整编三师齐头并进的敌整编四十七师，被阻拦在 40 里以外的曹县以南地区。敌整编三师孤军被我分割包围之后，没有平均使用兵力全歼该师，而是遵照毛泽东的要求，歼灭敌的有生力量。驻在大杨湖的敌二十九旅五十九团是整编三师主力的主力，人多、装备好，战斗力强。歼灭了这个强中之强的五十九团，就会使整编三师惊慌失措，士气动摇。于是六纵开始首先攻击大杨湖。

战斗打得很艰苦。敌五十九团果然很难对付。我六纵担任主攻的三个旅首先跟敌人接上了火，但都未能进入敌人纵深阵地。预备队也投入了战斗，可是敌人火力太强，仍然难分难解，不分胜负。最后，纵队负责人又把第二梯队也投入战斗，这样，在我绝对优势的重兵之下，形势才有所好转。

经过一夜浴血奋战。6 日拂晓，大杨湖的敌整编三师主力五十九团被歼灭了。赵锡田见他的师部已暴露在我直接攻击之下，慌忙调整部队，并企图南逃与敌整编四十七师靠拢。敌人一离开工事，我各纵人马立即乘虚追歼，当天下午就在运动中全歼敌人。7 日，敌西路其他各师在仓皇逃窜途中也遭我军部分歼灭，损失惨重，溃不成军。

至此，蒋介石两路钳击歼灭我军的企图由于其西路军的失利已宣告彻底破产了。而毛泽东对定陶战役显然非常满意。没过几

至此，蒋介石两路钳击歼灭我军的企图由于其西路军的失利已宣告彻底破产了。

天,即 1946 年 9 月 13 日 15 时,毛就在给张宗逊、罗瑞卿等的电报中介绍定陶战役的经验:必须集中优于敌人五倍或四倍至少三倍的兵力,首先歼灭敌一个至两个团,振起我军士气,引起敌人恐慌,得手后再歼敌第二部、第三部,各个击破之。切不可贪多务得,分散兵力。

毛泽东建议张宗逊、罗瑞卿照此实行。显然,他是在推广定陶战役的作战方法。

二十、伤其十指不如断其一指

打"歼灭战"是毛泽东的拿手好戏。在敌强我弱的情况下和敌人硬拼就如同乞丐和龙王比宝。"击溃战,对于雄厚之敌不是基本上决定胜负的东西。而歼灭战,则对任何敌人都立即起了重大影响。"击溃敌人,即使有可能把敌人打跑了,但敌人的有生力量还存在,他就会重新反扑过来,对我们仍然是威胁。歼灭战则是把敌人全部地消灭或俘虏,一个也不能让他跑了。这样,哪怕歼灭的是很小的一部分敌人,敌人的力量也因之削弱了一部分。所以毛泽东说:"对于人,伤其十指不如断其一指;对于敌,击溃其十个师不如歼灭其一个师。"

要歼灭敌人,就必须在兵力上占绝对优势。在敌强我弱的情况下,只能是一部分一部分地歼灭。贪多则削弱兵力,兵力不够,则不能达到歼灭敌人的目的。所以说打歼灭战和集中优势兵力、各个击破敌人在某种意义上是一回事。

同样是歼灭战,第一次反"围剿"时,毛泽东采取诱敌深入的办法,把孤军冒进的敌人引入预先设置好的口袋,等敌人一钻进去,就把口袋扎起来,然后才狠狠地打击敌人。龙冈战斗就是这样全歼了张辉瓒的所谓"铁军师"。歼灭战还可以是"关门打狗"。比如辽沈战役先打锦州,切断了东北通向关内的通道,利用东北特殊的地形,把敌人关在门内,逐个解决。

打歼灭战还可以采取其他多种形式,但其基本要求却离不开以下几点:

地形:最好是较为复杂的山区。如井冈山区、黄土高原等。平原则困难较大。

战术:集中优势兵力,迂回包围。

用兵:集中的原则。

指挥:集中指挥。

一是以小小兵力钳制敌之其他部分,集中绝对优势兵力打一个敌人,绝不同时打两个敌人,也不可将很多兵力使用于钳制方面。二是以一部打正面,以主力打迂回,绝不可以主力打正面,以一部打迂回。

1947 年 1 月 25 日,毛泽东在给晋察冀军区的电报中总结了打大歼灭战的两个条件:一是以小小兵力钳制敌之其他部分,集中绝对优势兵力打一个敌人,绝不同时打两个敌人,也不可将很多兵力使用于钳制方面。二是以一部打正面,以主力打迂回,绝不可以主力打正面,以一部打迂回。毛泽东要求晋察冀军区照此要求,对照过去的经验,打几次大歼灭战。打大歼灭战主要是兵力部署和战术问题,这两个问题解决了,打大歼灭战是没有什么问题的。解放战争时期,处处都在打歼灭战,包括三大战役,也是采用打歼灭战的方针。所以说,在敌弱我强的情况下,歼灭战完全可以在战略决战中作为战术发挥其威力。歼灭战在阵地战中表现为彻底、干净、全部消灭之。

第六章 毛泽东的外交智慧

一、向共产国际争独立自主

开国大典不久,毛泽东就决定访问苏联。这是他第一次离开中国出访外国,也是他第一次会见斯大林。斯大林见到毛泽东,对毛连声夸奖。毛听了后,却用委屈的口吻回答他说:"我是长期受打击排挤的人,有话无处说……"斯大林似乎知道毛要说什么,不等毛说完,斯大林就打断了他的话:"胜利者是不受审的,不能谴责胜利者,这是一般的公理。"①

斯大林等于用这种方式承认了错误。但毛泽东心里憋了二十多年的怨气仍未一吐为快。在后来的一次会谈中,毛泽东又在斯大林面前提起往事。讲着讲着,他突然指着王稼祥说:"就是他们打击我,他就是在苏区犯错误的一个。"②王稼祥十分尴尬。其实毛要指责的不是王稼祥,王稼祥在遵义会议上投了毛泽东一票,毛泽东一直感恩在心。毛泽东此时要指责的是共产国际的"大老板"苏联,具体来说就是斯大林。王稼祥是"二十八个半"苏俄派之一,而"二十八个半"不过是按了共产国际的指令来行事而已。

毛泽东对共产国际的怨气积得太久。早在 1936 年,毛在延安的窑洞里就私下对斯诺说,共产国际的俄国代表应对中国共产党

斯大林见到毛泽东,对毛连声夸奖。毛听了后,却用委屈的口吻回答他说:"我是长期受打击排挤的人,有话无处说……"

---

① 《在历史巨人身边》,中央文献出版社 1991 年版,第 435 页。
② 《在历史巨人身边》,中央文献出版社 1991 年版,第 451 页。

在 1927 年的反革命事件中遭受的灾难负责。他还在其他场合说过，当年江西的惨重损失，一是由于我们有些人不相信自己，二是由于国际上"老子党"和"儿子党"的不正常关系造成的。毛泽东一直是反共产国际路线的。他尝够了这条路线的苦头，并为抵制这条路线作出了不懈的努力。他觉得共产国际的存在对中国革命不是帮忙，而是帮倒忙。1936 年 6 月，共产国际设在上海的东方局电台被破获，从此中断了莫斯科与中国的联系，毛泽东却毫不遗憾。李德回忆说，这种状况"对毛是最有利不过的"。毛泽东费了很大的劲，才在遵义会议上取得对苏俄派的胜利。直到这时，莫斯科才勉强承认了他的领导地位。

掌权以后，毛泽东仍然不时感到自己与斯大林有矛盾。有时他向斯大林屈服，那是因为形势所迫，不得已而为之。出于不得已，毛泽东在与苏俄派的斗争中不得不照顾到方方面面。例如他通过延安整风，彻底清算了王明路线（实即共产国际路线），而又不得不做许多工作把王明选为"七大"中央委员，原因之一就是考虑到共产国际。抗战期间，共产国际通过王明把"一切服从统一路线"口号强加给中共，毛泽东断然拒绝了，但他不好批评共产国际，只批评王明。1943 年 5 月，共产国际宣布解散，毛泽东兴奋地说："他们做得对，我就不主张要这个机构。"他获得了解放，决意要摆脱苏联的控制。可是抗战胜利后，斯大林又来建议，要毛泽东把枪交给国民党搞联合政府，以换得共产党的合法地位。毛泽东坚决不从："人民的枪"，他说，"一支也不交"。后来解放战争打得差不多了，斯大林又建议国共两党划江而治，搞南北朝。毛泽东又给拒绝了，他决意要把革命进行到底，"宜将剩勇追穷寇，不可沽名学霸王"。

毛泽东的奋斗生涯几乎始终受到苏联的羁绊。现在，他以胜利者的姿态出现在斯大林面前。"胜利者是不受审的"，斯大林算是服了毛泽东。他连声夸奖毛泽东："伟大，真伟大！"

但是过不久斯大林又犯了一个严重错误。他向毛泽东建议双方共同建立一个国际机场来开发新疆的天然资源，又要毛泽东划

毛泽东的奋斗生涯几乎始终受到苏联的羁绊。现在，他以胜利者的姿态出现在斯大林面前。"胜利者是不受审的"，斯大林算是服了毛泽东。他连声夸奖毛泽东："伟大，真伟大！"

出一块合适的地方来给苏联建立一个橡胶种植园。前一个建议毛泽东勉强接受了，后一个建议得到的答复是："我们同意在越南海岸线对面的海南岛上为你们建立一个橡胶园。但是我们有一些条件，明确地说，就是我们建议你们向我们提供必要的贷款、机器和技术援助，由我们来建立和经营这个橡胶园。我们将给你们运去橡胶作为对你们这种帮助的报酬。"①毛泽东的建议并不是蓄意得罪斯大林，他只是强调了中国的权利与尊严。斯大林读完毛的复电，感到像一剂必须吞下去的苦药。后来，苏联从这笔交易中没有得到一点点橡胶。

赫鲁晓夫说："后来要是斯大林多活几年，我们和中国的争吵还会早些时候出现。"②"像斯大林一样，毛不是一个能饶恕人的人，更不是一个健忘的人。"③1956 年 9 月，中苏还没有开始大吵大闹，毛泽东就对米高扬讲了："对当年共产国际和苏共的做法我们是有一些意见的，过去我们不便讲，现在就要开始讲了，甚至还要骂人了。我们的嘴巴，你们封不住的。""过去我们憋了满肚子气，有气无处出，现在就要出气了。"④

二、"一边倒"的新中国外交政策

新中国成立初期毛泽东采取的外交政策是"一边倒"，即在政治上同社会主义阵营的国家团结在一起，站在以苏联为首的社会主义国家一边。这样，"一边倒"意味着两点：第一，政治上同资本主义国家划清界限，打消一切对西方国家的幻想；第二，不能脚踏两只船，一只脚跨在社会主义这边，另一只脚跨在西方资本主义那边。

> "一边倒"意味着两点：第一，政治上同资本主义国家划清界限，打消一切对西方国家的幻想；第二，不能脚踏两只船，一只脚跨在社会主义这边，另一只脚跨在西方资本主义那边。

---

① 《外国人眼中的毛泽东》，华岳文艺出版社 1989 年版，第 224 页。
② 《我眼中的毛泽东》，河北人民出版社 1990 年版，第 165 页。
③ 《外国人眼中的毛泽东》，华岳文艺出版社 1989 年版，第 225 页。
④ 《在历史巨人身边》，中央文献出版社 1991 年版，第 612 页。

20世纪50年代国际政治格局是社会主义和资本主义两大阵营的对峙。苏、美各领一方,其他国家有四种可能的选择:一是倒向苏联一边;二是倒向美国一边;三是放在两者之间,左右逢源;四是谁也不靠,独当一面。中国因为意识形态的关系,二、三两条路走不通;又由于实力不强,第四条路也不能走。只剩下一条路,倒向苏联一边。

刚刚站立起来的新中国,几乎谈不上有什么经济实力和技术水平,军队技术装备落后,而且全是陆军,没有海军和空军。因为从零开始,国际地位也谈不上。一些资本主义国家对新中国采取不承认政策,甚至孤立、封锁。只有苏联愿意接受中国这个社会主义的新伙伴。苏联第一个承认新中国,又同姓一个"社"字。要靠,当然只有靠在苏联这一边。靠在苏联这一边,可以很快赢得社会主义阵营中其他国家的承认和支持。在当时的两极世界中,若不倒向苏联,就得倒向美国。如果中国倒向美国,势必要失去社会主义阵营中的许多朋友。再说倒向美国是不可能的,除非你改姓"资",并与蒋介石集团讲和,中国不能改姓"资",如果又不倒向苏联一边,那就会完全孤立,一个国际朋友也没有。这于当时的中国不利。

当然最好的办法是谁也不靠,独当一面。这种想法最合毛泽东的性格以及他一贯的对外方针:独立自主。但是这样做不仅需要铁托式的勇气,而且需要一定的实力做筹码。实力不强而这样做,等于自行孤立,两边都不喜欢,都不理睬。中国当时第一位的问题是要尽快争取更多国家的承认,以打破美国方面的孤立政策。美国这边要孤立我们,如果我们再不倒向苏联,那就等于自行孤立。靠向苏联后,有一个社会主义阵营,就不怕西方世界的孤立。

毛泽东种豆得豆。"一边倒"战略很快有了收获。立国未久,美国即出兵朝鲜半岛,直接威胁到中国的安全。中国不能不管,但管起来又有后顾之忧。这时中苏同盟起了作用。因为美国在亚太地区的侵略扩张引起了苏联的不满。中苏有了共同的敌人,斯大林不便直接出兵,但他愿意提供武器。毛泽东用苏联武器装备了

美国这边要孤立我们,如果我们再不倒向苏联,那就等于自行孤立。靠向苏联后,有一个社会主义阵营,就不怕西方世界的孤立。

志愿军,然后雄赳赳地开赴朝鲜战场。朝鲜战争实际是中美两国的较量,但美国始终不敢放手把战争扩大到中国,原因之一就是有中苏同盟存在。中苏同盟规定任何一方受到第三国的侵犯将被视做对自己的侵犯。如果美国侵入中国本土,苏联就会介入。朝鲜停战后,苏、美、英、法四国发起日内瓦和谈,以解决朝鲜和印度支那的和平问题。解决朝鲜问题不能没有中国参加,但当时中国尚未获得美、英、法三国的外交承认。于是三国通过苏联邀请中国参加。他们唯恐这是事实承认,特申明邀请参加"不得被认为会有任何未予以外交承认之情况下予以外交承认之意"。但邀请参加这一事实本身表明了中国在解决亚洲重大问题上的国际地位。陪同苏联参加日内瓦和谈并与苏、美、英、法四大国并列,标志着新中国第一次步入国际舞台。这是"一边倒"战略的重大胜利。

陪同苏联参加日内瓦和谈并与苏、美、英、法四大国并列,标志着新中国第一次步入国际舞台。

　　苏联在中国过去的革命中帮了不少倒忙。毛泽东对此很有意见。但新中国成立之初的客观形势使他不得不屈尊于苏联的保护。可以预见,如果中国的地位有所提高,毛泽东会很快走向独当一面的道路。不过,他似乎从来没有想过第三条道路,即站在两极之间左右逢源,两边都保持一定距离,同时两边都来往。新中国成立之初他不可能这样做,一是美国不允许,它的目的是扼杀新中国而不是与之来往;二是新中国还没有强大到足以平衡两极的程度,无人有求;三是"两大阵营"的外交框架限制了他的思维。要他两边都保持一定距离是可以的,但是要他两边都来往绝对不行。在他看来要么倒向美、苏两方中的一方,要么有骨气、有能耐,独当一面自己干,谁也不靠。他的意识形态决定他不可能轻易倾向西方。因此在他面前只有两条路:靠向苏联或者谁也不靠。他长期认为与美帝国主义没有调和余地,而这又构成他倒向苏联的原因之一。所以一旦苏联靠不住了,他就只有独立支撑。如果他在坚持独立自主的同时,再保持一定的灵活性,那就更有利于中国的发展,那样的话,他在一边倒向苏联的同时,就不会把通向西方的门封死,而应该留有余地,一旦条件成熟就能与西方进行交往。同样,他也就不会为国际共运战略同赫鲁晓夫彻底闹翻,即使闹翻,没有苏联,中国也不会孤立无援。

三、不能被别人牵着鼻子走

　　独立自主是毛泽东不可动摇的外交原则。外国人,不管你姓"资"还是姓"社",都别想凌驾在他头上,对他指手画脚、发号施令。

　　1938年,中国的抗日战争正处在困难阶段,国际联盟组织想在中国设立一家由外国医生组成的医院,以帮助中国的抗战事业。美国海军陆战队军官卡尔逊有一次就此事问到毛泽东的看法。毛泽东直言不讳地说:"我们欢迎这些医院,欢迎来援助我们的外国医生。这么多的外国人的麻烦在于过不多久他们就要下命令。他们应该记住,这是中国,我们期望他们的建议,但是建议是否接受以及如何付诸实施则是应由我们决定的事。"①这就是他的原则:接受外国人的帮助是可以的,但绝不出让自主权。

　　1954年,刚刚上台不久的赫鲁晓夫率团访华。赫氏对中国不放心,想到各地方去看看。毛泽东对他说了几句双关语:"那你们就到各地去走走看看,随你们的便,愿意去哪儿都可以,就像在你们家里一样。我们也不准备做什么特殊安排。我喜欢自由自在、随心所欲地去活动,不喜欢被别人牵着鼻子走。"②这是暗示赫鲁晓夫:我不干涉你的行动自由,你也不要对我指手画脚。

　　赫鲁晓夫似乎没有听进去。他在旅途中冒出一个想法,想邀请中国参加东欧经互会组织,说这是沟通欧亚经济合作、互相协作、互相配合、互相发展和加速经济繁荣的渠道之一。师哲把这个设想告诉毛泽东,毛泽东立即回答:他这个想法不实际。他们同我们之间的差距太大,困难很多,如果稀里糊涂挂上钩,将来的麻烦

　　① 《外国人眼中的毛泽东》,华岳文艺出版社1989年版,第150页。
　　② 《在历史巨人身边》,中央文献出版社1991年版,第574页。

会不堪设想。当赫鲁晓夫在会谈中正式提出这个想法时,毛泽东斩钉截铁地予以回绝:"没有这个必要,这对中国的发展建设没有多大实际意义。相反,可能麻烦很多,纠缠不清,还会妨碍建设的进展。"①赫鲁晓夫碰了钉子,马上改口,说中国的情况与东欧不同,中国有条件独立自主地发展自己的国民经济。

毛泽东对中国的独立和尊严视为至宝,他宁可走向闭关自守,也不让外国染指。赫鲁晓夫深有体会,他回忆说:"有一次我和他(毛泽东)一边喝茶一边随便聊天","他问我:'有多少征服者打进过中国?'接着他又自己回答说:'中国曾经多次被征服,但中国人却把所有的征服者都同化了'。"毛带着挑战的口气对赫鲁晓夫说:"想想看,你们有两亿人,我们有七亿人。"然后他又对客人讲起中国文化的长处,他举例说:"全世界别的国家都有'ELECTRICITY'(电)这个字,那是从英语借用过来的。但是我们中国人却有自己的表达这个意思的字。"赫鲁晓夫后来说:"有一点我是能够肯定的,他是一个民族主义者。"②

一个是民族主义者,另一个则是大国主义者。这两个人在历史上相遇,不能不影响20世纪中叶世界的政治格局和中国的外交环境。

四、讲政治条件半个指头也不行

中苏闹翻实际上是在1958年。这一年发生了长波电台和联合舰队之争。毛泽东认为这两件事表明苏联企图在军事上控制中国,涉及国家主权和尊严,所以坚持不让步。

1957年10月,中苏签订国防新技术协定,内容包括建立中国原子能工业、生产原子武器、原子武器运载工具即导弹,建立军事

① 《在历史巨人身边》,中央文献出版社1991年版,第580页。
② 《我眼中的毛泽东》,河北人民出版社1990年版,第172页。

中苏闹翻实际上是在1958年。这一年发生了长波电台和联合舰队之争。毛泽东认为这两件事表明苏联企图在军事上控制中国,涉及国家主权和尊严,所以坚持不让步。

航空工业及舰艇建造工业。这些条款给中国很大希望,没想到反而成为中苏不和的祸根。赫鲁晓夫不改其大国沙文主义传统,把这些合作项目当做插足中国的机会。

1958 年 4 月,苏方提出要在中国建立用于潜艇舰队海上通讯联络的长波电台,苏联出资 7000 万卢布,中国出资 3000 万卢布,建后归苏联控制。中国答复:电台可以建,一切费用由中国负担,可以共同使用,但所有权归中国。苏方再复:全部费用由苏联负担,所有权归苏联。因为此事涉及主权问题,毛泽东绝不听从。

不久,苏方又提出要搞中苏联合舰队,建在中国的海岸线上,所有权各半,毛泽东当即拒绝,并生气地说:打起仗来,苏联军队可以过来,中国的军队也可以到苏联去,我们是同盟国,可是搞联合舰队,就是要控制,要租借权。提出所有权各半,是政治问题。要讲政治条件,半个指头也不行。你们可以说我们是民族主义,又出现了第二个铁托。如果你们这样讲,我也可以讲,你们要把俄国的民族主义扩大到中国的海岸。毛泽东要尤金大使把他的话如实转告赫鲁晓夫。

赫鲁晓夫急忙跑到中国与毛泽东面谈。毛泽东斩钉截铁地说:要搞,你们给技术资料,派专家帮助我们搞。搞联合舰队,是政治问题,讲政治条件,我们不干。赫鲁晓夫提出对等条件,可以让中国的潜艇以摩尔曼斯克做基地。毛泽东说:"不要,我们不想在摩尔曼斯克干什么,也不希望你们在我们这儿干什么。英国人和别的外国人已经在我们国土上待了很多年,我们再也不想让任何人利用我们的国土来达到他们自己的目的。"①赫鲁晓夫还要争辩,毛泽东火了,拍了桌子,对赫鲁晓夫说:你把整个中国都拿去算了!

赫鲁晓夫的大国沙文主义在毛泽东面前碰了硬钉子。翻脸无情,次年 6 月,苏方提出中断向中国提供原子弹样品和生产原子弹的技术资料。再过一年,赫鲁晓夫使出他最毒的一手:撤走专家,

毛泽东说:"英国人和别的外国人已经在我们国土上待了很多年,我们再也不想让任何人利用我们的国土来达到他们自己的目的。"赫鲁晓夫还要争辩,毛泽东火了,拍了桌子,对赫鲁晓夫说:你把整个中国都拿去算了!

① 《我眼中的毛泽东》,河北人民出版社 1990 年版,第 171 页。

撕毁合同。至此,中苏分裂已到了无可挽救的地步。

赫鲁晓夫的做法大大伤害了毛泽东的民族自尊心,它不仅彻底打破了中国人依赖外国建设的幻想,而且更坚定了毛泽东独立自主、自力更生的决心。尔后,依靠自力更生的精神,中国的"两弹"如期上天。1964年10月16日,即赫鲁晓夫下台后的第二天,中国第一颗原子弹爆炸成功。毛泽东兴奋之余作诗抒怀:原子弹说爆就爆,其乐无穷。他还风趣地说:应该给赫鲁晓夫发一个一吨重的大勋章。意思是说,赫鲁晓夫的无情无义不仅没有卡住中国人的脖子,而且做了一件大好事,激发了中国人民自力更生的精神。正是这种精神,结出了"两弹"成功的硕果。

毛泽东希望苏联作为社会主义国家对中国的援助,特别是国防新技术的援助,必须是完全无条件的。这在苏联是不能做到的。他们为什么要无条件地为自己树立一个新的竞争对手呢? 毛泽东为了捍卫国家的主权和尊严,不得不同苏联闹翻,使中国走上了完全独立自主、自力更生的道路。

五、我们社会主义国家也要有个头儿

毛泽东加入以苏联为首的"社会主义大家庭",从外交战略上说,主要是为了团结社会主义阵营共同对付他的主要国际敌人美帝国主义。

1957年十月革命40周年之际,毛泽东出席莫斯科13个社会主义国家共产党、工人党代表会议和61个共产党、工人党代表会议。会议期间,波兰统一工人党领袖哥穆尔卡邀请毛泽东到他的住处做客。哥主张"社会主义的波兰道路",不赞成"以苏联为首",怕受苏联控制。这一点与毛泽东有相通之处。但毛泽东还是做了他的工作。毛泽东说:"要不要有人为首,这不是我们单方面的事。帝国主义有个头,我们也要有个头,一旦有了事,总得有个人召集一下,就拿这次开会来说吧,苏联不出来,我们怎么办?

毛泽东加入以苏联为首的"社会主义大家庭",从外交战略上说,主要是为了团结社会主义阵营共同对付他的主要国际敌人美帝国主义。

苏联有多少力量,你我有多少力量?"①毛泽东的话中有两层意思,以苏联为首,既是斗争的必要,又是迫不得已。

会上,毛泽东又从两个方面说明"以苏联为首"的必要性。他说,我们这里这么多人,这么多党,总要有一个首。就我们阵营的内部事务来说,互相调节、互相合作、召集会议,需要一个首。就我们阵营的外部情况说,更需要一个首。世界范围内的谁胜谁负的问题没有解决。还有严重的斗争,还有战争的危险。要防备出疯子。所以我们必须有那么一个国家,有那么一个党,它随时可以召集会议。为首同召集会议差不多是一件事。谁为首呢?苏联不为首,哪一个为首?第一,现在承认以苏联为首有必要,承认以苏联共产党为会议召集人有必要;第二,这在现在没有害处了。

毛泽东强调了"以苏联为首"的必要性,同时又巧妙地把"为首"解释成为"会议召集人"。就是说,为首者不要以"老子党"自居,到处干涉他党他国内部事务,借"为首"来控制别人,包括中国。毛泽东在战争年代深受"苏联为首"之苦,他不希望此类事再发生。1956年,针对苏联出兵波匈的事,毛泽东就对苏联提建议:苏联对东欧国家是不是可以采取一项根本的政策,在政治上、经济上放手,让他们自己来搞,不干涉他们,不仅对波兰、匈牙利,而且对保加利亚、罗马尼亚,都满足他们独立自主的要求。军事方面,可以主动撤回驻在那里的苏军。

这些建议,实际是批评,而且触到了苏联大国沙文主义的痛处。苏联领导人当然接受不了。1957年年初周恩来对苏共提出了同样的批评,赫鲁晓夫说,这是给他们"上大课",耿耿于怀。毛泽东不吃这一套,他说:"苏联那些顽固分子还要搞大国沙文主义那一套,行不通了。""这些人利令智昏,对他们的办法,最好是臭骂一顿。""这回恩来同志在莫斯科就不客气了,跟他们抬杠子,搞得他们也抬了。""他们想影响我们,我们也想影响他们。我们也没有一切都捅穿,法宝不一次用干净,手里还留了一把。矛盾总是

1957年年初周恩来对苏共提出了同样的批评,赫鲁晓夫说,这是给他们"上大课",耿耿于怀。毛泽东不吃这一套,他说:"苏联那些顽固分子还要搞大国沙文主义那一套,行不通了。"

---

① 《我眼中的毛泽东》,河北人民出版社1990年版,第117页。

有的,目前只要大体过得去,可以求同存异,那些不同的将来再讲。如果他们硬是这样走下去,总有一天要统统捅出来。"①

赫鲁晓夫的大国沙文主义改不了,毛泽东又不吃这一套。毛泽东宁可孤立,也不受苏联这个"头儿"的摆布。他要求的头儿是"兄弟"关系,而不是"父子"关系。

六、让蒋介石待在我们够得着的地方

1955 年法国总理孚尔访问中国,毛泽东引用《鹬蚌相争》的寓言向他说明当时的外交态势。鹬蚌相争,渔翁得利。"他是俄国渔夫还是美国渔夫?"孚尔试探着问。毛泽东答:"在我看来,他可能多半是美国渔夫。他们为什么要在我国领土邻近建立基地? 我们并没有在美洲附近建立中国基地。"②

的确,整个 20 世纪 50 年代毛泽东都以美国为主要外交对手,而中美争端的症结在于美国侵占台湾海峡,干涉了中国的内政。海峡问题成为中美建交的最大障碍。

就在毛泽东与孚尔交谈的时候,中美两国已经在日内瓦开始了大使级会谈。中心就是海峡问题。会谈中中国提出要美国从台湾地区撤走全部美军,以此作为中美建交发展双边经贸文化关系的前提条件。美国则坚持要中国保证不在台湾地区使用武力,其目的是想使台湾问题国际化。会谈因此陷入僵局,最后中断。

1958 年 7 月,美国国务卿杜勒斯又提出在华沙恢复中美大使级谈判。为了配合谈判,打破美国想把台湾问题变成国际问题的企图,毛泽东决定在福建沿海展开针对美蒋的军事行动,即炮轰金门、马祖两岛。美国以为这是中国解放台湾的前奏,不想放弃不管,但又不便直接干涉。于是杜勒斯采取一种边缘政策,他派一艘

---

① 毛泽东:《在省市自治区党委书记会议上的讲话》,1957 年 1 月。
② 《中国出了个毛泽东》,解放军出版社 1991 年版,第 295 页。

航空母舰护送美蒋运输补给品船只。

毛泽东明明知道美国在挑衅，但又不能打。他只是"护送补给品"，你一打，就给了他侵略的口实。于是毛泽东下令停止炮击七天，告诉岛上居民：你们可以充分自由地运送供应品，但以没有美国人护航为条件，如有护航，不在此列。后又改为逢单日打，逢双日停的办法，以便岛上居民得到充分供应，长期坚持，但仍以不引入美国人护航为条件。

这种奇怪的停停打打，打打停停，持续了多年，令人费解。赫鲁晓夫说："中国对蒋介石发动的军事行动采取了炮击两个沿海小岛这样一种形式。""可是，正当中国人能够跨过海峡去占领那些岛屿的时候，他们突然停止了攻势，结果整个仗等于白打了。"毛泽东认为没有白打，他向赫鲁晓夫解释："我们只是想显示一下我们的潜力。我们不希望蒋离我们太远了。我们想让他待在我们够得着的地方。"赫鲁晓夫说："这真是个奇怪的逻辑。"他始终不明白炮轰金门的外交目的：维持同台湾国民党的内战关系，不让美国插手，华沙会谈必须对此加以明确解决。

用这种以打促谈的方法处理内外交织的矛盾，分寸相当重要。毛泽东曾向美国记者安娜·路易斯·斯特朗详细介绍了他的对美斗争策略，他说："因为我们炮击金门。美国派出其半数的飞机。不管怎样，这是我们的地方。""他们坚持其'战争边缘'政策，他们护送蒋的船只，但在我们追击时，他们总是在三海里外的地方观看，他们停止在边缘。""我们把杜勒斯当做老师，我们也是停在边缘。我们炮轰蒋的舰船，美国的舰船挂着巨大的国旗，因此我们能够容易地与蒋的舰船区分开来。我们不炸美国的军舰，我们向杜勒斯学习，也把战争避免在边缘。"[①]

毛泽东对杜勒斯有办法，杜勒斯对毛泽东没有办法。

---

① 《我眼中的毛泽东》，河北人民出版社1990年版，第125—126页。

七、中苏论争:道不同不与相谋

毛泽东与赫鲁晓夫闹翻,除双方的民族利益发生冲突,还有一个更重要的原因,那就是他们对整个世界形势和时代主题的看法发生了严重分歧。赫氏认为资本主义与社会主义可以和平共处,战争完全可以避免,世界正在走向和平,无产阶级及其政党要为争取永久和平而斗争。毛泽东认为,社会主义同帝国主义没有调和的余地,不是东风压倒西风,就是西风压倒东风;只要存在帝国主义就存在着战争危险,同帝国主义讲和平只是策略手段,表明我们要和平,战略上则不能放松警惕,无产阶级及其政党要有两手准备,一是争取和平;二是准备打仗,要准备出战争疯子,着眼于打核大战。关于争取和平的手段,二人也不同:毛泽东认为只要团结世界人民同帝国主义作坚决的斗争并最终消灭帝国主义,才能制止战争赢得和平。赫氏主张用裁军谈判、限制核武器生产协定等手段来争取和平。这些就是所谓国际共运战略分歧。

分歧以 1959 年赫鲁晓夫与艾森豪威尔在戴维营的会谈为标志而明朗化、公开化。在此以前,争论主要集中在"和平过渡"问题上,而对两大阵营的"冷战"局面没有根本不同的看法。1957 年《莫斯科宣言》还称美帝国主义是全世界反动势力中心,说屈服于帝国主义压力是修正主义的国外根源,等等。苏联为了打击削弱美国的力量,对各民族的独立解放运动和中国在台湾海峡针对美蒋的军事行动均取支持态度,他们还提出愿意派歼击机驻扎在福建沿海以帮助中国应付那里的紧张局势,甚至还针对美国公开声明,谁进攻中国就是进攻苏联。

可是经过"戴维营会晤",赫鲁晓夫对西方的战略发生了明显的改变。他说,美国总统"也像我们一样为保障和平而操心",戴维营会谈"开辟了人类历史的新纪元","世界已经进入了谈判解决主要的国际争端以建立持久和平的阶段","没有战争的时代开

毛泽东与赫鲁晓夫闹翻,除双方的民族利益发生冲突,还有一个更重要的原因,那就是他们对整个世界形势和时代主题的看法发生了严重分歧。

始了",等等。他还警告中国不要"用武力去试试资本主义制度的稳固性",批评中国在台湾问题上是"不战不和的托洛茨基",要求中国服从苏美裁军和停止核武器试验的谈判,承担不用武力解放台湾的义务。

在毛泽东看来,赫鲁晓夫这样做是散布对美帝国主义的幻想,是想搞苏美合作,以两个大国主宰世界。毛泽东不听这一套。于是赫鲁晓夫说毛泽东像"公鸡好斗那样热衷战争",是"扼杀和平共处"、"制造紧张局势",是"左"倾冒险主义。毛泽东则认为赫鲁晓夫叛离了列宁主义原则,和帝国主义妥协,是"半修正主义"。双方的分歧逐步发展成中苏大论战。论战的许多内容属于邻居吵架,真正实质性的分歧是对待美国的态度:是和平共处,还是继续对抗?赫鲁晓夫说毛泽东是教条主义,毛泽东则说赫鲁晓夫是现代修正主义。

毛泽东为捍卫民族利益和国家主权而与苏联对抗是对的,但是为国际共运战略而展开论争则是不明智的。这一争论表明毛泽东对世界形势的看法已经落后于时代,而且是不值得的。苏联可以冲破意识形态同美国缓和,我们为什么不可以呢?缓和对中国不一定会有什么好处,但至少可以避免把矛盾集中在中国身上。

同美帝没有调和余地,对苏联当然也不能妥协。因为在毛泽东看来,当时的苏联已经背叛了列宁主义原则,走上了修正主义道路。反帝必须反修,反修才能反帝。

1964年10月,苏联新领导上台,不想再和中共论战下去,次年2月柯西金来华,要求毛泽东停止论战,毛泽东说:要停止,你们要取消二十大和二十二大路线。否则,要争论一万年。柯西金说:不要那么久。毛泽东说:那就减少一千年,剩九千年,这是最大的让步,一让就是一千年。

不让步的结果有两个:一是中苏两党关系完全中断,两国关系也恶化到对抗程度;二是毛泽东把国际上反修和国内防修挂起钩来,决定发动一场"文化大革命",以避免苏联"变修的悲剧"在中国重演。

停止论战,毛泽东说:要停止,你们要取消二十大和二十二大路线。否则,要争论一万年。柯西金说:不要那么久。毛泽东说:那就减少一千年,剩九千年,这是最大的让步,一让就是一千年。

184

八、主动打开通向美国的大门

毛泽东准备和美帝国主义斗到底。具体要斗多少年,他没有精确预计,反正是"你死我活"。

可是1970年12月18日,这位东方巨人突然向大洋彼岸发出了恳切的邀请:如果尼克松愿意来,我愿意和他谈,谈得成也行,谈不成也行……总而言之,都行。

这是怎么回事?是美帝国主义突然变得不坏了吗?不是,是毛泽东变得现实起来了。

也许他对第三世界的小伙伴的力量感到有点儿失望。这些朋友个个都很感激中国对他们的慷慨援助,但是他们真正能够献出来的东西只是对帝国主义的满腔怒火,而不是可以叫帝国主义害怕的飞机大炮原子弹。毛泽东一度希望全世界人民团结起来,包括美国人民,一起反对帝国主义,可是他看到除了美国老朋友不时跑来向他表示一下友好外,美国整个国家的人民对他们的帝国主义政府并不是那么痛恨。真正要同实力强大的苏、美两个超级大国抗衡的还是他老人家以及他直接领导下的中国人民。然而中国的事情也不乐观,"睡在身边的赫鲁晓夫"倒是打倒了,"修根"是不是刨净了还是个问题,国内经济和各项事业都在夺权斗争中走向崩溃的边缘。世界革命根据地的构想可能是徒有其名的。毛泽东也许感到他要同时对付两个超级大国有些力不从心了。

更重要的是,这两个超级大国如今有一个构成了对中国的主要威胁。勃列日涅夫比赫鲁晓夫更实在些,他对国际共运战略之争不那么感兴趣,一切考虑都从俄罗斯民族的扩张主义利益出发。他觉得一个强大的中国比一个强大的美国对俄国来说威胁更大,因为中国是他的近邻。出于这种地缘政治考虑,苏联在全球范围内同美国有争有合,而在亚洲地区则把主要矛头对准中国。苏联

> 更重要的是,这两个超级大国如今有一个构成了对中国的主要威胁。

在中苏边境陈兵百万就是有力证据。1968年苏联出兵捷克,接着勃列日涅夫用他的"有限主权论"和"国际专政论"把东欧的卫星国控制得纹丝不动。这样他可以把主要精力用来对付中国了。1969年苏军在珍宝岛和新疆挑起两起规模不算小的武装冲突,随后的边界谈判又僵持不下。这一切足以使毛泽东明白谁是最主要的敌人。

毛泽东终究是位军事家。他也知道美国固然可恨,但真正能给中国造成直接威胁的是北部近邻苏联。苏联的扩张野心他不是不清楚,早在1964年,他就对日本社会党人士谈到苏联太贪心。当时,北海道议长荒哲夫问他对苏联不归还日本的北方领土怎么看,毛泽东坦率地说:"苏联本来就贪心太大。"他列举了许多地名来说明苏联夺取了中国多少领土,夺取了东欧多少领土。然后他说:如果是社会主义国家就不会贪得无厌地扩张领土。日本民族要求归还领土是合理的,我们坚决支持这个要求。毛泽东站在日本的立场上控告苏联,可见他对苏联的扩张野心是多么不满。1969年中苏边境冲突更加提醒了毛泽东。

现在必须面对现实。毛泽东超越了意识形态分歧,重新考虑他的外交战略:消灭帝国主义的问题也许可以放到以后再说,目前最要紧的是中国的安全。同时对付两个超级大国恐怕超出了自己的能力。还是先选择对付其中一个最主要的敌人吧。这个最主要的敌人与中国有着2000公里长的边界线,不像美国那样有一个太平洋隔着。中国古人不是说过"远交近攻"吗?得把对自己没有直接威胁的敌人联合起来做盟友,以便共同对付对自己有直接威胁的敌人。

当然,使毛泽东的这一新的战略考虑得以变成现实还与中美关系的发展有关。美国人在考虑国家利益时无疑比毛泽东更实际些。他们知道到了20世纪60年代再想孤立中国已不现实。中国没有因为他们的孤立而垮掉,相反更加革命化了,而他们则因为孤立政策失去了中国庞大的商品和文化市场。中国虽然不很强大,很穷,但近八亿人口加上这么多人的革命热情,这个事实在世界政

超越了意识形态分歧,重新考虑他的外交战略:消灭帝国主义的问题也许可以放到以后再说,目前最要紧的是中国的安全。

治生活中绝非无关紧要。中国不会对美国构成威胁,但在苏、美两极的天平中,这个庞然大物倾向于哪一边可是一个很有分量的砝码。为什么要等到苏联把这个砝码拿过来,而美国不趁机先去拿过来呢?

从 1955 年,中美大使级会谈断断续续进行了 15 年,共谈过136 次,但毫无结果。尼克松上台后,觉得打开中国大门对他的政治生涯很有利。1970 年 1 月,尼克松通过当时的巴基斯坦总统叶海亚捎口信,表示要与中国友好。这一表示很奏效,毛泽东没有把它看成帝国主义的和平圈套。相反,他立即通过斯诺向尼克松发出善意的邀请:谈得成也行,谈不成也行,总而言之,都行。

通向友好的唯一障碍仍然是台湾问题。中国在这方面不会让步。但是台湾和大陆相比,对美国的全部战略来说,哪个更重要,美国人不会没有考虑。1971 年 10 月 25 日,第 26 届联合国大会恢复了中华人民共和国在联合国的合法权利,与此同时蒋介石集团的代表从联合国席位上消失了。既然大陆中国成了中国的合法代表,台湾是大陆的一部分,它还能跑到哪里去? 台湾问题顿时变得不那么重要了。通向中美关系正常化的最后障碍已不是那么显著。

1972 年 2 月,尼克松正式访华。毛泽东会见了他。两人竟像阔别了多年的老朋友,谈得非常认真、坦率,似乎早该如此似的,大有相见恨晚的感觉。会谈中,毛泽东对纠缠了三十多年的台湾问题表现得很超脱。基辛格回忆说:他(毛)巧妙地把台湾问题放在一个次要的地位,把它当做中国内部的一项不甚重要的争端;他甚至只字不提美国在台湾的驻军问题。基辛格说:在那次会见以及以后的任何一次会见中,毛泽东从来没有对台湾问题表示过不耐烦,没有规定过任何期限,没有进行过任何威胁,或把它作为我们两国关系的试金石。

"我们可以暂时不管它们,过一百年再说吧。""为什么要这样匆匆忙忙呢?""这个问题不是大问题。国际形势才是大问题。"

1972 年 2 月,尼克松正式访华。毛泽东会见了他。两人竟像阔别了多年的老朋友,谈得非常认真、坦率,似乎早该如此似的,大有相见恨晚的感觉。

"台湾事小,世界事大。"①……这些就是毛泽东多次向美国总统表明的他关于台湾问题的基本看法。他之所以这样说,一是因为台湾当局已从联合国席位上赶下来,美国再难以将台湾问题国际化。二是考虑到北边苏联的威胁和台湾问题比较起来确实显得太重要了。

当尼克松谈到美、苏两个核超级大国中哪一个威胁更大时,毛泽东回答说:"目前,美国发动侵略和中国发动侵略的可能性都很小……你们想撤回一些在国外的军队,我们的军队是不去国外的。"②通过排除法,毛泽东向客人表明苏联是他在安全方面主要担心的对象。

尼克松访华七天,他称这是"改变世界的一周"。此话不假。因为毛泽东与尼克松握手言和标志着两极世界走向了三极世界。从此中国人面前多了一个不同颜色的世界。

毛泽东主动打开通向美国的大门,说明他的世界战略已经超越了意识形态考虑,他开始从地缘政治和国家利益上,而不是从意识形态、从"两大阵营"的框架上去考虑中国与周围世界的关系问题。这是他外交智慧的一大飞跃。

毛泽东与基辛格会谈时还说:"有时我们不妨互相骂几句,反而会增加国内对我们合作的支持。"毛泽东提到在中美建交这件事上,他在国内受到激进派的压力。骂几句美帝国主义,可以叫激进派放心:中国仍然把美国当做敌人,只是这个敌人暂时可以为我所用。这一声明也是提醒美国人不要把"打倒美帝国主义"之类的口号当真了:为了照顾国内情绪,就让我们骂几句吧,这不影响我们的关系。其实毛泽东本人内心是不是真想骂,美国人心里很清楚,不过他们对此看得无所谓。骂几句美帝国主义还有一个好处:第三世界广大朋友不会因为中美言和而离开中国。

---

① 《中国出了个毛泽东》,解放军出版社1991年版,第329页。
② 《外国人眼中的毛泽东》,华岳文艺出版社1989年版,第372页。

九、三个世界理论和世界大三角

1974 年 2 月 22 日，毛泽东会见赞比亚总统卡翁达时说：我看美国、苏联是第一世界。中间派，日本、欧洲、加拿大，是第二世界。咱们是第三世界。他还说：第三世界人口众多。亚洲除日本都是第三世界，整个非洲是第三世界，拉丁美洲是第三世界。

这就是毛泽东著名的"三个世界"理论。其实，这不过是他惯于使用的"左、中、右"三分法在国际范围内的一种应用。他的整个外交智慧都是以此作为基本框架的。

在这个框架内，毛泽东的外交智慧先后迈出了三大步：20 世纪 50 年代靠在苏联一边反对美国；60 年代谁也不靠独当一面；70 年代与美国缓和反对苏联。

这个三大步若从"冷战"中的两极世界结构中去看，实际是两种选择：

第一种，放在两极之外同时与美苏两霸相对抗，这是 20 世纪 60 年代的选择。

第二种，靠向两极中的某一极而同另一极相对抗，20 世纪 50 年代和 70 年代是这种选择。

其实还有第三条道路可供选择，那就是站在两极中间，两边都保持一定距离，同时两边都来往。

第一条道路有一大好处，就是它可以把广大的第三世界国家召集起来，可以获得很大的百分比的"基本群众"。但是有一个危险，就是同时要面对世界上两个最强大的对手，压力很大，同时又要向弱小国家实施大量外援，负担很重。

第二条道路有一个好处是可以得到两极中一方的保护，压力不大，对另一方的斗争也更有力量。但又有一个很大的坏处，容易受别人控制，如果要离开，又容易受到孤立。所以这条路总是走不长。

这就是毛泽东著名的"三个世界"理论。其实，这不过是他惯于使用的"左、中、右"三分法在国际范围内的一种应用。他的整个外交智慧都是以此作为基本框架的。

第三条道路最理想。站在两极的中间,不一定非倒向哪一边不可,想倒向哪一边就倒向哪一边。倒向哪一边哪一边就赢,这边不高兴往那边靠一下,待在那边不乐意又往这边靠一点。这样谁都不能孤立中国,谁都怕中国跑到对面去了,绝对主动,不是我求人,而是人求我;不是我怕人,而是人怕我。可惜的是,20世纪70年代国际局面错综复杂,没有提供实现这种理想的可能性。

真正的灵活性是超越这一切,从自身的切身利益出发,超越意识形态,使自己完全居于主动之中。而这一切,是在党的十一届三中全会以后才做到的:采取第三条道路,站在两极中间,保持高度的主动性,同时把立足点放在第三世界,将第三世界团结在自己周围。这样的外交战略才真正形成了20世纪80年代的世界大三角。

真正的灵活性是超越这一切,从自身的切身利益出发,超越意识形态,使自己完全居于主动之中。

第七章　毛泽东的经济智慧

一、先合作化，后机械化

　　毛泽东不止一次地说：1949 年那样大的胜利，并没有使我高兴，到 1955 年，当我看到了有那么多的农民参加了合作社，接着是私营商业的改造，我开始高兴了。

　　社会主义改造的胜利对毛泽东来说，是他的路线、政策、策略的胜利，所以他开始高兴。

　　毛泽东给社会主义过渡时期制订的总路线是："要在一个相当长的时期内，逐步实现国家的社会主义工业化，并逐步实现国家对农业、对手工业和对资本主义工商业的社会主义改造。"

　　这条总路线简称为"一化三改"。"一化"是指国家的工业化。"三改"是对农业、手工业和工商业的社会主义改造。"三改"中的前"两改"和后"一改"分别称成"两翼"。因此"一化"和"三改"的关系，就被毛泽东形象地比喻为"一体"与"两翼"的关系。"改"与"化"之间、"翼"与"翼"之间相互联系、相互作用，形成鲲鹏展翅之势，体现了社会主义建设和社会主义改造同时并举。

　　毛泽东对中国落后的工业状况，忧心如焚：现在我们能造什么呢？能造桌子椅子、能造茶碗茶壶，能种粮食，还能磨面粉，还能造纸，但是一辆汽车、一架飞机、一辆坦克、一辆拖拉机都不能造。

　　落后的工业基础，使毛泽东不能不把工业化战略目标的重点放在重工业上，并通过逐步完成三个五年计划的步骤，基本建成一

毛泽东不止一次地说：1949 年那样大的胜利，并没有使我高兴，到 1955 年，当我看到了有那么多的农民参加了合作社，接着是私营商业的改造，我开始高兴了。

个工业化、现代化的社会主义强国。

工业起飞，需要"三大改造"的双翼。毛泽东为进行庞大的改造工程而谋划着。

毛泽东谋划的重点放在农业的社会主义改造上，即通过合作社经济改造个体农业经济。

在探索农业社会主义改造的道路上，既从总体上把握社会主义改造和建设并进的路线，又根据中国国情，寻求一条具体的道路。

毛泽东没有模仿苏联的"后机械化，后集体化"的经验。相反，他找到了"先合作化，后机械化"的道路。毛泽东是这样想的：中国农业生产力极为低下，农民用以购买生产资料的资金一年只有几十元，不可能利用个人的经济力量去购置机械化工具；同时，国家也不可能拿出钱去帮助农民添置。只有先合作化，利用集体的力量才能为购买机械化工具创造条件。这种"先"与"后"只是兼顾性的，与"同时并举"并不矛盾。它是建立在"同时并举"基础上的。但毛泽东强调先后距离不能过大，否则就会背离"并举"原则。他认为，可让合作化先行一步，随之而来的是进行技术改造、发展生产力，通过技术改造再把合作化推进一步，然后又利用合作化推动技术改造……如此循环往复，波浪式前进。

毛泽东对农民和中国农业有深刻的了解。一方面，他看到了农业落后的现实和农民所处的不同经济地位；另一方面，他也看到了农民互相合作的积极性、能动性。据此，他不强迫农民加入合作社，而且坚持入社自愿、退社自由的原则，大多数人愿干就大多数人干下去，少数人愿干就少数人干下去，即使这样也是好的。他还根据农民讲求实际的特点，运用典型引路，国家援助的办法把农民吸引到合作化道路上。

他尤其认识到在农民中，上中农由于经济条件较好，对合作化的积极性不如中农和贫农高，故对上中农只能采取分期分批地吸收。

在选择合作道路的步骤上，毛泽东也未采取苏联斯大林那样

毛泽东没有模仿苏联的"后机械化，后集体化"的经验。相反，他找到了"先合作化，后机械化"的道路。

直接建立集体农庄,而是采取循序渐进、由低向高互相衔接的方法。

先建立互助组,这种组织形式具有社会主义萌芽性质。接着是具有社会主义性质的初级合作社,初级合作社就是以土地入股、统一经营为特点的过渡形式,最易为农民所接受。因为,这不但可以使农民获得应得的劳动报酬,而且可使他们获得入股的那些生产资料的股息;同时,生产资料由于集中使用可发挥更大的作用。

初级合作社是走向具有完全社会主义所有制的高级合作社的重要环节,毛泽东从合作化高潮看到了初露端倪的未来新型社会主义的曙光。

随着农业社会主义高潮的到来,毛泽东开始失去冷静,错误地看待农民的积极性创造性精神,仿佛不需要什么条件就可以一夜之间创造一切奇迹。在合作社的数量上求多,"韩信用兵,多多益善";在发展速度上求快,社会主义改造完成的计划由 15 年,到 10 年、5 年,最后变成了 3 年。

他不允许对群众的积极性和合作化高潮有任何怀疑,为了批评合作化中的"小脚女人",他提出了"促进会"和"促退会"的概念。认为"促进会"比"小脚女人"式的"促退会"好,他还把邓子恢等强调合作化要适当发展视为"右倾机会主义"。

他用苏联合作化仅用 6 年完成的事实来为自己的大发展策略作根据。后来的"大跃进"和"人民公社"就是这一策略的必然产物。

二、私营工商业的社会主义改造

毛泽东说,私营工商业的存在对我国一直是有利的,是国家的一大财富。新民主主义时期,私营工商业在我国有特定的地位,所以一直允许他们自由经营,不受干涉。到了社会主义改造时期,毛泽东所要解决的主要矛盾就是无产阶级和资产阶级的矛盾。消灭资产阶级,是无产阶级的目标。但他考虑到民族资产阶级在中国革命历史中的作用,同时在当时发展民族工业的过程中还需要他们的经营管理能力,并且他们完全有可能置于社会主义改造中,因此对他们采取了一套和平改造政策。

这套政策的基本点是:"利用、限制、改造。"毛泽东说,这里所说的改造还不是指取消资本家的生产资料私人所有制,使之变为社会主义企业的那种最后的改造。而是指在承认资本家的受限制的不完全的私有制的条件下,使资本主义企业逐步变为国家资本主义企业的改造,是在执行公私兼顾、劳资两利政策过程中的改造。他认为这种改造是较健全的方针和方法。

毛泽东对私人工商业的改造方针首先体现了原则性和灵活性的统一。原则性是指使私人工商业最后改造成社会主义全民所有制企业。灵活性是通过国家资本主义的形式。这种灵活包含两点:一是"逐步";二是"多种",即逐步实行多种形式的国家资本主义。

1953年以前,为了国计民生的需要,对私人工商业的改造政策是采取低级的国家资本主义形式即加工订货等。

社会主义改造时期,逐渐采取了高级的国家资本主义形式:单个企业到全行业公私合营。

其次,体现了利用、限制与改造相结合的关系。对私人工商业有利于国计民生和积极接受改造方面要利用,对其剥削以致破坏的方面要限制。利用、限制是手段,改造是目的。毛泽东批评那种认为民族资产阶级不能接受社会主义的错误思想。他说:"现在一只半脚踏进社会主义,人家现在快要变成工人阶级了,人家已经是一半社会主义了","它只有四分之一没有进来"。毛泽东认为,它的半只脚迟早是要进来的,并且非进来不可,一是国家提供了原材料,二是货源,三是合作化后,砍断了它与农民的联系。

再次,体现了把对资本主义企业的改造与对人的改造结合起来的关系。毛泽东说,民族资产阶级,作为阶级是要消灭的,但人都保存下来。工商业者不是国家的负担,而是一笔财富,过去和现

毛泽东批评那种认为民族资产阶级不能接受社会主义的错误思想。他说:"现在一只半脚踏进社会主义,人家现在快要变成工人阶级了,人家已经是一半社会主义了","它只有四分之一没有进来"。

在都起了积极作用。因此,对于他们要解决两个问题:一是物质问题;二是思想问题。物质上要使他们有所有权,有工资拿,有定息,有较好的待遇。在毛泽东看来,拿定息,剥夺他们的政治资本,他们吃得好,说话的声音就低。对他们优待,是为了孤立他们。思想问题是要资本家改造自己,要改变自己的剥削观念,改变老的经验,发展新的经验,为社会主义服务。

由于把解决物质问题同改造思想问题结合起来,尽管资本家怀有多种复杂的矛盾心理,最后还是走上了社会主义改造的道路。

又次,"留一手"的策略。由于民族资产阶级有接受改造和反对改造的两面性,毛对他们的态度是既相信又不相信,在行为方面表现为"留一手"的策略。

当毛泽东听说有的资本家自己主动提出要国有化时,他是怀疑的,所以他亲临上海来洗耳恭听资本家的意见:"我今天只带两只耳朵来参加会议。"

民族资本家是敏感的,为向毛泽东表示他们对政府的诚意,在仅两个小时的会见中,竞相表示愿转为国营,有如 R.特利尔所描述的那样:一个资本家在星期一还是私营企业的老板,到了星期天他发现自己已经成了拿薪水的经理了。

最后,通过赎买政策把私营工商业经过全行业公私合营后转为全民所有制企业。毛泽东根据民族资产阶级在社会主义时期的两面性,即既有剥削工人阶级获得利润的一面,又有拥护宪法并且愿意接受改造的一面,采取把工人阶级同民族资产阶级的矛盾作为人民内部矛盾来处理的方式,通过和平赎买的政策,把资本家私人所有制改造成为社会主义所有制。

中国在对资本主义工商业实行赎买的政策中共花了 32.5 亿元人民币,这是一笔便宜的买卖。毛泽东说:出这么一点钱,就买下这样一个阶级,这对无产阶级是十分有利的。我们把这个阶级买下来,可以利用他们的较高的科学文化知识和经营管理经验,这既消灭了资本家,又利于社会主义建设。

民族资本家是敏感的,为向毛泽东表示他们对政府的诚意,在仅两个小时的会见中,竞相表示愿转为国营,有如 R.特利尔所描述的那样:一个资本家在星期一还是私营企业的老板,到了星期天他发现自己已经成了拿薪水的经理了。

三、农业为基础,工业为主导

1956年,社会主义三大改造完成之后,毛泽东便开始着手于
探索中国式的工业化发展道路。

最初,毛泽东以为只要以苏联为榜样,走苏联式的社会主义工
业化道路,就可以赶上西方工业发达国家。

但经过一段艰辛的探索之后,毛泽东发现,苏联工业化道路并
非是理想的模式,"总觉不满意,心情不舒畅",特别是苏共二十大
揭露出许多问题和我们照抄苏联经验暴露出问题之后,毛被迫去
寻求一条适合中国国情的工业化道路。

毛泽东运用"农村包围城市"的经验来探索社会主义农业发
展的道路。他主持制定的"全国农业发展纲要四十条"以及为《中
国农村社会主义高潮》一书写的按语,都体现了他关于发展道路
的思考。

当毛泽东继续探索农业发展的出路时,便不得不把农业发展
同工业化道路结合起来。

毛泽东说,"工业化道路问题,主要是指重工业、轻工业和农
业的发展关系问题。我国的经济建社设是以重工业为重点,但同
时必须充分注意发展农业和轻工业。"①

这一思想表明,毛把马克思主义关于优先发展生产资料生产
的原理同我国实际国情相结合,提出在优先发展重工业的同时,要
注意发展农业和轻工业。这一思想具体概括为"农业为基础,工
业为主导"的发展国民经济总方针。

毛泽东从建立独立的国民经济体系的角度,来说明工业和农
业互为依赖的关系。发展工业不能脱离农业的发展,反之亦然,必
须同时并举,用两条腿走路。因为只有农业的发展才能为轻工业

---

① 毛泽东:《关于正确处理人民内部矛盾的问题》,1957年2月27日。

和重工业发展提供市场和原材料,没有农业的发展就没有轻工业和重工业的发展。同时,农业也为工业提供原材料市场,农业发展在促进轻工业的发展中同轻工业一起来推动重工业的发展。

以工业为主导,即以重工业为中心,用重工业来改造农业,使农业工业化、机械化、现代化。所以毛泽东说:农业的根本出路在于机械化。根据总方针,毛泽东在经济建设的程序上着眼于农业、轻工业,提出以"农、轻、重"为序。

毛泽东批评斯大林在优先发展重工业时,忽视了农业,结果把农民丢了。

毛泽东在会见保加利亚驻华大使时说:建设社会主义真不是一件容易的事,建设社会主义不能丢了农民;建设重工业,丢了农民,这是不成的。

毛泽东在总结 1958 年以大办钢铁为中心的"大跃进"、使农业和轻工业受到严重影响的教训时,从以农业为基础出发,提出安排国民经济要以"农、轻、重"为序。他认为,这样做并不违反马克思主义优先发展生产资料的原理。因为在农业中也有生产资料,在一定意义上,发展了农业,也就是优先发展重工业。因此,他强调"农、轻、重"问题,把重工业放到第三位,放它四年不提,不作宣传。由此可见,在这里毛并未把"农、轻、重"的程序绝对化,而只是为了优先发展生产资料的一种策略。

从利益关系看,毛着眼于重工业,着眼于长远利益,把长远利益同眼前利益结合起来。毛泽东虽然注意把农业、轻工业放在重工业的前面,但他最后还是着眼于重工业,着眼于长远利益。他曾以"施仁政"为例来说明这一问题。他把"施仁政"分为两类:一是"小仁政",二是"大仁政"。他把党内外某些人由于看不到发展重工业的重要性,片面强调改善人民生活、多搞些轻工业,视为"小仁政";而把为了长远利益而搞重工业叫"大仁政"。毛泽东认为,为了长远利益,眼前利益不可不改善,不可多改善,不可不照顾,不可多照顾。总之,以不影响长远利益为宜。

毛泽东认为,为了长远利益,眼前利益不可不改善,不可多改善,不可不照顾,不可多照顾。总之,以不影响长远利益为宜。

197

四、两条腿走路的方针

毛泽东常常喜欢形象地用"两条腿走路"来形容工业和农业、沿海工业和内地工业、经济建设和国防建设等一系列关系。这种"两条腿走路"的方针，从某些方面来说，是毛泽东整个经济战略的核心。

毛泽东曾多次批评苏联斯大林和赫鲁晓夫只用一条腿走路，是《八仙过海》里的"铁拐李"。他说，斯大林吃亏在于只顾重工业、不顾轻工业、农业，只顾长远利益，不顾眼前利益，这是"铁拐李"走路，一条长腿、一条短腿。手扶拐杖，比较偏颇。

毛泽东主张在经济建设上要两条腿走路，即在优先发展重工业前提下，发展工业和发展农业同时并举。

他早在解放前夕就表明过这一思想。他说："我们反对农业社会主义，所指的是脱离工业的，只要农业来搞社会主义。"

在《论十大关系》中，他特别强调工农业发展并举的方针。他说，重工业是我国建设的重点，但绝不可以因此忽视生活资料尤其是粮食的生产。没有足够的粮食和其他生活必需品，首先不能养活工人，还谈什么发展重工业？所以他说，必须要处理好重工业与轻工业、农业的关系，做到工业和农业、轻工业和重工业同时并举。

在处理工农业关系问题上，他把我国的做法与苏联及东欧的做法进行了比较，认为他们片面注重重工业，而忽视农业、轻工业，使消费品紧缺，货币不稳定。而我们则避免了这种问题。

毛泽东认为，如果真想发展重工业，那就必须注重农业、轻工业，使粮食和轻工业原料积累更多一些，投到重工业的资金将也会更多些。

毛泽东对中国五亿人口搞饭吃的生产方法甚为不满，因此，他总结出两条经验：一是要工业改造农业，提倡农业机械化；二是机械化后农业可节省劳力又办工业。他批评苏联的集体农庄只搞农

毛说，斯大林吃亏在于只顾重工业、不顾轻工业、农业，只顾长远利益，不顾眼前利益，这是"铁拐李"走路，一条长腿、一条短腿。手扶拐杖，比较偏颇。

业,不搞工业。

在工业布局上,毛泽东主张沿海工业与内地工业并举。他说,沿海工业基地必须充分利用,但为了使工业布局平衡,内地工业必须大力发展。

毛泽东对沿海工业建设的重视,并非从对外开放的战略考虑的,而是基于两点原因:一是新的世界大战一下子打不起来;二是沿海工业的设备能力和技术力量强,除用来自身发展外,还可以帮助内地工业发展。

毛泽东的战略眼光更多地投向内地,主张新的工业大部分应建在内地,一方面为了工业布局平衡;另一方面则利于备战。

毛泽东说:"如果是真想,不是假想,就必须更多地利用和发展沿海工业,特别是轻工业。"①只有沿海工业发展了,内地工业发展才有后劲。

在经济建设和国防建设上,毛也主张同时并举。认为国防是经济建设的保证。"国防不可不有。"但只有经济建设发展快了,国防建设才能够有更大的进步。

毛泽东说,如果你对原子弹要是真想、十分想。你就要降低军政费用的比重,多搞经济建设。

毛泽东为了追求经济建设的高速度,在企业结构上,还主张大、中、小并举及土洋并举,在大企业的主导下,大量发展中、小型企业,在洋法的主导下普遍采用土法。

他反对那种片面追求新技术、新机器,追求大规模、高标准,看不起小中型的形而上学,认为那不是两条腿走路,而是"铁拐李",一条腿跛行。

毛泽东说,如果你对原子弹要是真想、十分想。你就要降低军政费用的比重,多搞经济建设。

———————

① 毛泽东:《论十大关系》,1956年4月25日。

五、"独立王国论"

1956 年,毛泽东对原有经济体制最不满意的是中央权力过分集中。于是,针锋相对地提出了"独立王国论"。这是毛泽东用来说明如何充分发挥中央和地方两个积极性的经济体制改革的主要思想。

毛泽东在《论十大关系》中强调:"应当在巩固中央统一领导的前提下,扩大一点地方的权力,给地方更多的独立性,让地方办更多的事情。这对我们建设强大的社会主义国家比较有用。"[①]他还从我国具体国情出发,认为我们国家大、人口多,情况复杂,有中央和地方两个积极性,比只有一个积极性好得多。

鉴于苏联把地方统死的教训,毛泽东认为中央的集中统一应建立在地方具有自决权的基础上。他提出之所以要在地方搞"独立王国",其主要目的就是解决中央与地方的分权问题。

所谓分权,毛泽东认为,就是地方除了有党权、政权外,还要有人权、财权,包括过去由中央管的企业分出一部分由地方来办。

毛泽东说,只有这种分权才能促进生产力发展。他借助于形象的比喻来说明这种分权的意义。说我们过去背个筐子,现在挑个担子,过去背五十斤,现在可以挑一百斤,甚至可以更大。如果过去中央背六十斤,分给地方以后,看起来中央少了,但两头加起来就是一百斤,还多四十斤。

他对欧美分权的体制特点十分称道,他在读苏联《政治经济学教科书》时说,欧洲的好处之一是多国林立,各搞一套,使欧洲经济发展较快。后来在同斯诺谈话时,又说要学美国那样把权力分给各个州,让地方有一点自主自决权。

毛泽东用哲学来论证他的"独立王国"论,认为"独立王国"论

他借助于形象的比喻来说明这种分权的意义。说我们过去背个筐子,现在挑个担子,过去背五十斤,现在可以挑一百斤,甚至可以更大。如果过去中央背六十斤,分给地方以后,看起来中央少了,但两头加起来就是一百斤,还多四十斤。

---

① 毛泽东:《论十大关系》,1956 年 4 月 25 日。

第七章 毛泽东的经济智慧

反对片面思想。任何事物都是"一"与"多"的统一,彼此不可分离,"多"通过"一"来表现。基于此,他认为具有活力的经济体制是应该让地方具有独立性和自主权,同时又必须服从中央的统一领导的体制,即集权与分权统一的体制。他反对中央统得过死,不注重发挥地方的积极性的集权体制,也不允许离开中央统一领导而搞"八百诸侯"、各自为政的分权体制。

毛泽东还从地方经济利益的相对独立性的角度去说明"独立王国"论。在他看来,利益是直接关系到发挥两个积极性的根本。中央代表着统一的整体利益,这种整体利益不是凌驾于地方利益之上的,而是在尽可能照顾到地方利益的基础之上的。如果离开了地方利益而片面强调中央所代表的整体利益,就会影响地方积极性,反过来,国家整体利益也难以得到保证。

毛泽东多次强调中央要注意地方的利益,也号召地方要向中央争取利益。认为这样只要不是从本位利益而是从整体利益出发,就不能叫地方主义,不能叫"闹独立性"。

既要使地方搞"独立王国",又不能使之脱离中央的统一领导,毛泽东认为最好的办法是民主集中制。这种制度具体化为两种方法:一是统一领导,分级管理;二是大权统管,小权下放。一定要有同地方商量办事的作风,集中的意见或下命令一定要建立在同地方商量好的基础上。

综上所述,毛的总体思路,是企图通过让地方搞点"独立王国"以实现中央集权和地方分权的统一,最后达到建立一个能同时调动中央和地方两个积极性的经济体制模式。

六、"半独立王国"

国家、集体、个人"三兼顾"的原则,是毛泽东鉴于苏联和我国的经验教训提出来的,也是解决当时我国经济体制中存在利益关系问题的根本原则。

毛的总体思路,是企图通过让地方搞点"独立王国"以实现中央集权和地方分权的统一,最后达到建立一个能同时调动中央和地方两个积极性的经济体制模式。

201

国家、集体和个人三者利益关系集中反映的是经济建设与人民生活的关系。如何处理这种关系，毛泽东认为，无论是苏联还是我国都有些教训。

国家、集体和个人三者利益关系集中反映的是经济建设与人民生活的关系。如何处理这种关系，毛泽东认为，无论是苏联还是我国都有些教训。苏联在利益分配上忽视了农民，他们为了发展重工业，采取的"义务交售制"等办法把农民挖得很苦，影响了农民的积极性。我国虽然能注意到关心群众特别是农民利益，但也有失误，如1954年在部分地区发生严重水灾的情况下还向地方征收了70亿斤粮食。

针对以上教训，毛泽东明确地提出"国家和工厂、合作社的关系，工厂、合作社和生产者个人的关系，都要处理好"，不能只顾一头，而"必须兼顾国家、集体和个人三个方面"。

毛泽东认为要实现"三兼顾"原则，首先要求处理好积累与消费的关系。他一贯主张在群众中提倡顾全大局、从大处着眼，提倡艰苦奋斗、厉行节约的精神，反对个人利益高于一切、吃光分尽的败家子作风。他还认为国家和集体的积累不能过多，要以不影响人民群众生活且能不断改善群众生活为出发点。

他特别注意国家与农民的关系，认为处理这一关系是实现"三兼顾"的主要基础。

毛泽东认为我国同苏联不同，注意了农民利益，通过采取缩小剪刀差、减少农业税以及等价交换等办法，使农民不仅没吃亏，而且还获得一定利益。

但毛泽东敲警钟说，即使是这样，如果粗心大意，也会犯这样或那样的错误。

国家与农民的关系是直接通过合作社同农民的关系来实现的，所以毛强调合作社要把同农民的关系处理好。在利益分配上，要把国家、合作社、农民各自该分多少，以及怎样分法，都要规定得适当，对此应同农民协商提出一个合理的比例。

与利益相关的权力问题。权力是利益的保障。为使企业和生产单位获得权力，他主张允许企业和生产单位同地方一样搞点"独立王国"。不过在他看来，这里的"独立王国"是指半独立性的，至少是几分之几的独立性、公开的合法的"半独立性王国"。

"半独立王国"是一个策略的提法。这里既包含地方分权给企业,也包含企业所有权和经营管理权分离的改革思想。

不过,毛泽东的策略提法并没有从根本上突破苏联经济体制的框架。相反,从某种意义上还加重了旧的经济体制框架。因为由中央下放到地方的权力并没有真正下放给企业,而是在多个层次上集中在党政系统。这样很难使企业通过发挥"独立王国"的作用来提高经济效益。

七、统筹兼顾,适当安排

毛泽东曾以打麻将为例来说明"统筹兼顾,适当安排"的方针。他说,任何事物都是变化的,打麻将也一样,就是最坏的"点数",只要统筹调配,安排使用得当,就会以劣汰优,以弱胜强。相反,胸无全局,调配失利,再好的"点数"拿在手里,也会转胜为败。

毛泽东的指导思想是要求我们制订计划、办事、想问题,要从6亿人口出发,进行统筹兼顾,适当安排,以调动一切积极因素,团结一切可能团结的人,为建设社会主义社会这个伟大的事业服务。

毛泽东说,我国6亿人口,人多是一种客观存在,是本钱、是好事。有了人,就有积极性、创造性,热情大,干劲足,可创造一切奇迹。

毛泽东也认识到,人多消费大,问题多,诸如粮食问题、灾荒问题、就业问题、教育问题、知识分子问题、少数民族问题等。对这些问题必须统筹考虑,总的原则做到:"不准饿死一个人","十分困难时,饭匀着吃、房子挤着住",平均分配,大包大揽。

毛泽东把"革命加生产"看做是解决6亿人民吃饭问题的最根本方法。

毛泽东认为,过去通过革命,推翻了阶级剥削和压迫,为解决人民的吃饭问题提供了必要前提和条件,在社会主义建设时期,革命仍能解决吃饭问题。这种革命主要在意识形态领域,毛泽东企

毛泽东曾以打麻将为例来说明"统筹兼顾,适当安排"的方针。他说,任何事物都是变化的,打麻将也一样,就是最坏的"点数",只要统筹调配,安排使用得当,就会以劣汰优,以弱胜强。相反,胸无全局,调配失利,再好的"点数"拿在手里,也会转胜为败。

图通过这种革命去消灭人们头脑中的资产阶级思想，以实现人人有饭吃、有衣穿、有活干的平均主义思想。

仅有革命的方法不足以解决吃饭问题，毛泽东认为还必须大力发展生产。他说："中国人口众多是一件极大的事。再增加多少倍人口也完全有办法，这办法就是生产。"

为了重视发展生产，毛泽东把整个财政支出按其经济功能划分为两类：生产性和非生产性，他注意到既要兼顾发展生产和改善人民生活的关系，又要把重点放在生产性投资上。因生产投资关系到人民的根本的长远利益。至于非生产性投资，不可不投资，不可投资过多，以保证不饿死人为原则。

仅有革命的方法不足以解决吃饭问题，毛泽东认为还必须大力发展生产。他说："中国人口众多是一件极大的事。再增加多少倍人口也完全有办法，这办法就是生产。"

第八章　毛泽东的舆论智慧

一、不要称"毛泽东主义"

毛泽东好几次反对称"毛泽东主义"。

1948 年 8 月,吴玉章准备在华北大学开学典礼的讲话中把"毛泽东思想"改成"毛泽东主义",打电报请示毛泽东。毛泽东回电说:"那说法是很不适当的……必须号召学生学习马、恩、列、斯的理论和中国革命的经验。"

在 1956 年全国知识分子会议上,又有人提出把"毛泽东思想"改成"毛泽东主义"。毛泽东还是不同意,他说:"马列主义是主干,我是枝叶。"

1953 年,毛泽东在一次讲话中还重申了七届二中全会未写进决议中的几条规定,其中有一条就是"不要把中国同志和马、恩、列、斯平列"。他解释说:"这是学生和先生的关系,应当如此。"

毛泽东是个有主义的人。平心而论,称"主义"一点儿也不过分。国外称"毛主义"的很多。1959 年,毛泽东还对王任重说过:"不如马克思,不是马克思主义者;等于马克思,也不是马克思主义者;只有超过马克思,才是马克思主义者。超过就是发展。列宁有不少地方超过、发展了马克思,所以人称列宁思想为列宁主义"。毛泽东无疑有许多地方超过、发展了马克思和列宁,但他却反对称毛泽东主义,反对将他与马、恩、列、斯并列,这是什么原因?

保持谦虚是一个方面。谦虚是中国人的美德,也是中国人的

1959 年,毛泽东还对王任重说过:"不如马克思,不是马克思主义者;等于马克思,也不是马克思主义者;只有超过马克思,才是马克思主义者。超过就是发展。"

传统智慧。老子有"不敢为天下先"的处世教诲。木秀于林,风必摧之;行出于众,人必毁之。毛泽东从 1940 年起,一连四五年经常提到邓小平 1938 年说的一句话:一切都是辩证的,一切都是发展变化的。他从这句格言中得到的体会,是要时时警惕争取事物不向坏的方向发展。按照辩证法,一件事物如果达到极点就容易走向反面。相反,保持在次要地位这个危险就小一些。

毛泽东"不称霸"的思想也是这个道理。其实"霸"与"不霸"不是称不称的问题。中国不论多么强大,不称霸只有好处,没有坏处。不称霸,而称第三世界、发展中国家,其结果,团结了广大的第三世界。

毛泽东"不称霸"的思想也是这个道理。其实"霸"与"不霸"不是称不称的问题。中国不论多么强大,不称霸只有好处,没有坏处。不称霸,而称第三世界、发展中国家,其结果,团结了广大的第三世界。

二、接过敌人的口号

在政治角逐中,同样的宣传口号,有的只对敌对双方中的一方有利,而对另一方不利;有的则是双方都可以接受,都可拿来做文章。高明的宣传家不仅要精于选择有利于己而不利敌人的口号,而且要善于巧妙地利用敌人也能接受的口号来为自己服务。

抗日战争时期,中国共产党一方面要对付日本帝国主义,另一方面又要对付反共顽固派;一方面要坚持民族统一战线,另一方面又不能完全放弃本阶级的利益。该打什么旗号才好呢?毛泽东认为最好是举孙中山三民主义的旗子。为此他列出了五条宣传纲领:

一是实行《总理遗嘱》,唤起民众,一致抗日。

二是实行民族主义,坚决反抗日本帝国主义。

三是实行民权主义,人民有抗日救国的绝对自由,通过民选,建立抗日民族统一战线的各级民主政府。

四是实行民生主义,废除苛捐杂税,减租减息,实行八小时工作制,发展农工商业,改良人民生活。

五是实行蒋介石的"地无分南北,人无分老幼,无论何人皆有守土抗战之责任"的宣言又是"总理遗嘱",又是"总统宣言",名正言顺,合理合法。蒋介石天天把"总理遗嘱"、"三民主义"挂在嘴边上,共产党如今也在实行,你还有什么话可说呢?

毛泽东说:"这些都是国民党自己宣布的纲领","但是许多共产党员还不知利用它们作为动员民众孤立顽固派的武器"①。

为什么国民党的纲领可以用来对付国民党中的反共顽固派?这当然不只是因为国民党和反共顽固派不是一回事;在当时——抗日战争相持阶段,国民党的反共情绪正处在"高潮"之中。

"总理遗嘱"、"总统宣言"和"民族主义"三条都是抗日的内容。共产党也要抗日,也在抗日,而且抗日的愿望和决心胜过国民党。如果你抗了日,而不大加宣传,不扩大影响,这不是有利于反共顽固派吗?或者,你抗了日,也在宣传,但用了另外的语言,而不是使用"官方"许可的语言,使人听了认为你的抗日宗旨是另一回事,这不是自己给自己造成被动吗?

毛泽东知道,除了抗日这一点外,其他的,国民党都不能实行,都不会允可。但是事在人为,话由人说。民权主义中自由和民主两个东西,是国民党不想要的,但是它们都可以与抗日联系起来,以抗日的名义出现。废除苛捐杂税、减租减息、改善人民生活诸项,也是国民党不愿意听到、不愿意见到的,但这属于总理的民生主义。国民党是总理开创的,现在还挂着总理的肖像,总不能禁止宣传总理遗嘱吧。

在民权主义和民生主义的口号下谋取共产党想得到而国民党不肯给的民主自由和劳农利益,这样既达到了自己的目的,又剥夺了反对者攻击的口实,何乐而不为?正如毛泽东所说:"根据这些纲领去做,我们是合法的,顽固派反对我们实行这些纲领,他们就是非法的了。"②被动变成了主动,非法变成了合法,这就是政治斗争中舆论宣传的智慧。

毛泽东说:"这些都是国民党自己宣布的纲领","但是许多共产党员还不知利用它们作为动员民众孤立顽固派的武器"。

---

① 《毛泽东选集》第二卷,人民出版社 1991 年版,第 752 页。
② 《毛泽东选集》第二卷,人民出版社 1991 年版,第 752 页。

三、战略口号和策略口号

宣传舆论阵地,虽然看不见战场上的硝烟烽火,但仍然充满着战略和策略。因为这是一场争夺合法性、争取主动性的战斗,选择能够征服民心、左右舆论的口号,至关重要。

宣传舆论阵地,虽然看不见战场上的硝烟烽火,但仍然充满着战略和策略。因为这是一场争夺合法性、争取主动性的战斗,选择能够征服民心、左右舆论的口号,至关重要。

1957年10月9日,在中共八届三中全会上,毛泽东打开了话匣子,讲整风,讲反右,讲多快好省,双百方针,中苏分歧,讲着讲着,讲出一个战略口号和策略口号问题。其文简洁明快,生动表现出一个政治策略家的精明练达,不妨照录如下:

"还有和平过渡的问题,我们同赫鲁晓夫他们有不同的意见。我们认为,无论哪个国家的无产阶级政党,要有两条:第一条,和平;第二条,战争。第一条,共产党向统治阶级要求和平转变,学列宁在二月革命到十月革命之间那个时期所提的口号。我们也向蒋介石提过谈判和平的问题。这个口号,在资产阶级面前,在敌人面前,是防御的口号,表示我们要和平,不要战争,便于我们争取群众。这是个主动的口号,是个策略性质的口号。但是,资产阶级绝不会自动地交出政权,它要使用暴力。那末,第二条,你要打,你打了第一枪,我只好打。武装夺取政权,这是战略口号。你说一定是和平过渡,那跟社会党就没有差别。日本社会党就是这样,它只有一条,就是永远不搞暴力。全世界的社会党都是这样。无产阶级政党一般地还是要两条:君子动口不动手,第一条;第二条,小人要动手,老子也动手。这样的提法,就没有弊病,都管到了。不然,就不行。现在有些国家的党,比如英国共产党,就是只提和平过渡的口号。我们跟英国党的领导人谈,老是谈不通。他们当然骄傲了,他说和平过渡怎么是你赫鲁晓夫提的? 我早已经提了!"①

---

① 毛泽东:《做革命的促进派》,1957年10月9日。

四、选择对自己有利的口号

政治宣传必须选择适当的口号,既能征服舆论,又对自己有利。

能为舆论所接受的口号,并不都是于己有利的口号。有的对自己有利,对敌方不利;有的对敌人有利,对自己不利。高明的政治家,必须善于利用对自己有利的口号,回避对自己不利的口号。

红军第五次"反围剿"失败以后,经过长征大撤退,力量损失惨重,而蒋介石还在不断进剿。但这时出现另一形势:日本人打进中国,继"九一八"事变后又有华北事变,民族危机日益加深。于是毛泽东提出"中国人不打中国人"的口号,号召全民族团结抗战,一致对外。这个口号妙就妙在:打人的人和被打的人都是中国人,但又是两种极不相同的中国人,前者指蒋介石,后者指共产党。它不说蒋介石不要打共产党,而说中国人不打中国人。实际上蒋介石和共产党虽然都是中国人,但两者有过长时间的生死较量,并且当时在继续较量。蒋介石力图在日本大举进攻之前,一举消灭尚未强大的中国共产党,以免去"内患"和"后患"。但是外敌当前,"中国人不打中国人"的口号将了蒋介石一军,这个口号把蒋介石的"剿共"手脚捆住了。哪有中国人自己打自己而不去打外国侵略者的道理?蒋介石也是中国人,你这个中国人为什么要打其他的中国人而不打正在侵略中国的外国人?中国共产党主张"中国人不打中国人",主张所有的中国人团结起来共同对外,因此比蒋介石更得人心。中国共产党不仅有了存在的理由,而且可以把许多对蒋介石不抵抗政策不满的中国人团结在自己抗日爱国的旗帜下。

法国共产党曾提出"一切经过共同委员会"的口号。共产国际不明中国情况,让王明把这个口号搬到中国,要中国共产党"一切经过统一战线"。这个口号听起来似乎是强调统一战线中的各党各派要搞好团结合作,不要各行其是,以利共同抗日,一致对外。但是,就像内战时期"中国人不打中国人"的口号只利于共产党不利于国民党一样,"一切经过统一战线"这个口号在抗战时期只利于国民党而不利于共产党。毛泽东明察秋毫,立即觉察到了这一点。他说,法共提"一切经过",是因为社会党方面不遵守共同委员会的决议,依然干他们自己的。故共产党有提出此口号以限制社会党之必要,并不是提此口号以束缚自己。中国的情况不同。我们提这个口号,如果是要求国民党"一切"都要"经过"我们的同意,那是办不到的,也是很滑稽的。国民党那时是执政、当权的党,我们提"一切经过统一战线",只意味着"一切经过国民党,一切经过蒋介石"。这是自己把自己的手脚捆起来,不利于共产党放手发动群众,壮大人民力量。①

"一切经过统一战线"、"一切服从统一战线",是共产国际强加给中国共产党的,王明不过是个传声筒。毛泽东断然拒绝了这个对中国共产党有害的口号,但他并没有批评共产国际,他只是批评了王明。这样他既坚持了独立自主的统战政策,又保持了同共产国际的关系,巧妙地回避了他的另一个上级对他的指责。与此同时,他积极支持林彪去莫斯科养病,而当林彪1942年年初从苏联回国时,他又让林彪先不要回延安,径直从西安去重庆见蒋介石,做点统战工作。林是蒋在黄埔军校的学生,又直接从苏联而来,毛泽东这样安排当然是会令蒋介石满意的。

五、通过投诚的敌人向敌人做宣传

政治宣传对内可以鼓舞士气,对外可以瓦解敌军。对付武装的敌人,毛泽东历来主张军事打击和政治攻心双管齐下。毛泽东在解放战争时期提出的感召政策就是一种政治攻心战术。

---

① 参见《毛泽东选集》第二卷,人民出版社1991年版,第539—540页。

国民党军队中有个高树勋,因为他是西北军的旧部,一直受蒋介石集团的排挤、歧视、打击、监视、限制。共产党利用高树勋和蒋介石之间的矛盾,多次对高进行争取转化工作,结果生效,1946 年10 月高树勋正式宣布起义投诚。

高树勋被毛泽东的政治宣传感召过来了。这对其他还没有放下武器的敌军又是一个很好的宣传材料。毛泽东不失时机地开展"高树勋运动"。人民解放军将高树勋起义的通电、谈话等印成传单,用一切方法对国民党军队广为宣传。结果有力地动摇、瓦解了敌军的军心,推动了国民党军方的罢战、怠战、反战、厌战情绪。国民党内部时有起义部队站到共产党方面来。

1949 年年初,北平的和平解放也是军事压迫加政治攻心的结果。北平守将傅作义宣布起义后,毛泽东又将傅部人员全部送回尚未解放的绥远去。傅不明其故。毛泽东解释说:蒋介石国民党不是一贯宣传共产党杀人放火、共产共妻吗? 他们到了绥远,可以现身说法,共产党对他们一不搜腰包,二不侮辱其人格;可以帮助在绥远的人学习学习,提高认识。结果,几个月后,未费一枪一弹,绥远问题就解决了。

利用投诚过来的敌人向未放下武器的敌人现身说法,宣传我党我军的政策,这比我们直接去做宣传更有说服力,更能动摇敌人的军心。

六、劝蒋介石修改其政治学字典

1936 年 12 月 26 日,蒋介石刚刚以联共抗日的条件换得性命离开西安,惊魂未定,便在洛阳发表了一个声明,即《对张杨的训词》。毛泽东把它称做"中国政治文献中一篇有趣的文章",并写了《关于蒋介石声明的声明》。

蒋介石已经成了被赶上架的鸭子,但他不得不为自己挽回丢失在西安的面子,于是他在声明中称西安事变系受"反动派"包围

蒋介石已经成了被赶上架的鸭子,但他不得不为自己挽回丢失在西安的面子,于是他在声明中称西安事变系受"反动派"包围所致。这"反动派"指什么是很清楚的,可是蒋介石含含糊糊,对他所谓的"反动派"究系一些什么人物不作说明。所以毛泽东需要再声明一下。

所致。这"反动派"指什么是很清楚的,可是蒋介石含含糊糊,对他所谓的"反动派"究系一些什么人物不作说明。所以毛泽东需要再申明一下。

毛泽东针对蒋介石的"模糊法"而采取"明确法",即指出蒋介石所谓"反动派"实指什么,然后揭明蒋介石肆意攻击革命势力的实质。

"不知道蒋氏字典中的'反动派'三字作何解释。"毛泽东写道,"西安事变的发动,确系受下列数种势力的影响:(一)张杨部队及西北革命人民的抗日怒潮的高涨;(二)全国人民的抗日怒潮的高涨;(三)国民党左派势力的发展;(四)各省实力派的抗日救国的要求;(五)共产党的抗日民族统一战线的主张;(六)世界和平阵线的发展。"

蒋氏"反动派"三字的外延清楚了。于是毛泽东接着说:"蒋氏所说的'反动派',不是别的,就是这些势力,不过人们叫作革命派,蒋氏则叫作'反动派'罢了。""因此,我们劝蒋氏将其政治学字典修改一下,将'反动派'三字改为'革命派'三字,改得名副其实,较为妥当。"①

蒋介石本来想用"反动派"诬指共产党。但经过毛泽东的指证,共产党只是促进西安事变的六种势力之一,并且放在第五位。张杨部队、国民党左派、各省实力派都在共产党方面,难道这些人都是"反动派"吗?如果蒋介石把这些势力看做"反动派",那就不仅是继续与共产党为敌,而且还把他统治下的张杨两军、国民党左派、各省实力派以及全国人民和世界和平阵线都推到对立面去了。

七、新民主主义革命口号上的策略

从某种意义上说,蒋介石1949年军事上的失败是由他在抗日

从某种意义上说,蒋介石1949年军事上的失败是由他在抗日战争时期政治上的被动造成的。而毛泽东从抗战一开始就握有的政治主动权则为中国共产党最终夺取全国政权奠定了基础。

---

① 《毛泽东选集》第一卷,人民出版社1991年版,第246页。

战争时期政治上的被动造成的。而毛泽东从抗战一开始就握有的政治主动权则为中国共产党最终夺取全国政权奠定了基础。

中国共产党坚持全面抗战,在积极抗日的同时也动员了大量人民群众。到抗日战争的相持阶段,共产党和人民的力量已有相当发展。蒋介石觉得不妙了。这样抗下去,不是自取灭亡吗?

于是,蒋介石趁着日军攻势减弱的当口,连续发动三次"反共高潮",想趁早把共产党的势力压下去。他不能等到日本打跑后,又出现一个更难对付的敌人。

蒋介石这样做明明是破坏抗日民族统一战线。但他很快给自己的反共政策找到了一个名正言顺的理由:统一政令。不能在一个政府内有"两个政党、两个主义、两个领袖",只能有"一个政党、一个主义、一个领袖"。

共产党的合法性又受到威胁。照这"三个一"的逻辑,共产主义的旗帜应该收起来,因而共产党没有存在的理由,毛泽东必须服从蒋介石。

此时,毛泽东正忙于延安整风,他也想趁抗日战争的相持阶段把共产党内部的事情办好,加强全党的团结和统一,以图将来民族解放和国家统一的大计。现在,怎样攻破蒋介石的"三个一"呢?

这"三个一"不那么好对待。中国当时的革命是反对帝国主义和封建主义的资产阶级民主革命,这一点无法否定。否则,共产党就会失去很多朋友,在民族革命中变成少数派。特别是中小资产阶级,他们愿意抗日,但不愿意接受共产党的共产主义革命。

可是,承认现阶段是反帝反封建的资产阶级革命,又会出现另一个问题:既然是资产阶级的民主革命,那就应当由资产阶级及其政党国民党来领导,而不是无产阶级及其政党共产党来领导。这正是"三个一"要表达的意思。

然而,毛泽东有办法,因为拥有马克思主义辩证法这个锐利武器。他首先把"资产阶级民主革命"一分为二,一半是"旧民主主义革命",一半是"新民主主义革命",以 1919 年的五四运动为界。五四运动标志着中国无产阶级走上历史舞台。资产阶级由于其弱

毛泽东有办法,因为拥有马克思主义辩证法这个锐利武器。

小和动摇,无法完成它应当完成的反帝反封建的革命任务。这个任务历史地落到同样弱小但却很坚决的无产阶级肩上,必须由无产阶级代替资产阶级来加以完成。

这样,不必否定"资产阶级民主革命"的性质,照样为无产阶级,为共产党的存在找到了根据和理由。不仅有存在的理由,还应当发展壮大,因为无产阶级应当领导目前的革命运动。

蒋介石不是代表资产阶级吗?不是,他所代表的是大地主大资产阶级。大地主阶级是民主革命的对象,大资产阶级是与帝国主义分不开的买办阶级。中国的资产阶级是由一些民主党派代表的民族资产阶级,这些党派太弱小,必须接受共产党的领导。这样,毛泽东就从理论到实践再一次挫败了蒋介石"限共"、"溶共"的政治算盘,再一次化被动为主动。在回击反动派挑衅的同时,也教育团结了革命力量,收到了"一石二鸟"的效果。

这样,毛泽东就从理论到实践再一次挫败了蒋介石"限共"、"溶共"的政治算盘,再一次化被动为主动。在回击反动派挑衅的同时,也教育团结了革命力量,收到了"一石二鸟"的效果。

214

第九章 毛泽东的建党智慧

一、中国革命的第一大法宝

　　1964年,埃德加·斯诺第二次访问中国,时值"文革"前夕。毛泽东向他的老朋友再一次回顾了他的革命生涯。毛说他的生涯是从做小学教员开始的。当时他没有想到要打仗,也没有想到要成为共产党人。后来,他才变得有志于建立中国共产党。在谈到建党这一环节时,毛泽东竟然感到有些奇怪,他不知道到底是哪些原因偶然凑合才使他想到必须要有一个党。他只知道事情的发展是不以人的意志为转移的。

　　毛泽东说,他早年和斯诺一样,多多少少也是个民主人士。1917年在长沙读书时,毛泽东考虑天下国家大事已是从自我出发。他说:"人类之目的在实现自我而已。实现自我者,即充分发达吾人身体及精神之能力至于最高之谓。达此目的之方法在活动,活动之所凭借,在于国家社会种种之组织,人类之结合。"①至于凭借一个什么样的组织,毛泽东本人当时还是茫然的。他最先为自己树立的人生目标是做一个有大气量的人,从哲学伦理学入手,改造哲学伦理学,从根本上变换全国之思想。后来走入社会,开始实现自己的理想时,他又发现要改造中国,最根本的方法是实行民众的大联合。问题一步一步地具体化。要联合民众就必须有

━━━━━━━━
　　① 《毛泽东早期文稿》,湖南出版社1990年版,第246—247页。

1964年,埃德加·斯诺第二次访问中国,时值"文革"前夕。毛泽东向他的老朋友再一次回顾了他的革命生涯。

一种组织,这样才能把民众组织起来、联合起来。他在长沙做小学教员时,创造了许多组织群众联合民众的方法,如工会、农会、学生会、夜校、各界联合会等。这些组织若不断扩大下去,就会提出另一个问题,要有一个核心,把所有的组织贯穿起来。否则就不能实现小联合基础上的大联合。

毛泽东最初依托的核心组织是新民学会。后来北京的许多高级领导人,都是昔日新民学会的成员。新民学会原来没有任何政治主张,也不隶属于任何党派,不带政治色彩,纯粹是一批好学青年切磋学术、砥砺品行的学术团体,并且比较松散,没有严格的出入手续和组织纪律。后来,毛泽东和其他一些会员有了改造中国与世界的政治雄心,并且通过旅欧勤工俭学的途径接受了共产主义理论。毛泽东又是一个知了就要行的人,他不满足于谈论空洞的主义。有了主义之后,就必须考虑怎样将原来抽象的改造中国的想法变成具体的行动计划。到了这一步,新民学会就发生分化。一部分已有学术兴趣,富于理想主义的会员,成为自由主义者。毛泽东和大部分具有政治抱负,富有现实主义精神的会员则秘密地成为C.Y(中国共产主义青年团)的成员了。这批人后来成为中国共产党的核心人物。毛泽东就是在这个基础上开展早期湖南的建党活动的。

在组织和改造新民学会的过程中,毛泽东获得一个启发:不但要有一般刻苦砥砺志的人,而且要有一个大家信守的主义。主义好比一面旗子,旗子竖起来后,人们才有所趋附。既有了人,又有了主义,剩下的任务就是去建立一种组织,把信守这个主义的人组织起来,并通过这些人,拿了这个主义去组织联络更多的人。人、组织、主义,三者缺一不可。三者有机结合起来,就可以形成一种强大而又持久的引力中心。

历史上有两种主要用于组织联合群众的形式。一种是宗教组织。宗教主要靠信仰吸附教徒。教会通过传播宗教教义,把许多信教的民众组织到教会中来。由于宗教信仰可以超越年龄、性别、地区甚至国界等界限,可以传布得很广,延续得很长。历史上有不

人、组织、主义,三者缺一不可。三者有机结合起来,就可以形成一种强大而又持久的引力中心。

少改革家、革命家是用宗教来号召组织群众,马丁·路德和洪秀全干得最出色。但是到了科学昌明的 20 世纪,即使是在落后的中国,纯粹的宗教形式也失去了它昔日的巨大诱惑力,任何革命都不可能再利用带有明显欺骗性的宗教组织去号召、组织群众。

另一种常见的组织形式是帮会组织。这种形式在半封建半殖民地的中国盛行,如"青红帮"、"三合会",名目繁多,派系复杂,有好的也有坏的。但是它们有一个共同特点,就是帮规会纪严密,许多帮会是竖着进去横着出来。帮会内外,截然两分,封建色彩很浓。帮会内主要靠"帮主"或"会首"的个人权威来维持稳定。这就使它有两大局限:一则难以发展扩大,愈大内部派系矛盾愈多;二则难以持久延续,每到权力交接时都免不了一场继承危机。这种组织小敲小打还是可以的,有时还能独霸一方,但要干大事,夺取一国政权,乃至改造整个社会,是不可能的。

政党组织是现代社会的产物,它既有主义、纲领、路线,又有严格的党规党纪和严密的组织系统。一个政党所奉行的主义就是它的旗帜,凡信仰这个主义的人都可以成为该党党员。与教会的教义不同,政党的主义不是抽象的,它有具体的行动纲领和路线,因此追随者不单是出于信仰,还与其切身利益有关。这样,它的动员力量就更强大。举旗的不是一两个人,而是一个领导集团。该集团按一定的组织原则团结在一起,形成纲领路线,确定政策方针。最高领导人的权威也是凝聚力的一个重要因素,但是其作用是以党的名义,以集体的形式发挥的。党员不是对个人效忠,而是对党效忠。因此个人的进退生死不会影响到一个党的生死存亡。党的旗帜可以一代一代地传下去。只要这个旗子上写的内容符合大多数人的利益,它就可以超越地域界限插到人群的每一个角落。任何敌对的势力想拔掉它都很困难,就因为它是社会上阶级利益和愿望的反映。一个政党组织就是一种主义、一种精神的实体化、对象化;政党组织的发展就是它的主张、理念的现实化、社会化、世界化。党的旗帜插到哪里,组织就发展到哪里,哪里就形成一个巨大的引力磁场,而其磁力线又是那样井然有序地指向党的中枢机构。

一个政党组织就是一种主义、一种精神的实体化、对象化;政党组织的发展就是它的主张、理念的现实化、社会化、世界化。党的旗帜插到哪里,组织就发展到哪里,哪里就形成一个巨大的引力磁场,而其磁力线又是那样井然有序地指向党的中枢机构。

凡是要发动民众推翻现存政权,没有这样的一个政党做引力核心,仅凭空洞的信仰或个人的魅力,都是不可能的。

早在 1939 年,毛泽东在回顾中国共产党的战斗经历时就说道:"上八年的经验,已使我们懂得:统一战线。武装斗争,党的领导,是中国共产党在中国革命中战胜敌人的三大法宝"。"统一战线和武装斗争,是战胜敌人的两个基本武器。统一战线,是实行武装斗争的统一战线。而党的组织,则是掌握统一战线和武装斗争这两个武器以实行对敌冲锋陷阵的英勇战士。这就是三者的相互关系。"[1]从这种相互关系中可以看出,中国共产党的领导乃是中国革命的第一大法宝。没有中国共产党做全中国人民的领导核心,做中国革命的中流砥柱,中国的独立和解放是不可能的。

二、"党指挥枪"的原则

中国共产党不同于一般的议会党。从 1927 年起,它就是一个有枪的党。有枪的好处是对外富有战斗力,在与敌党的斗争中,可以立于独立自主的地位,不必寻求别人的枪杆子保护,不必受别人左右、摆布。在那个武人当道的时代,任何一个政党要想独立自主地推行自己的主张,就必须掌握枪杆子。正如毛泽东所说的,在中国,离开了武装斗争便没有共产党的地位。

但是有枪的党在内部也存在一个坏处,即容易增加离心倾向,甚至导致党的分裂,不利于党的团结和统一。党外有党,党内有派,正常的党派斗争,特别是党内斗争,应该是说理斗争。但是如果斗争的双方或一方手中握有枪杆子,那么最有说服力的就不是真理,而是武力。谁有武力,谁的武力强,谁就是赢家。如果武力差不多,就得见个高低,以生死相拼来定输赢。这样枪杆子的存在反而会削弱党的对外战斗力。国民党就是一面镜子,地方各实力

有枪的党在内部也存在一个坏处,即容易增加离心倾向,甚至导致党的分裂,不利于党的团结和统一。

① 《毛泽东选集》第二卷,人民出版社 1991 年版,第 606、613 页。

派拥兵自重,互不买账,对中央也是貌合神离,蒋介石耍了许多手段都没有很好地解决这个问题。共产党的客观条件比国民党更不利。根据地与根据地之间,苏区与白区之间,长期处在孤立状态下作战,团结和统一本来就很困难,如果再掺杂着枪杆子的因素,那就更麻烦了。

毛泽东从共产党一开始抓枪杆子就注意到这个问题,因而一开始就提出"党指挥枪"的原则。

党怎样指挥枪呢?

首先是用党规党纪约束带枪的军人,特别是军事长官。军人以服从命令为天职,但在旧军队中,军人的服从只是对长官的服从,长官要使下属服从必须拥有足够的实力,上下级之间除了实力之外,还靠义气来维持隶属关系。如果有某一级长官带有一支很有分量的武装力量,而他的下属又很信服他,那就很难保证他百分之百地服从自己的上司,在独立作战的条件下更是如此。如果他入了党,那他就得受党纪党规的约束。他可以不服从某一个人,但是必须服从党,因为他是党员,党有党规,国有国法,不服从就是党性不纯的表现。

党指挥枪的主要办法是实行双重领导,每一级,在军事长官外另设一名党代表,后称政治委员。军事长官管枪,党代表或政委管人。管人比管枪更带有根本性,因为枪是由人掌握的。党代表,顾名思义,就是代表党的。在军事上是各级长官负责,但是在党内,不管哪一级首长都得服从党。军队首长本人若是党员那就更好办,党员服从党的领导是天经地义。他可能指挥上万人的军队,但他在党内是一名党员,要听从党小组长在生活会上提出的批评,要绝对服从上一级党组织的领导。如果他不是党员,那么可以启发他觉悟,在思想上政治上帮助他,争取他加入党组织。

红军初创时期,旧军队的思想作风还很严重。有些人不把党代表制度看成一条建军原则,他们对党代表尊重与否,完全是看人行事。党代表如果能打仗,工作能力强,他们就尊重,否则就看不起,甚至骂党代表是"卖狗皮膏药的"。这一切的存在正说明军队中党的领导不健全,需要党代表加强思想政治工作,提高党的威信,真正使枪置于党的领导之下。好在党代表是代表党的,不管他业务能力怎样,只要他会做人的工作,一切带枪的人终究会听他的,或者不得不听他的。

党在军队中通过管人的办法来管枪,又通过管思想的办法来管人,因为人的行动是由思想支配的。管人的思想就叫政治思想工作。每一位党代表或政治委员都是这方面的专家。不论是干部,还是士兵,只要思想上有疙瘩,作风上有毛病,都要做政治思想工作,有时还要深入细致,组织生活会,个别谈心,批评和自我批评,直到思想疙瘩完全解开,完全按照党的要求去做,才算完成,这项工作对实行党的领导必不可少,因为它使党的路线、方针、政策等得到贯彻执行。

党指挥枪的原则主要是解决平级和上下级之间的矛盾。党的组织可以跨越地域界限,深入到别的根据地、别的山头,甚至深入到敌占区或国统区的地下室里。一旦所有的枪被党指挥了,那么指挥了枪的党又可以反过来用他所指挥的枪去指挥某些不服从党的"山头",指挥着整个军队有效地开展对敌作战。

党指挥枪的原则主要是解决平级和上下级之间的矛盾。党的组织可以跨越地域界限,深入到别的根据地、别的山头,甚至深入到敌占区或国统区的地下室里。

三、支部建在连上

支部是党的基层组织。支部建在连队是毛泽东的一大发明。

1927年秋收起义失利后,毛泽东带了一支部队向井冈山进发。可是他怎么也稳定不了部队,开小差逃跑的越来越多,有的人公开地问:"你走不走?""你准备到哪儿去?"还出现整个排利用放哨的机会带了枪集体逃走的现象。这种现象发展下去将意味着什么,毛泽东很清楚。他成天出没在连队战士中,了解情况,思量对策。他设想,如果有一个坚强的组织作为领导核心,并通过这个组织去密切联系战士群众,那么部队肯定会巩固下来,并且会得到发展壮大。于是他采取果断措施,在工农出身的战士中大力发展新党员,同时在连队中建立党的基层组织党支部。

支部一经建立,连队立刻有了灵魂。各支部按照毛泽东的指示,布置党员们做好三件事:一是学习当前形势,明确理想和目标;二是了解战士群众的思想动态,及时做工作,解除他们的顾虑,坚定革命的信心;三是积极培养和发展新党员。

支部下面有党小组。党小组差不多每天都要研究一下当天的情况。发现不良苗头就及时做工作,或向上一级党组织反映。对意志坚定、工作积极、遵守纪律的好同志,及时帮助鼓励,介绍他们入党。

支部建在连上,最大的优点是密切了党和群众的关系。每个普通战士都可以直接同党见面。党就生活在群众中,群众也生活党中,一言一行,一个思想动向,都逃不出党的眼睛。支部通过培养积极分子和吸收新党员的形式,把每一个希望上进的战士都团结在党的周围。已经入了党的就更不用说,他一旦成了党员,不仅自己要服从党的纪律,而且有责任向党外同志做工作。

连队以上设党委或分党委,连以下设党小组。党委提出工作任务并向全体指战员公布。各支部负责落实并定期检查。团结、培养入党积极分子是每个支部和党小组的经常性工作。小组向党员分配工作,党员向小组长汇报,小组长向支部书记汇报。这样每个大队就像一台巨大的机器,党的支部带动着党的小组,党的小组带动着党员,党员带动着群众。掌握这台机器转动的各连党支部就是联系群众的核心,又是对外作战的战斗堡垒。

连是军队的基层。支部建在连队,广义地说就是把党的组织系统一竿子插到底,一直建到基层单位。与连队相对应的基层单位,在农村过去是生产大队,现在是行政村,在城市是街道委员会或街道办事处,在工厂是车间,在学校是年级或教研室。党的基层组织与行政的基层单位、社会的基层结构一一对应。工农商学兵、东西南北中,都在党的领导之中。

国民党的历史比共产党悠久,势力比共产党大,又是执政当权的党,为什么反而败在共产党手里呢?其中一个重要原因就是国

国民党的历史比共产党悠久,势力比共产党大,又是执政当权的党,为什么反而败在共产党手里呢?其中一个重要原因就是国民党基层空虚。

共产党的基层却一直往下扎到社会结构的最底层,下到连队、生产大队、村子、车间、街道、科室,总之是无所不在,滴水不漏。共产党基层的充实发达正好钻了国民党基层空虚的空子。

民党基层空虚。国民党的基层组织到县、区级为止,再下面就是空的。共产党的基层却一直往下扎到社会结构的最底层,下到连队、生产大队、村子、车间、街道、科室,总之是无所不在,滴水不漏。共产党基层的充实发达正好钻了国民党基层空虚的空子。这对于共产党自下而上的革命活动来说是极其有利的优势,因为它有利于社会动员,其政权的稳固性又因为基层的发达而远远超过国民党。

四、组织上入党和思想上入党

1976年第1期《解放军文艺》载文回忆毛委员在连队建党,在火线上发展新党员的情况。

那是1927年,秋收起义后,到达井冈山前。毛泽东率领的一支部队正面临着瓦解的危险,一些知识分子或小资产阶级出身的共产党员经不起失败的打击,经不起艰苦斗争的考验,纷纷脱党、叛离。而那些工农出身的战士则表现得坚定可靠,不怕失败,不畏艰苦,毫不动摇。毛泽东急需有一批党的新鲜血液来稳定队伍,来增强部队的凝聚力和战斗力。因此他决定在火线上大力发展工农分子入党。

作者回忆了他当初入党的经过。他是一位班长,造纸工人出身,大革命时期在工会运动中入了团。在一次行军途中,副班长找他谈话了,了解他的家庭出身和个人经历。有经验的战士都知道,如果别人找他个别谈话并了解出身情况,一般是党对他有了意思。作者猜想这位副班长一定是党员,于是便如实告诉了自己的情况。三言两语,听完以后,副班长便提示说:"好吧,我们找找看。去向党代表要求入党吧。"一个发展对象就这样联络上了。后来不是他去找党代表,而是党代表找到他,并对他说:"你要求入党,那很好。毛委员指示:要发展一批工农骨干入党,今后你要更好地工作,努力争取入党。"没过几天,党代表就找到他,要他填写入党志愿书。第二天,党代表秘密通知他到团部开会,是新党员宣誓大会。

会议在一个祠堂里举行。会场上有几条板凳,一张方桌,桌上一盏油灯,桌边上压着两张下垂的红纸,一张上写着入党誓词,另一张上写着三个弯弯曲曲的外国字"CCP"。毛泽东等人到齐了,便站在桌边宣布开会。先由各个入党介绍人分别介绍各个新党员的简历。接着毛泽东走到前排几个新党员面前,依次询问他们从哪里来,原来干什么? 为什么要入党?"要翻身,要打倒土豪劣绅,要更坚决地革命!"毛泽东听到这些回答,满意地点着头。接着向大家解释三个外文字的意思和入党誓词。

"会场上充满严肃的气氛。毛委员举起握着拳头的右手,亲自带领我们宣誓。他读一句,我们跟着读一句:'牺牲个人,服从组织,严守秘密,永不叛党……'洪亮、庄严的声音,在这间破旧的小阁楼中回荡。"

作者继续回忆说:"宣誓结束后,会场里活跃起来。同志们互相勉励,老党员谆谆嘱咐,都使我十分感动。特别是毛委员讲的话:从现在起,你们都是光荣的共产党员了。今后要团结群众,多作宣传,多作群众工作;要严格组织生活,严守党的秘密……这许多嘱咐,都深深地印入了我的心底。"

"临走时,毛委员又叮嘱各连党代表:回去后要抓紧发展工作。以后,各连都要像今天这样,分批地举行新党员入党宣誓仪式。"

向党宣誓是共产党吸收新党员必不可少的一项仪式。毛泽东是党的创始人之一,他当然不必向谁宣誓,他只要向自己心中的信仰宣誓就行了。新发展的党员必须宣誓。但新党员不是向他宣言,他站在新党员的行列里,带着新党员向他们前方那个代表党的象征符号宣誓。红纸上的 CCP 就是党的象征,后来中共的象征符号按共产国际的标准统一成锤子镰刀。在艰苦的战争岁月,有一张红纸倒是不错的。真正的火线入党,连一张红纸也找不到,就在战壕边,树林里,用一块石头就地画个镰刀,新党员就向着地上的符号宣誓。其实,符号是次要的,更重要的是誓词。

毛泽东认为党和非党之间应该有一条线，但不能有一条沟。有沟隔住了，群众过不来。没有一条线，党员和非党员一个样，党的存在就失去意义。因此党一方面要向群众敞开大门，但另一方面又必须有一定的神圣感。

毛泽东认为党和非党之间应该有一条线，但不能有一条沟。有沟隔住了，群众过不来。没有一条线，党员和非党员一个样，党的存在就失去意义。因此党一方面要向群众敞开大门，但另一方面又必须有一定的神圣感。有神圣感才有吸引力，吸引群众参加这个神圣的组织。但是并不是每一个群众都可以入党。能够成为发展对象的只是群众中的积极分子。发现、培养、考验入党积极分子是基层党组织和广大党员的任务。在战争年代，除了党的干部如党的代表、政委身份是公开的，一般党员的身份都不公开，党内活动也是若明若暗。一般群众看到党员们经常在一起议论、开会，讨论一些他们不知道的事情，自然很向往。他们对于那些有幸参与那个神圣的决策圈子的积极分子更是羡慕不已。但是他若想参加进来，必须为自己创造入党条件。

毛泽东在古田会议决议中规定的入党标准有五条：一是政治观念没有错误（包括阶级觉悟）；二是忠实；三是有牺牲精神，能积极工作；四是没有发洋财的观念；五是不抽鸦片，不赌博。这些标准把党和非党分开。在革命需要大量新党员的时候，党的组织就按这些标准去发现积极分子，把他们定为发展对象，然后指派党员去进行联系，问他有没有入党要求，有就去找组织。这样入党是很容易的。另一种形式是个人先提出申请，主动要求入党，这就需要考验考验，特别是要检查动机。在稳定发展时期，这样的考验往往是长期而反复的。而在整个考验时期，申请人都必须按照入党标准严格要求自己。党一方面鼓励号召群众向党靠拢，另一方面又不能轻易满足申请人的入党愿望。不然的话，党就没有威望。

新党员从宣誓之日起就算是党的人了，必须把一切都交给党，包括自己的生命，随时准备为党牺牲。必须对党绝对忠诚，严格服从党的纪律，而不能把自己再看做普通老百姓。普通老百姓只服从政府、服从法律，战争年代的一般军人要服从"三大纪律，八项注意"。作为党员，不但要模范遵守一般群众应当遵守的法纪，还要服从党规党法。除此以外，他还必须去做党外群众的工作，教育那些想入党的群众，怎样按党员的标准要求自己，积极创造条件，争取早日加入伟大、光荣、正确的中国共产党,准备为党献身。

党虽然生活在群众中,但它不是一般的俱乐部,任何人想进就进,要出就出。它有铁的纪律,进入党要经过严格考验,并向党宣誓。入了党后,要绝对服从党的纪律,听从党的安排,积极为党工作。如果不能做到这些,就要接受党的批评、帮助。犯了错误、违反纪律,必须痛改前非,下不为例。若是严重错误,又不能接受批评、加以改正,就要接受党纪处分。最严重的党内处分是开除党籍,重新回到群众中去。但这和当初入党不大一样,因为这表明你犯了错误,被党抛弃。

"有人说,既然都是共产党员,就应当一样好,为什么还要做工作呀?做工作就是搞统一战线,做民主人士的工作,为什么还要做共产党员的工作呀?这种看法不对。共产党里头还有各种不同的意见。有些人组织上进了党,思想上还没有通,甚至有些老干部跟我们的语言也不一致。"①

这是毛泽东20世纪50年代中期说的一段话。他所说的老干部,在二三十年代是党的新鲜血液,也许有的人还是毛泽东带着他向党旗宣誓的。他们曾经以为在党外就不够进步,不够革命,因而盼望入党,以为入了党就可以像党员一样可以拿正确的思想去教育别人,而自己就不必再受教育,不会再犯错误,可以进保险箱了。

但是组织上入了党,不等于思想上也入了党。向党宣誓只是做一个共产主义战士的开端,要真正成为一个合格的共产党员,还有一个漫长的自我改造过程。入党以后,不但有责任团结教育党外群众,还必须时时回忆入党誓言、对照党员标准,严格要求自己,不断提高自己。这个过程永远不会完结,除非你为党献了身。因此做一个共产党员,永远不能骄傲自大,时刻要意识到自己离党的要求还远哩!

毛泽东对党员的要求很高,但是入党的条件不是很高。如果入党的要求太高,就会影响党的发展扩大。再说,党员有党纪约

---

① 毛泽东:《在省市自治区党委书记会议上的讲话》,1957年1月。

束,教育改造一个党内同志,比教育改造一个党外群众要容易得多。因此宁可把入党的标准降低一点,让其入了党,到党内后再不断提高。

还有一个客观原因,就是战争年代,战场和火线上急需大批共产党员去主事,去献身,不可能先把每个想入党的人都变成百分之百的马克思主义者,变成完美无缺的共产党人,然后再吸收他入党。时间不允许,环境不允许。只有一个办法,先在组织上入党,进了党以后再逐步通过党内的各种途径加以提高。

五、使农民成分的党员无产阶级化

共产党是无产阶级的政党,按照道理,应由工人阶级的先进分子组成。可是中国的实际情况给毛泽东出了一个难题。他估算了一下:20世纪20年代初,中国只有不足200万产业工人,占总人口数1%还不到。整个工人阶级只有这么点儿人,其先进分子又有多少呢?

共产党是无产阶级的政党,按照道理,应由工人阶级的先进分子组成。可是中国的实际情况给毛泽东出了一个难题。他估算了一下:20世纪20年代初,中国只有不足200万产业工人,占总人口数1%还不到。整个工人阶级只有这么点儿人,其先进分子又有多少呢?

还有另一个实际问题。大革命失败后,城市斗争处于低潮,革命中心转入农村,农民成为革命斗争的主要力量。毛泽东在给中央的报告中坦率地说:"边界各县的党,几乎完全是农民成分的党。"①《古田会议决议》中也称"党的组织基础的最大部分是由农民和其他小资产阶级出身的成份构成的"②。红军的来源更不理想,由于边界农民分田以后愿意当兵的不多,军中工农分子极少,游民分子居多,最多的是俘虏兵,"俘虏兵往往过来不久就要当排连长"③。

党和红军的这种农民加游民的阶级成分与其无产阶级性质发生极大矛盾。共产国际对此颇为担心,担心中共会变成一个农民

---

① 《毛泽东选集》第一卷,人民出版社1991年版,第77页。
② 《毛泽东选集》第一卷,人民出版社1991年版,第85页。
③ 《毛泽东选集》第一卷,人民出版社1991年版,第65页。

党。为此,中共特意推举了一个工人分子向忠发做总书记,以表明这个农民党还是在工人阶级领导之下。但这毕竟不能解决根本问题。毛泽东提出的根本解决办法是加强"无产阶级思想的领导"①。无产阶级的"人数"不够,但无产阶级的"思想"不存在这个问题。中央同意这个办法,这也是唯一的办法。于是毛泽东主持召开了著名的"古田会议"。会议的中心议题是加强党和红军中的政治思想工作和思想教育运动,借以克服各种非无产阶级思想,确立无产阶级思想。毛泽东期望通过这种办法使党和红军的农民成分无产阶级化。就是说,虽然没有多少无产阶级,但是通过无产阶级思想意识的教育和领导,就可以在农民的基础上创造出一个无产阶级来。

毛泽东的这一办法果然很有效。正是在古田会议后,党和红军中的政治思想工作得到大力加强并成为党和军队的一个传统。其显著成果是党和红军的战斗力得到提高,军纪党纪得到加强。一支带有诸多不良习气的军队得到改造,火线上入党的党员也得到了思想上的提高。

重要的是毛泽东开创了党内思想教育和思想斗争的传统。其模式就是"无产阶级思想"对各种"非无产阶级思想"的斗争。以后的延安整风,以及尔后的历次党内整风,党内思想斗争,都是按这个模式进行的。通过这样的思想斗争,毛泽东树立了他在全党的思想权威。思想上建党的结果,最终使毛泽东思想成为全党的指导思想,成为中国化的马克思主义。

> 毛泽东提出的根本解决办法是加强"无产阶级思想的领导"。无产阶级的"人数"不够,但无产阶级的"思想"不存在这个问题。

六、需要我的时候打个招呼

毛泽东在井冈山和江西苏区干得有声有色,根据地的人、兵、枪越来越多,地盘和影响越来越大。蒋介石很快意识到毛泽东的

---

① 《毛泽东选集》第一卷,人民出版社 1991 年版,第 77 页。

崛起将成为他主宰中国的大患,但是他连续四次发动的围剿都失败了。

不幸的是,毛泽东行之有效的防御措施,始终不为当时党内掌握中央领导权的人所接受。他们坚信山沟里出不了马列主义,担心毛泽东这样做会把党和革命引入歧途。但是处于地下状态的上海党中央根本无法有效指挥远在江苏苏区的毛泽东,毛泽东只是消极地参加李立三从上海发动的城市攻势,而把主要精力用于扩大苏区的红军。毛泽东在苏区的威望越来越高,而来自上头的指责也就越来越多。李立三批评毛泽东:有整个的路线,完全与中央不同。李德和博古嘲笑毛泽东是个"无知的乡巴佬",米夫和王明说朱、毛不过是《水浒传》中所写的"绿林好汉"。毛泽东受到接二连三的排斥和打击,先后被开除出中央政治局,撤销其苏区中央局书记和红军总政委的职务,最后只剩下一个苏维埃主席的空头衔,在政治和军事上毫无发言权。政治局开会很少通知他,他亲手创造的一切都落到李德和博古手里。后来还有人要他去苏联"治病",不让他参加长征。长征开始前有人给毛泽东看了一份留守人员名单,许多与他亲近的人都在名单上,与毛泽东的关系成为留在苏区的特许证。毛泽东受到的打击是可想而知的,连发放供应物品的后勤人员也对他另眼相看。索尔兹伯里说,假如1934年有人要把毛干掉,那并没有什么奇怪。①

毛泽东没有去苏联养病,也没有躺下来叹气,而是静观形势的发展。王明上台之后,用他们的那一套全线进攻的冒险政策来代替毛泽东的"游击主义",结果导致第五次"反围剿"的失败,革命受到惨重损失,毛泽东在苏区苦心经营多年的成果全被断送。红军被迫进行长征。然而,红军左冲右突,老也摆脱不了被动挨打的局面。湘江之战,死伤过半,形势已经恶化到危及整个红军和党的生存的程度。

毛泽东受到的打击是可想而知的,连发放供应物品的后勤人员也对他另眼相看。索尔兹伯里说,假如1934年有人要把毛干掉,那并没有什么奇怪。

---

① 参见哈里森·索尔兹伯里:《长征——前所未闻的故事》,解放军出版社1986年版。

后来到了延安,有人问毛泽东:"反对'左'倾路线的斗争为什么不早点进行?那样可以使根据地和红军少受损失。"毛泽东说:怕不能。因为事物有一个发展过程,错误有一个暴露过程。如果早一两年,譬如说,五次"反围剿"初期,虽然已经看出教条主义的错误,但是他们还能迷惑不少干部和部分群众。如果那时就和他们进行斗争,那么党内会发生分裂,将对革命不利。只有经过五次"反围剿"战争和长征第一阶段的严重损失的反面教育,绝大部分干部的觉悟才能得以提高,认识才会一致。在这样的条件下,才能瓜熟蒂落,水到渠成。

在两年前,当上级撤销毛泽东的红军总政委职务时,毛泽东就给周恩来留了一句话:"需要我的时候,打个招呼,我就来。"湘江惨败之后,指挥员之间的争论越来越激烈。血的教训使人们相信还是毛泽东正确。处在生死关头的红军指战员和党的干部重新把目光投向他,于是毛泽东活跃起来了。用第五次"反围剿"以来一系列惨败的事实,向错误路线发起了反攻。他躺在担架上,虽然行动不便,但不像李德和博古那样固执。王稼祥当时也躺在担架上,面临着死亡的威胁。张闻天是个宽厚的理论家,当时根本提不出什么可以挽救全局的好办法。毛泽东不停地同这两个人交谈,做他们的思想工作。不多久,两人便与他取得了一致意见,形成"三人核心"。政治局的另一重要人物周恩来,对李德的瞎指挥早有意见,很容易站到毛泽东这一边。这样,李德和博古反而被孤立起来了。毛泽东的意见在遵义会议上一举获得多数支持。博古尽管还留在政治局常委中,但当时至关重要的军事指挥权已转交到由周恩来、王稼祥和毛泽东组成的三人小组手上。当然这三个人中最有办法的还是毛泽东。毛泽东运用他娴熟的游击战术,很快使红军摆脱了被动挨打的局面,并一步一步地把中央红军带出长征险境,为这支幸存的队伍找到了北上抗日的出路。

长征这一历史上罕见的难关不但没有难住毛泽东,反而把他推上了历史舞台。长征结束后,毛泽东称长征为宣言书、宣传队、播种机,其实长征开始时谁也没有想到这些。那时人们所感到的

在两年前,当上级撤销毛泽东的红军总政委职务时,毛泽东就给周恩来留了一句话:"需要我的时候,打个招呼,我就来。"

只是一场革命遭到惨败后的大撤退,其失败情绪并不亚于1927年。谁也没有想到这次无可奈何的撤退和转移,在毛泽东的手上,竟成了一次中国革命的新转机。毛泽东以其非凡的智慧和胆识,使一支快要重演石达开悲剧的队伍绝处逢生。到了陕北,更是确立了毛泽东在党内的领导地位。而这一切,与当时的"左"倾路线欲置毛泽东于死地不无关系。

七、只谈军事不谈政治

当时,有不少人对遵义会议决策感到不满足,因为会议对危害至深的"左"倾路线,只批判了其军事方面,没有触及它的政治问题,好像留下了一个尾巴。殊不知这样做,正是毛泽东精心谋划的一着高棋。

遵义会议在中国共产党历史上具有划时代的意义。但在当时,有不少人对遵义会议决策感到不满足,因为会议对危害至深的"左"倾路线,只批判了其军事方面,没有触及它的政治问题,好像留下了一个尾巴。殊不知这样做,正是毛泽东精心谋划的一着高棋。

经过第五次"反围剿"的失利和长征初期的惨重损失,毛泽东取得了反击"左"倾路线的发言权,并且已经争取了不少反对过他的人。到开遵义会议时,他已经由少数变成了多数,有了充分的主动权,完全可以用血的事实把对手们彻底击倒。但在会上他只谈军事,只字不提政治问题,有意绕开两条政治路线的对立。他紧接着博古和周恩来发言,主动出击,讲了一个多小时,点名批评了李德和博古。李德是共产国际派来的军事顾问,他主观专横,早为多数红军指挥员所不满。博古虽为总书记,但在政治局常委中已孤立。毛把攻击的重点对准李德,他指责李德用"短促突击"取代红军的传统战术是造成失败的主要原因。李德和博古为自己辩护,他们把失败的原因归咎于敌军在数量上占了绝对优势。李德甚至说他的战略指导没错,只是执行中出了问题。毛泽东进行反驳,他说前四次"反围剿"中红军都是同数倍于己的敌军作战,但都取得了胜利。所以问题不是数量,而是战术,也就是说是军事指挥路线错了。毛还把这条错误的路线概括为:防御中的保守主义,进攻中的冒险主义,退却中的逃跑主义。

毛泽东的讲话博得热烈的掌声,因为他讲出了大多数指挥员长期以来没有说出的话。在三个晚上的激烈辩论中,20名与会者除了何克全(凯丰)支持李德、博古外,其余人都站在毛泽东这一边。最后由周恩来提议停止原来由李德、博古和他本人组成的三人小组的工作,军事指挥权交由新的三人小组:周恩来、王稼祥、毛泽东。

李德再没有指手画脚的机会,许多年后他还抱怨遵义会议没有提及苏联和世界政治问题。如果提到这些问题也许对他有利。但毛泽东等人早在会议前就考虑到了,如果讨论政治问题,会议很可能会开崩。当时红军的存亡问题压倒一切。毛泽东抓住这个主要矛盾,也就抓住了绝大多数指战员的心。他的对手有共产国际作后台,而他却在斗争中赢得了大多数,原因就在这里。

李德的军事指挥权交由新的三人小组,实际上转到毛泽东手中,这就是遵义会议最大的积极成果。政治的改变则不大。政治局常委只增加了一个毛泽东,其他人仍都在岗位上,包括博古在内。博古的总书记解除了,但接任总书记的是张闻天。

但这并不是说毛泽东与博古等在政治路线上没有分歧。分歧是很大的,只是毛认为当时还不到挑明这个问题的时候。当时不提政治问题,只提军事问题,受到批评的人就不多,这样有利于团结大多数,以共同对付当时的危局。假如在遵义会议上就提出政治路线问题,受到批判的人就会很多,那样到了同张国焘的分裂主义作斗争时,就不会出现周恩来、王稼祥、张闻天和博古都站在毛泽东这一边的情况。后来的事实证明毛泽东的做法很有远见。由于他团结了大多数,不仅博古成了张国焘的对立面,连李德在反对张国焘的斗争中也支持毛泽东。

当然,毛泽东也知道政治和军事之间的微妙关系。当时军事斗争是重心,在军事问题上有决策权的人在政治上绝不会是无关紧要的。毛泽东在军事上的节节胜利为以后的延安整风运动中彻底清算王明路线准备好了条件,到那时他在全党的最高领导地位

由于他团结了大多数,不仅博古成了张国焘的对立面,连李德在反对张国焘的斗争中也支持毛泽东。

231

已经不可动摇了,因而才是解决政治路线问题的最佳时期。

八、说破英雄惊煞人

"勉从虎穴暂栖身,
说破英雄惊煞人。巧
借闻雷来掩饰,随机
应变信如神。"这四
句诗说的是当年刘备
羽翼未丰,屈居曹营
的故事。

"勉从虎穴暂栖身,说破英雄惊煞人。巧借闻雷来掩饰,随机应变信如神。"这四句诗说的是当年刘备羽翼未丰,屈居曹营的故事。刘备的确是个聪明人,他深知自己栖身虎穴,绝不能让疑心很重的曹操识破他的雄心壮志。而当他的心机突然被曹操道破,一下子使他露出惊恐神色时,他又巧借闻雷来加以掩饰,从而避免了一场眼看就要发生的杀身之祸。

毛泽东遇险不惊,随机应变的本领一点儿也不亚于刘备。

红军长征到达四川懋功,毛泽东率领的红一方面军和张国焘部的红四方面军会合。在此毛张之间发生了北上还是西进的分歧。经过毛泽东的努力,在毛儿盖勉强达成共同北上的协议,同时将两个方面军分编成左路军和右路军。张国焘统左路,毛泽东率右路。但这样做并没有消除分歧。张国焘的左路军中有支持毛的朱德和刘伯承,毛泽东的右路军中则有张的心腹陈昌浩。毛泽东到班佑时,张国焘分裂的迹象重新出现。张国焘借白河涨水左路军无法渡河,重提他的西进计划。毛泽东则以中央委员会的名义要求张继续北上。张仗着人多枪多,拒不服从,并向右路军指挥部里的陈昌浩发来一份密电,企图用一种"彻底开展党内斗争"的方法来挟持毛泽东和右路红军随他西进。由于叶剑英的机警,毛泽东先于陈昌浩知道了电报的内容,形势非常紧张,因为毛泽东的部队早已分散,第一军团距班佑有两天的路程,而附近却有张国焘的两个军。彭德怀着急,如果红四方面军要缴三军团的械,我们该怎么办呢?他敦促毛:抓一些人质,以防止出现红军部队自相残杀的不幸局面。

毛泽东没有采纳彭德怀的建议。他知道张国焘电文中"彻底开展党内斗争"是什么意思,但毕竟没有公开威胁要"武力解决"

中央。如果先自采取抓人质的办法,那一场自相残杀倒真是不可避免。

毛泽东火速赶到三军团驻地,和常委们作出紧急决定:第三军团凌晨2时出发。以什么名义离开呢?毛泽东派叶剑英去告诉陈昌浩:部队要回头南下,要过草地,需要准备更多的粮食,所以动员整个部队天一亮就去地里割青稞。陈昌浩没有表示反对,他一点儿也不担心,他认为毛只有那么九个人,不敢自行离去。

等陈昌浩发觉红一方面军开拔后,毛泽东的人马已经离开了陈的"势力范围"。陈派了红军大学的一个学生营和红四方面军的一部分人,举着"反对毛泽东逃跑"的标语追上来。毛泽东对他们说:想南下的,请便;愿北上的,也请便,绝不强迫。南下是没有出路的。至于不愿意和党中央一起北上的人,可以等一等。我们可以作为先头部队先走一步。我们先走,去开辟根据地,完成我们的任务。我们欢迎你们来参加我们的队伍。我相信,一年之后,你们会来的。

毛泽东说得一点儿不错。红四方面军经过一番挫折,最后还是回了头,于1936年10月10日到达陕北。整整一年,一天不差。红军三大主力在毛泽东的坚持下,终于完成了举世闻名的万里长征,在陕北胜利会师,开始新的战斗历程。

杨尚昆说:长征中,毛泽东率领一、三军团单独北上,是极为关键的一步。没有这一步,也就没有一年以后三大主力红军在西北大会师。如果没有北上这一着,红一、红二、红四方面军统统集中在藏民区的贫瘠地区,慢慢地就会被消灭了。因为那里既没有条件壮大军队,更没有条件搞生产,那里是草原和不毛之地,敌人把几个小山口一封,你就没有办法了。①

杨尚昆说:长征中,毛泽东率领一、三军团单独北上,是极为关键的一步。没有这一步,也就没有一年以后三大主力红军在西北大会师。

---

① 参见《中国出了个毛泽东》,解放军出版社1991年版,第73页。

九、党内斗争的火候和分寸

1935 年 9 月,毛泽东在长征途中识破张国焘企图胁迫党中央跟他走的阴谋后,悄然带领红一方面军离开张国焘的势力范围,单独北上。可是红一方面军的朱德和刘伯承仍然在张国焘指挥的左路军中。张国焘得知毛泽东"金蝉脱壳"的消息后,勃然大怒,他在全军召集"批毛、周、张(闻天)、博(古)大会"。由于朱德与毛泽东关系密切,在红军中又颇有影响,张要朱德表态批判"毛泽东的逃脱主义"。朱德不从,张骂朱德是"老顽固"。刘伯承也被激怒了,站出来批评张不应该这样对待朱德。

左路军中发生的这些事,毛当时并不知道,他只顾带红一方面军继续北上,从不提该怎么去营救他的这两位得力助手。倒是杨尚昆忍不住了,他建议用红四方面军的一名高级指挥员向张国焘换回刘伯承。毛不同意这么做。毛说:"如果你提出用某人来换,他(张)也许就会杀死刘伯承。在目前情况下,倒是安全的,他能够活下去。"

毛泽东当然不是不关心部下的死活,但是他为什么不主张用人去换回他们呢?

用人换人常是敌我两军或两国交换俘虏的事。张国焘当时虽然有分裂企图,但他毕竟还没有公开使用武力。这时候对立双方的关系非常微妙,就表面看还属党内分歧,但如果再向前走一步,就会发展成武力冲突。毛泽东正是恰当把握了这种关系。他知道如果这一方提出用某人去换某人,他与张国焘之间就有了"你的人"和"我的人"的明确分界,原来心照不宣的分歧就会表面化。张国焘会感到他的企图已全被毛泽东识破,再也无法妥协,只有彻底分裂。这样,保不准张在一怒之下真会把他认为是毛的人杀掉。

相反,不用人去换,就当没事一样,我的人仍然放在你那里,看不出有什么"我的人"和"你的人"之分,也就表明张国焘仍然是

他知道如果这一方提出用某人去换某人,他与张国焘之间就有了"你的人"和"我的人"的明确分界,原来心照不宣的分歧就会表面化。

"我们"中的一员,只是意见不同罢了。这样张国焘就不会意识到他的阴谋全被毛泽东识破,当然也就不会轻易与毛泽东彻底决裂。只要朱、刘二人不过分刺激他,他是不会杀害他们的。再说,张的企图并不是要把他的人马与毛泽东的人马分开,各干各的,他是想胁迫整个党和红军听他的。朱、刘二人特别是朱德,在红军中很有威望,张如果杀掉他们,会给自己惹下麻烦,会引起官兵特别是原红一方面军的不满甚至动乱。基于这些,所以不用人去换,朱、刘反而更安全些。

当然,毛泽东还有更深一层的考虑。他知道张国焘尽管野心毕露,但仍然有必要同张保持着一种党内关系,把分歧限制在党内,哪怕只是暂时的或只是表面的也有必要。因为这可以为张留下一个转变的余地。这当然不只是为了张一人,更重要的是为了张手下那么多的红军指战员。这些人并不都听张的,如果矛盾激化,把张推向敌对方面,他就只有沿着分裂的道路走到底,那样张指挥下的官兵,要么被张全带入死胡同,要么就会发生分裂,出现内部残杀。毛泽东采取不急于用人去换的办法,也不忙于追究张的过失,只当问题不是那么严重,只是你我意见不同而已。你想往西走,我想往北走,我们各走各的,或许以后还可以走到一块的。这就为张国焘留下了宽广的回头余地。如果不这样做,那就不会有一年后三大主力红军在陕北的会合。

毛泽东从不放弃党内斗争,但他也从不轻易把对手推向不可挽回的敌对方面。他总是在坚持斗争的原则下为对方留下一个转变的余地,使对方有一个改正错误的机会。这样他不仅可以减少许多死对头,而且可以团结到更多的人。

十、确保组织上正派和思想上正确

延安整风运动,目标是整顿三风:学风、党风、文风。但主要是解决两个问题:什么叫正确? 什么叫正派? 只有把正确和不正确,

毛泽东从不放弃党内斗争,但他也从不轻易把对手推向不可挽回的敌对方面。他总是在坚持斗争的原则下为对方留下一个转变的余地,使对方有一个改正错误的机会。

正派和不正派这两个标准树立起来,才能走向全党的团结和统一。

毛泽东提出反对宗派主义,就是要解决什么叫正派的问题。"正派"是对"宗派"而言的。明确了什么叫"正派",就知道"宗派"是不正当的派别,因此应当革除。

关于什么是宗派,毛泽东在 1955 年说:"宗派,我们的祖宗叫做'朋党',现在的人叫'圈子'又叫'摊子',我们听得很熟的。干这种事情的人们,为了达到他们的政治目的,往往说别人有宗派,有宗派的人是不正派的,而自己则是正派的,正派的人是没有宗派的。"①

党派党派,党本身就是一种派。因此党外有党、党内有派是政党现象,党内无派反而千奇百怪。毛泽东承认党内派别活动无法完全避免。但是为了建成一个集中统一的党,为了使党的队伍整齐、步调一致,就不能允许宗派活动存在,就必须毫不留情地消除一切宗派主义,消除一切无原则的派别斗争。

党内的宗派主义倾向有可能发展到像张国焘那样的分裂活动。到延安整风的时候,占统治地位的宗派主义在党内已经不存在了。但宗派主义的残余仍然存在。其表现就是闹独立性,把个人或小集团放在第一位,而把党放在第二位,总是想以全局利益服从局部利益。为此就要拉拢一些人,排挤一些人,在同志中吹吹拍拍,拉拉扯扯。毛泽东认为这是一种资产阶级政党的庸俗作风,发展下去会搞非组织活动,甚至走向分裂道路。宗派主义是一种党内的排他性,毛泽东用来反对宗派主义的主要武器是全局观点。

宗派主义不仅表现在全局和局部的关系,在局部与局部的关系上也有表现。毛泽东举了以下几种:

一是外来干部看不起本地干部。根据当时的情况,毛泽东认为,如果外来干部和本地干部关系不好,主要责任一般应放在外来干部身上。两部分干部应该取长补短,打成一片,而外来干部特别

宗派主义是一种党内的排他性,毛泽东用来反对宗派主义的主要武器是全局观点。

① 毛泽东:《关于胡风反革命集团的材料》的"序言"和"按语",1955 年 5 月、6 月。

需要扶持、帮助、信任本地干部。

二是军队干部和地方干部之间的隔阂。毛泽东的原则是，如果两种干部闹纠纷，主要责任一般应放在军队干部身上。两部分干部必须互相信任、互相谅解，而军队干部尤其要以谦虚的态度帮助地方干部工作。

三是新干部和老干部之间应该互相尊重，取长补短，防止宗派主义倾向。如果新老干部关系弄得不好，老干部应负主要责任。

在处理这三种关系中，毛泽东都提出一个主要责任者问题。这是毛泽东根据党内现状，运用矛盾主要方面思想而提出的一个很有用的原则。没有这个原则，许多关系就相互扯不清，各说各有理，彼此埋怨对方，越闹越不团结。有了这个准则，就可以明确责任重点，使事实上比较有优势的一方先作自我批评。主要责任并不总是固定在一方，即使是次要方面也有一定的责任，所以两个方面都要作自我批评。双方都检查自己，都作自我批评，许多矛盾就闹不起来，闹起来也比较容易解决。

还有几部分军队之间，几个地方之间，几个工作部门之间，应相互以邻为友，若只替自己打算，不为他人着想，表现为对本位主义特点，毛泽东认为也是一种宗派主义倾向。这种横向关系上的本位主义，虽然不是直接针对全局的，但发展下去也有害于全党的团结统一。应该防患于未然。

毛泽东不仅把全党看做一盘棋，而且把全国看做一盘棋。因此，他提出不仅要反对党内关系上的宗派主义残余，而且要反对党内外关系上的宗派主义倾向。这当然是针对党内某些同志说的。他们的宗派主义倾向表现为对党外人员妄自尊大，看不起人家，藐视人家，不了解人家的长处。这种倾向发展下去会脱离群众，使党陷入孤立。他强调，共产党员和党外群众相比，无论何时都占少数。单是团结全党还不能战胜敌人，必须团结全国人民才能战胜敌人。

反对宗派主义在于实行两个目的：横向上的团结一致，纵向上的集中统一。团结是统一的基础。凡符合团结和统一的言行都是

毛泽东不仅把全党看做一盘棋，而且把全国看做一盘棋。因此，他提出不仅要反对党内关系上的宗派主义残余，而且要反对党内外关系上的宗派主义倾向。

正派的,不符合这两点的言行就是不正派的。毛泽东以这个原则实行了全党的空前团结和统一,又以全党的团结和统一来实现全国的团结和统一。

正派不正派是组织活动上的问题,正确不正确是思想认识上的问题。前者涉及党风,后者涉及学风。毛泽东发动整风运动,落脚点是要实现全党的思想一致和集中统一。思想主宰人的行为,"为要从组织上整顿,首先需要在思想上整顿"。组织不纯是由思想不纯造成的。思想一致了,行动上自然一致。

如果说整顿党风以反对宗派主义主要是为了肃清张国焘路线的残余,那么整顿学风以反对主观主义则是为了肃清王明路线长期以来在党内造成的不良影响。主观主义有两种:教条主义和经验主义。在延安时期,毛泽东认为主要危险是教条主义,而教条主义正是王明路线的特征。

教条主义之所以更危险,是因为它容易装出马克思主义的面孔,借以吓唬文化不高的工农干部,吓唬天真烂漫的青年。教条主义者言必称马列,动不动几版几条,工农干部和青年学生很容易被他们迷惑,被他们俘虏,充当他们的佣人。

毛泽东从来没有被教条主义俘虏过。但是他吃了不少教条主义的苦头。他的发言权曾一度被满口马列、以共产国际为后盾的教条主义者剥夺殆尽。遵义会议恢复了他在军事上的发言权,但是教条主义思想的根子当时没来得及细刨。这笔账一直欠了十几年,延安整风是彻底剥夺教条主义者的发言权的时候了。

王明等人曾自封为唯一正确,而攻击别人是狭隘经验论。他们凭什么说自己正确?就凭他们读了几本马列的书。他们的政治资本就是这个。

马列的书上写得当然正确。这一点不能否认。毛泽东如果仅从书本理论上去同教条主义者争论是非,赢家肯定是对方。他知道不能这么做,而采取迂回战术,到书本理论之外去找别的标准。书本上记录的是前人或外人的经验总结,它是普遍真理,但有片面性。必须将书本上所写的马列主义理论同中国革命的具体实际结

教条主义之所以更危险,是因为它容易装出马克思主义的面孔,借以吓唬文化不高的工农干部,吓唬天真烂漫的青年。教条主义者言必称马列,动不动几版几条,工农干部和青年学生很容易被他们迷惑,被他们俘虏,充当他们的佣人。

合起来,才称得上是全面的、具体的真理。

他批评那些留学生,只懂得希腊,不懂得中国,只知道生吞活剥外国的东西,只起一个留声机的作用。他们有一种反常心理。他们一心向往的,就是从先生那里学来据说是亘古不变的教条,而对中国的问题反而不感兴趣,对党的指示反而不重视。他们把马列主义书本上的某些个别字句看做现成的灵丹妙药,似乎只要得了它,就可以不费气力地包医百病。毛泽东说:"这是一种幼稚者的蒙昧,我们对这些人应该作启蒙运动。""对于这种人,应该老实地对他说,你的教条一点用处也没有。"①

对于马列主义,我们应当精通它,应用它,"精通的目的全在于应用"。据此,毛泽东重新定出一个马列主义水平高低好坏的标准:"看一个人学生(党校学员)学了马克思列宁主义以后怎样看中国问题,有看得清楚的,有看不清楚的,有会看的,有不会看的,这样来分优劣,分好坏。"②用这样的标准来衡量,教条主义无疑是最坏、最劣的。

毛泽东把教条主义看做共产党的大敌,工人阶级的大敌,人民的大敌,民族的大敌,是党性不纯的一种表现。大敌当前,很有扫除的必要。扫除了教条主义,就等于彻底剥夺了王明路线支持者的发言权,肃清了王明路线在党内根深蒂固的影响。

另一种主观主义,毛泽东称之为经验主义。经验主义是另一种片面性,也在扫除之列。因为它满足于一得之功,一孔之见,以局部经验代替普遍真理。

一只手反教条主义,另一只手反经验主义。毛泽东称此为两条战线上的斗争。经过这种斗争,毛泽东成功地把全党的思想统一到马克思列宁主义与中国革命具体实际相结合上来,即统一到毛泽东思想上来。由于整顿学风,反对两个主观主义的工作做得主动及时,到了"七大"召开,毛泽东思想被确定为全党唯一合法

> 扫除了教条主义,就等于彻底剥夺了王明路线支持者的发言权,肃清了王明路线在党内根深蒂固的影响。

---

① 《毛泽东选集》第三卷,人民出版社1991年版,第820页。
② 《毛泽东选集》第三卷,人民出版社1991年版,第815页。

的指导思想。

十一、批评和自我批评

他认为党内不同思想的矛盾和斗争是经常发生的,是不可避免的。党内的矛盾和斗争不是坏事,而是好事,是党自我更新的驱动机制。

　　有的人认为共产党内部应当整齐划一,或者把党内的矛盾斗争看做坏事。毛泽东的看法相反,他认为党内不同思想的矛盾和斗争是经常发生的,是不可避免的。党内的矛盾和斗争不是坏事,而是好事,是党自我更新的驱动机制。"党内如果没有矛盾和解决矛盾的思想斗争,党的生命也就停止了。"①党内本来是不划一的,怎么样统一呢? 通过开展党内的思想斗争来达到统一。

　　党内存在许多不同的思想,毛泽东把它归纳成两种:无产阶级思想和非无产阶级思想。党内的思想斗争概括地说就是无产阶级思想对各种非无产阶级思想的斗争。开展这种斗争的主要形式是整风。整风是经常性的活动,三五年一次大运动。就像扫房子一样,一天一小扫,一周来一次大扫除。

　　为什么要经常整风? 毛泽东说:"党内的不同意见是经常发生的,意见刚刚一致,过一两个月,新的不同意见又出来了。"②"就是老兵、老干部,只要你不整风,他的思想也要起变化。"③在党内的各种不同思想、各种不同意见中,有一种是正确的,那就是无产阶级的思想。与此不同的其他思想,其他意见,都是非无产阶级思想,都不是正确的意见。通过斗争,把这些不同的思想,不同的意见去掉了,党就达到了思想统一,全党上下同心同德,团结一致。

　　大规模的整风运动,分若干步骤进行。第一步是认真学习领会中央下发的整风文件,掌握好是非标准,即用来进行批评和自我批评的武器。第二步是对照文件精神来检查本人在本单位存在着哪些问题,找出差距。第三步是让正确的思想和错误的思想交锋。

---

① 《毛泽东选集》第一卷,人民出版社 1991 年版,第 306 页。
② 毛泽东:《在省市自治区党委书记会议上的讲话》,1957 年 1 月。
③ 毛泽东:《打退资产阶级右派的进攻》,1957 年 7 月 9 日。

第四步是分析犯错误的原因,指出其危害性。第五步是制订出改正错误的计划和措施。中心环节是批评和自我批评。

批评和自我批评都是面对面进行。通常是先由各人作自我批评,即拿毛泽东分发的"解剖刀"解剖自己,掏出自己的内心世界,找出自己的不足之处。接着是相互批评,互相提意见,帮助别人指出他有意或无意疏漏的缺点。最后再来一轮自我批评,在别人的帮助下加深认识,彻底向党交心,并表明改正态度。

一位外国人考察过延安整风运动后深有感触地说:"共产党人经常地进行着自我批评的整风工作,他们总是用一面放大镜在那里检验着他们自己的过失。他们痛击自己的胸膛以保证自我的改进,他们为自己的失错而悲哀和后悔。"①

这种面对面的批评和自我批评对于改进共产党员自身的毛病非常有效,因为它将一个人的内心世界在朝夕相处的老同事、上下级面前彻底公开化,半点私心杂念也隐瞒不了。相互批评是为了促进自我批评。重点在自我批评,但自我批评由于结合着相互批评,完全不同于中国人历来提倡的"自我省察"。因为在这里,自己正确还是不正确不在于自己认为如何,而在于别人认为如何。别人,特别是领导认为过了关就过了关,否则就没有过关,还要继续深入解剖自己。如果自己解剖遇到困难,就需要别人帮助帮助,拿一面镜子过来给你照一照。

毛泽东很重视批评和自我批评,他称此为共产党的三大作风之一。据说任何其他的政党都是做不到的。用这种方法来整风,一方面可以使共产党员及时擦掉自己脸上的脏东西,始终保持全新的面貌;另一方面可以把全党的思想统一起来,使党的队伍整齐、步调一致。

整风作为统一思想、统一步调的手段,不仅在共产党内是必要的,在党外各部分群众中也是必要的,不仅绝对必要,而且要经常进行。从延安开始的整风运动尔后每隔几年一次。到了 20 世纪

一位外国人考察过延安整风运动后深有感触地说:"共产党人经常地进行着自我批评的整风工作,他们总是用一面放大镜在那里检验着他们自己的过失。他们痛击自己的胸膛以保证自我的改进,他们为自己的失错而悲哀和后悔。"

---

① 《外国人眼中的毛泽东》,华岳文艺出版社 1989 年版,第 118 页。

50 年代,毛泽东发现:"世界上有些事就是那么怪,三年不整风,共产党、青年团、民主党派、大学教授、中小学教员、新闻记者、工程师、科学家里头,又要出许多怪议论,资本主义思想又要抬头。比如房子每天要打扫,脸每天要洗一样,整风我看以后大体上一年搞一次,一次个把月就行了。也许那时候还要来一点洪峰。"①

"洪峰"是对付大量非无产阶级思想的。一般性的思想分歧,则用"开会"来解决。毛泽东很重视开会,他领导的主要方法之一就是开会。大会小会,经常不断。他讲为什么要经常开会,就因为工人阶级、共产党内部经常是参差不齐的。颜色不一,思想不一。三个月不开会就不统一了。开会就是为了达到一致。不统一才开会,统一了还开什么会?②

十二、团结——批评——团结

团结是党的生命,但是没有斗争党的生命就会停止。毛泽东很早就发现了这个辩证法秘密。因此,为了使党永葆青春活力,必须有两只手:一只手搞团结,另一只手搞斗争。

党内斗争主要是思想斗争,方法是批评和自我批评。毛泽东把斗争换成批评,创造了一个正确开展党内斗争的公式:"团结——批评——团结。"他把这个公式解释成:从团结的愿望出发,经过批评和自我批评,在新的基础上达到新的团结。

为什么要这么做?因为毛泽东需要把党的纯洁性和广泛性两个要求统一起来。共产党既需要纯洁一致,又需要五湖四海,两者缺一不可。没有五湖四海,党就会缩小、孤立,兵可能是精了,但武器不多,队伍不庞大,不能战胜敌人。没有纯洁一致,什么人都可以待在党内,并且各唱各的调,那样,队伍可能很庞大,场面也很活

毛泽东把斗争换成批评,创造了一个正确开展党内斗争的公式:"团结——批评——团结。"他把这个公式解释成:从团结的愿望出发,经过批评和自我批评,在新的基础上达到新的团结。

---

① 毛泽东:《坚定地相信群众的大多数》,1957 年 10 月 13 日。
② 参见《毛泽东在成都会议上的插话》,1958 年 3 月。

跃,但形成不了一股集中统一的力量,同样战胜不了敌人。

纯洁性与广泛性是有矛盾的,可以说历史上没有哪一个政治家,哪一个政党首领解决好了这个矛盾。他们要么兵多但队伍不整齐,要么兵精但队伍很有限。或者多而不精,或者精而不多。毛泽东成功地解决了这个矛盾,办法就是又批评(斗争)又团结。他通过批评(斗争)来保证党的纯洁性,又通过团结这只手保证五湖四海。

当时的共产国际不理解毛泽东的做法,他们以为中共在延安开展整风是在搞清党活动,甚至是无原则的派别斗争。他们的想法是要团结就不能斗争,要斗争就是在清除异己。

毛泽东认为斗争正是为了团结。要团结得好,就必须开展积极的思想斗争。不斗争,一团和气,反而团结不好。事实确也如此,任何一个人,要想很好地与别人团结合作,把别人紧紧团结在自己身边,就必须使自己处于主动、主导地位,迁就、忍让是不行的。一人如此,一党亦如此;党外如此,党内亦如此。以斗争求团结则团结存,以忍让求团结则团结亡。

为了使批评斗争达到团结的目的,毛泽东规定党内斗争的原则是"惩前毖后,治病救人",既要弄清思想,又要团结同志。

一个人患了病,不能讳疾忌医,否则他的生命就发生危险。同样,一个人在思想、作风上有毛病,就必须像接受医生的好意治疗那样虚心接受别人的批评。这批评不是为了害他,仅仅是为了帮助他,拯救他的政治生命。所以被批评者不但不应拒绝批评,还应以积极的自我批评来配合"医生"的治疗。

毛泽东是全党的"主治医生",他诊断症状,说某些同志如何如何;他察究病因,说这是因为什么什么;他开出处方,说现在应该怎样怎样;他发放药物:马列主义、毛泽东思想、革命实践活动等。其他党的干部和一般党员,或者是"医生",或者是"患者",但多半既是"医生"又是"患者"。

"患者们"意识到别人、上级对他的严厉批评是出于对他的关心、爱护、帮助、救治,所以他不但不能怨恨批评者,还要感谢批评

为了使批评斗争达到团结的目的,毛泽东规定党内斗争的原则是"惩前毖后,治病救人",既要弄清思想,又要团结同志。

者,要求对方多给他一点儿帮助。当然他会无条件接受对方的批评,承认自己确实有错,并痛下决心加以改正,不然就对不起党和人民,对不起"医生"们的一片好心。

批评中暴露出来的缺点错误怎么办? 批评者说,那是过去的事了,让我们一笔勾销吧。但是你必须汲取教训,以后再不能犯这样的错误。"再不犯",就是说更团结了,再不会出现以前那样影响团结的事。

毛泽东通过这种办法把党的队伍清理得更纯洁,但是人几乎一个也不会少。因为凡是被诊断犯了错误的人,绝大多数是会改正的。他们改正了错误,还要感谢党对他们的关怀爱护,感谢党宽大为怀,不计前嫌,从而更加努力地为党工作,更加紧紧地与党团结在一起。

因为凡是被诊断犯了错误的人,绝大多数是会改正的。他们改正了错误,还要感谢党对他们的关怀爱护,感谢党宽大为怀,不计前嫌,从而更加努力地为党工作,更加紧紧地与党团结在一起。

第十章 毛泽东的治国智慧

一、治天下也不是难得没有办法

帝国主义者曾预言:中国解放战争虽然胜利,但是财政经济的困难是无法克服的。

国内资产阶级也说,共产党会打仗,军事可得一百分,政治可得八十分,至于经济只能得零分。

面对这种预言,毛泽东乐观地回答:打天下并非容易,治天下也不是难得没有办法。

为了实现财政经济状况的好转,毛泽东认为必须具有三个条件及相应的工作策略。这三个条件:一是土改的完成;二是合理调整工商业;三是节省财政费用。

完成土改是实现经济状况好转的前提条件之一。毛泽东一方面让没有土地的农民分得土地,并通过国家用借贷的方式给予农民必要的帮助,调动了农民积极性。农民高兴地说:"毛主席给了我们土地。"

另一方面,毛泽东考虑到解放后出现的新情况,认为对待富农的政策与老解放区相比应有改变,即由征募多余土地变为保存小农经济,这样既有利于早日恢复农业生产,又利于孤立地主、保护中农和小土地出租者,同时也调动了富农的积极性,减少了土改的压力。所以富农这样说:毛主席不叫动我们的土地财产,是因为我们这些人沾了个"农"字的光。

> 国内资产阶级也说,共产党会打仗,军事可得一百分,政治可得八十分,至于经济只能得零分。

在对待资本主义工商业的策略上,鉴于资本主义工商业既有利于国计民生,其存在和发展具有历史合理的一面,又有随其发展而表现出来的贪婪的剥削性质,即同工人阶级的矛盾越来越突出的一面,毛泽东不同意四面出击,特别是不同意某些人想立即向资本主义开刀的主张。他说:资本主义是要消灭的,但要分步骤,一是要消灭,二是还要扶持一下。

毛泽东认为,在调整工商业中,必须注意改变公私关系和劳资关系,坚持公私两利和劳资两利的原则,使多种经济成分在国营经济领导下分工合作,并存发展,以促进整个社会经济的恢复和发展。

根据毛泽东的策略思想,中央政府以贷款、给料加工、订货、工人监督、资本公开、技术公开、财务公开等办法帮助经营困难的资本家渡过难关。

这样做,与其是为了资本家,不如说是为了工人阶级和广大劳动人民。因为这样做,一是维持了生产,二是维护了工人,三是工人还可以多些福利。这种资本主义已经失去了原有的内容,已经挂在共产党的车头上,离不开共产党了。

这种混合经济的方法还包含着一种意图,即通过国家资本主义形式把私人工商业引入社会主义,为后来社会主义改造奠定基础。

毛泽东把这种方法看做一种权宜之计,并非一种固定模式。"这大概是一个过渡的形式,我们的目标是完全的社会主义。"毛曾向法国前总理孚尔说。

二、天下初定,不要四面出击

1949 年,毛泽东迈着矫健的步伐登上了天安门。用他自己的话说,他这是"进京赶考"。主试官是全国人民,监考官是世界舆论。

1949 年,毛泽东迈着矫健的步伐登上了天安门。用他自己的话说,他这是"进京赶考"。主试官是全国人民,监考官是世界舆论。

与此同时,蒋介石乘着一条海船驶向台湾岛。他要永远告别大陆。在告别之际,为了平衡一下自己失落的心理,蒋介石说了一句话:现在我把这个包袱(指中国大陆)甩给毛泽东了。

争夺了几十年的中国大陆真的变成了包袱吗？毛泽东当然不这样看。

但是天下初定,毛泽东面临着一个布满战争创伤的烂摊子,还有剧烈的社会变动所带来的各种困难,确实不能小看。

在胜利的喜悦中,毛泽东冷静地看到他所面对的敌人比过去多得多。他粗略地数了数,共有五种敌人:一是帝国主义;二是台湾、西藏的反动派;三是国民党残余、特务、土匪;四是地主阶级;五是帝国主义设立在中国的教会学校和宗教界的部分反动势力。毛泽东说:"这些都是我们的敌人。我们要同这些敌人作斗争,在比过去广大得多的地区完成土地改革,这场斗争是很激烈的,是历史上没有过的。"①

毛泽东不敢把这些敌人轻易地称做纸老虎。因为除了这些敌人以外,在人民内部,由于战争带来的工商业破坏以及革命引起的剧烈的社会变动,也出现了许多不满情绪。毛泽东发觉:"我们跟民族资产阶级的关系搞得很紧张,他们惶惶不可终日,很不满。失业的知识分子和失业的工人不满意我们,还有一批小手工业者也不满意我们。在大部分农村,由于还没有实行土地改革,又要收公粮,农民也有意见。"②

面对这么多的敌人和不满,毛泽东告诫那些过去在对敌斗争中搞惯了全面反击的人:"不要四面出击"。他说:"四面出击,全国紧张,很不好。我们绝不可树敌太多,必须在一个方面有所让

---

① 毛泽东在中国共产党第七届中央委员会第三次全体会议上的讲话,1950年6月6日。

② 毛泽东在中国共产党第七届中央委员会第三次全体会议上的讲话,1950年6月6日。

与此同时,蒋介石乘着一条海船驶向台湾岛。他要永远告别大陆。在告别之际,为了平衡一下自己失落的心理,蒋介石说了一句话:现在我把这个包袱(指中国大陆)甩给毛泽东了。

步,有所缓和,集中力量向另一方面进攻。"①

"四面出击"的反面是"集中兵力,各个击破"。毛泽东忘不了这个打败蒋介石八百万军队的法宝,而今初定天下,还是少不得它。他说:"为了孤立和打击当前的敌人,就要把人民中间不满意我们的人变成拥护我们的人。"②

将"不满"变成"拥护"可不容易。因为这些不满再不是对准反动统治的革命因素,而是针对新生政权的不利因素。要消除这些不满情绪,不能单靠说服教育,"阶级仇恨"更要谨慎使用。必须拿出实际的办法:恢复经济。

毛泽东提出种种消除不满的方法:

调整工商业,使工厂开业,解决失业问题,并拿出 12 亿斤粮食解决失业工人的吃饭问题,使失业工人拥护我们。

12 亿斤粮食必须出在农民头上,工人满意了,农民怎么办?"实行减租减息、剿匪反霸、土地改革,广大农民就会拥护我们。"③用得罪小部分人的办法换取大部分人的拥护。

工人的就业与资产阶级联系在一起,所以对民族资产阶级,"我们要通过合理调整工商业,调整税收,改善同他们的关系"。"民族资产阶级将来是要消灭的,但是现在要把他们团结在我们身边。""团结他们,有利于劳动人民。"④

知识分子的不满主要是思想问题,因此对待他们的办法办各种训练班,让他们的思想得到转变。同时办各种学校,如办军政大学、革命大学,把知识分子利用起来,同时对他们进行教育和改造。

"四面出击"的反面是"集中兵力,各个击破"。毛泽东忘不了这个打败蒋介石八百万军队的法宝,而今初定天下,还是少不得它。他说:"为了孤立和打击当前的敌人,就要把人民中间不满意我们的人变成拥护我们的人。"

---

① 毛泽东在中国共产党第七届中央委员会第三次全体会议上的讲话,1950年 6 月 6 日。

② 毛泽东在中国共产党第七届中央委员会第三次全体会议上的讲话,1950年 6 月 6 日。

③ 毛泽东在中国共产党第七届中央委员会第三次全体会议上的讲话,1950年 6 月 6 日。

④ 毛泽东在中国共产党第七届中央委员会第三次全体会议上的讲话,1950年 6 月 6 日。

三、团结、利用、改造民族资产阶级

民族资产阶级在中国历来是个复杂问题。毛泽东能领导民主革命取得胜利,很大程度上得益于他对民族资产阶级采取了正确的政策。社会主义革命仍然回避不了这个问题,而且问题显得更复杂。毛泽东的治国智慧面临着新的考验。

毛泽东不主张马上把民族资产阶级推开。理由有三个:一是他们过去跟共产党合作过,革命一成功就把人家推开于理不合;二是新政权的经济基础还不稳固,许多东西一时还离不开他们;三是他们手中有管理经济的经验和技术,是建设社会主义所需要的。

但是民族资产阶级显然又是社会主义革命的对象。既要革它的命,又不能把它一下子推开,其政治策略比在民主革命时期还难。

毛泽东的策略是团结、利用、改造。团结是为了利用。改造就是革命。不过这种革命是和平的,不是暴力的,是赎买而不是剥夺。

赎买并不是拿钱把资本家的企业买下来。那个钱毛泽东出不起。他所说的赎买是给资本家较高的薪金,同时对他们的资产付给一定的利息。而这个利息原本是资本家的利润。

有人不理解为什么要付资本家高薪,难道要奖励他们过去对工人的剥削吗?毛泽东劝道:给他们高薪,是为了把他们的政治资本完全剥夺净尽。工人阶级不要和资产阶级比,不可比,比不得,这是两个不可比的阶级。他们吃五个菜,政治上就被动;他们的薪金高,说话声音就小。

拿定息也是这样。资本家既然还拿定息,靠资本不劳而获,就说明"他们的剥削根子还没有脱离",因此就有改造的必要。有些小工商业者,一个月只拿几包烟钱的定息,但因为这是剥削性质,所以也要老老实实地接受改造。

有许多社会主义国家对毛泽东的赎买政策不理解,他们说中国右了,不像"十月革命"。毛泽东说,我们不是把资本家革掉,而是把资本家化掉。"化掉"仍然是革命,不过来得缓些、软些,不像"十月革命"那样激烈。怎么可以说右呢?仍是"十月革命"。

> 毛泽东说,我们不是把资本家革掉,而是把资本家化掉。"化掉"仍然是革命,不过来得缓些、软些,不像"十月革命"那样激烈。怎么可以说右呢?仍是"十月革命"。

毛泽东知道仅仅赎买还不会使资本家自动地化过来。还必须造成一种大势所趋,迫使他们自己走过来。他采取的办法是先在农村造成社会主义高潮,割断农民与资产阶级的关系,在农村广阔土地上根绝资本主义的来源,从而彻底孤立资产阶级。孤立了就好团结,就好改造。

为什么到了1956年资本家就敲锣打鼓,赞成社会主义改造呢?毛泽东说,这是因为农村的社会主义高潮来了,工人群众又在底下顶他们,好比人民政府在这头,工农群众在那头,资本家在中间,两边一夹,就把他们夹过来了。这不也是一种革命吗?

四、正确处理人民内部矛盾

毛泽东把社会主义社会的矛盾分作两类:敌我矛盾和人民内部矛盾。他还强调,社会主义社会的矛盾大量地表现为人民内部矛盾。毛泽东这样做等于承认了一个基本事实:新社会和旧社会相比,再没有那么多敌人,生活中出现的大量分歧、争议、摩擦、冲突,主要是人民内部的问题,不能用过去那种对敌斗争的方法处理,而要用民主的、说服教育和批评团结的方法来处理和解决。

但是毛泽东又说,我们所提的人民内部矛盾,包括阶级矛盾。这就出现三种矛盾:敌我矛盾、内部矛盾和阶级矛盾。这是三种不同的矛盾概念。

于是毛泽东在划分了两类矛盾以后,又接着把人民内部矛盾分作两种:一种是"阶级斗争性质的",即阶级斗争。具体指工人阶级同资产阶级、小资产阶级和大量的中间派之间的矛盾。他说此种矛盾具有两重性：对抗性和非对抗性。① 言下之意，是说这种矛盾处在敌我矛盾和人民内部矛盾之间，属于可敌可友的矛盾。②

人民内部的第二种矛盾是"先进落后性质"的矛盾。这一种矛盾当然全在劳动人民内部。不过毛泽东紧接着又将这种人民内部的矛盾进一步分成两小类：一是"属于阶级斗争性质的"矛盾，二是"属于先进落后性质"的矛盾。于是人民内部共出现了三种不同的矛盾。

第二种即"属于阶级斗争的"矛盾，包括个人主义、自由主义、绝对平均主义、官僚主义以及资产阶级、小资产阶级、封建剥削阶级思想的影响。按照毛泽东的观点，这些思想观念上的问题，因为反映了私有制，所以要挂在资产阶级的账上。无产阶级同这些资产阶级思想观念的斗争，也带有阶级斗争性质。由于它带有阶级斗争性质，所以与人民内部的第一种矛盾也没有多少区别。

第三种即"属于先进落后性质"的矛盾，毛泽东指的是认识问题，如主观主义、左一点与右一点、唯心论与唯物论、形而上学与辩证法等。但是按照毛泽东的一贯看法，这些认识问题同样也属于思想问题，同样也有其阶级根源，因此同样也要带上阶级斗争性质。

人民内部的三种矛盾都或多或少地带有阶级斗争性质，即都是程度不同的阶级矛盾。那么敌我之间的矛盾属于什么性质的矛盾呢？无疑也属于阶级矛盾，不可能属于其他什么性质的矛盾。再说，阶级矛盾、阶级斗争都是你死我活的，这不正是敌我矛盾的特征吗？

> 人民内部的三种矛盾都或多或少地带有阶级斗争性质，即都是程度不同的阶级矛盾。

敌我矛盾是阶级矛盾，人民内部的三种矛盾或多或少也是阶级矛盾。于是，通过"阶级矛盾"这个中介，"人民内部的矛盾"都可以一步一步地过渡到"敌我矛盾"中去。

这就是毛泽东的灵活性。因为有了这种灵活性，他前面把敌

---

① 参见毛泽东：《关于正确处理人民内部矛盾的问题》，1957年2月。
② 毛泽东在1958年1月的杭州会议上又把人民内部矛盾划分为三个层次。

我矛盾和人民内部矛盾区分开，后面又把这两类不同性质的矛盾联系起来，使之可以相互转化。

因为有了这种灵活性，在他那里，不仅有"敌人"和"人民"两种人，还有"几分之几的敌人"和"几分之几的人民"。例如民族资产阶级，毛泽东曾说，他们有的是一半敌人、一半朋友，有的三分之一或多一些是敌人。右派也是这样。毛泽东一方面说资产阶级右派和人民的矛盾是你死我活的敌我矛盾；另一方面又主张把他们都放在人民内部，不抓不杀，也不剥夺选举权。

毛泽东一方面把某些人卡在敌人和人民中间；另一方面又坚持除了敌人就是人民，不是人民就是敌人的两分法。这种原则性和灵活性的统一有什么好处呢？

好处在于告诉那些亦敌亦友的人，在你面前只有两条路：非敌即友，非友即敌。如果你不想做敌人，那就得跟我们一条心，做我们的朋友；如果你不够朋友，不做朋友，那么就成了我们的敌人。一切在政治之外游移不定的动摇派、中间派，都必须作出这样的选择，要么做我们的朋友，要么做我们的敌人。何去何从，大家看着办。

做敌人是要专政的，谁都知道这个道理，因此只有做人民。但是在人民内部也不能掉以轻心。因为人民内部还有许多矛盾。有矛盾总可以找出阶级根源。既是阶级斗争的反映，就有可能发展成你死我活、你输我赢的敌我矛盾。因此，要做一个人民，就必须真心实意的拥护，来不得半点虚伪和骄傲。这样，毛泽东就可以实现全国人民的空前团结和统一，直到没有一个捣乱分子。

毛泽东规定人民内部矛盾只能用民主的方法解决，而不能用专政的方法、压服的方法解决。所谓民主的方法，就是说服教育、批评自我批评这一套办法。不过，由于人民内部矛盾多多少少都是阶级斗争的反映，所以矛盾双方总要有一个"死"，有一个"活"，有一方输，有一方赢。如果我认为某人有资产阶级思想，而他则认为自己是正确的，既不作自我批评，又不接受别人的批评，怎么说也不服，那么，是否要用专政的手段使他服呢？毛泽东认为在这种情况下也不能使用专政的手段。但可以把他放在敌人和人民中间卡着,等待他不愿做敌人而开始转变的时候,再把他放到人民内部来。毛泽东对没有触动刑律的阶级敌人始终是比较宽厚的,一不抓,二不杀,有时还保留公民权,只把他放在敌人和人民之间,形成一种政治压力,让他自己慢慢转变到人民内部来。

毛泽东对没有触动刑律的阶级敌人始终是比较宽厚的,一不抓,二不杀,有时还保留公民权,只把他放在敌人和人民之间,形成一种政治压力,让他自己慢慢转变到人民内部来。

五、百花齐放,百家争鸣

1949 年革命的胜利,使毛泽东在历史上的角色地位发生了变化:由原来被统治者地位上的反抗者变成了统治者地位上的领导者。于是他面临着一个从未遇到的难题:他不可能再站在被统治者的地位上向统治者造反了,但是他又不能站在统治者的地位上去压迫被统治的人民。因此他需要考虑一种能够把统治者和反抗者两种角色综合起来的治国方针或曰领导方法。所以他说:"领导我们的国家可以采用两种不同的办法,或者说两种不同的方针,这就是放和收。"①

"放",就是放手让大家讲意见,使人们敢于说话,敢于批评,敢于争论;不怕错误的议论,不怕有毒素的东西;发展各种意见之间的相互争论和相互批评,既容许批评的自由,又容许批评批评者的自由;对于错误的意见,不是压服,而是说服,以理服人。

"收",就是不许人家说不同的意见,不许人家发表错误的意见,发表了就一棍子打死。

"两种方针:放还是收呢?二者必须取其一。"毛泽东毫不犹豫地选择了第一种方针:"我们采取放的方针。"②

两个方针的问题是毛泽东 1957 年 3 月 12 日在全国宣传工作

---

① 毛泽东:《在中国共产党全国宣传工作会议上的讲话》,1957 年 3 月 12 日。

② 毛泽东:《在中国共产党全国宣传工作会议上的讲话》,1957 年 3 月 12 日。

会议上提出来的。至于为什么要采用放的方针,毛泽东在同年 7 月上海干部会议和青岛会议上做了解释:

"我们的目标,是想造成一个既有集中又有民主,既有纪律又有自由,既有统一意志又有个人心情舒畅、生动活泼,那样一种政治局面。"[①]"两方面都有,不只是一方面,不是只有纪律,只有集中,把人家的嘴巴都封住,不准人家讲话,本来不对的也不准批评。应当提倡讲话,应当提倡生动活泼。"

站在当权者的地位上,同时又允许被领导者提出批评,发表不同意见。这就是一种能够结合统治者和被统治者两方面意志的办法。毛泽东认为,用这种方法领导国家,便能形成一种理想的政治局面,既生动活泼,又能长治久安,不会走到历代统治者的老路上去。

收的方针,把人家的嘴巴封住,不准讲话,不准批评,不准发表不同意见,发表了就一棍子打死。这种方法是历代统治者采用的方法。历代统治者都不让放,不敢放,因为放意味着向自己的统治权威提问和挑战。但是他们这样做并不利于自己的统治。因为这样做不能及时发现矛盾并解决矛盾,而是把矛盾捂住,不让它出现。结果,终有一天来个总爆发,这时再也无法解决矛盾,统治也要完蛋。

毛泽东认为共产党的领导,"放"比"收"好。

放有利于科学发展,艺术繁荣。历史上凡属正确的东西,好的东西,开始总是很弱小,如哥白尼的太阳说、达尔文的进化论,开始都是少数派。如果下一个禁令,什么花也不让放,那么首先受害的就是这些稚嫩的新生事物,它们要么被扼杀在摇篮中,要么长期受压抑得不到很好的发展。放的方法可以为新生事物的成长壮大开辟道路。

百花齐放,在放出香花的同时,肯定也会放出一些不好的花甚至于毒草。这正是一些人所担心的。毛泽东认为放出毒草也是好

---

① 毛泽东:《一九五七年夏季的形势》,1957 年 7 月。

事。如果你不放,它就会隐匿起来,使你无法抓到它。你一放,它就冒出来了,出来了就可以把它锄掉。这比你到处打着灯笼寻找坏东西不是更好、更省事吗?

能不能做个规定,说只准放香花,不准放毒草呢? 毛泽东认为不能。花还没有开出来,你怎么知道哪是香的哪是臭的? 只有先让它开放,不管是什么花,统统放出来。放出来后,再去嗅一嗅,加以鉴别,区分出好坏来。好的加以保护发展,有毒的将它锄掉。锄掉的毒草可以用来肥田,即做反面教员教育人民。这样做既便于除去毒草,又能提高人民的辨别能力,增加政治免疫力,还可以从反面把香花衬托得更加鲜艳夺目,是一举数得的好事情。

有些花,虽然没有毒,但是有刺,很扎手。这种花放出来好不好呢? 也有好处。这种花相当于毛泽东所说的"正确的批评"。因为它有刺,刺到了某些领导者的痛处,所以听起来不舒服。但这正好可以刺一下这些领导者身上的官僚主义,帮助他们改正错误,使他们以后少犯错误,或者不要犯大错误,不要走到人民的反面,最后等到人民起来把他打倒。这不是很有意义吗?

总之,放的办法可以及时发现矛盾,及时解决矛盾。要解决的矛盾无非是两种:一种是锄掉有毒的花,使人民免遭它的危害;一种是让有刺的花刺一下,使我们的肌体更加健全。毛泽东认为这两种矛盾如不及时解决,都可能使共产党的领导走向反面:或者是听不进批评,压制合理意见,走上历代统治者的老路;或者是等待有朝一日毒草大泛滥,无法收拾,而被活活毒死。

归纳起来,放有三大好处:一能及时发现有用的香花,有利于它们成长壮大;二能及时暴露有害的毒草,便于锄草肥田;三能帮助领导者改正错误,使之少犯或不犯错误。

1957 年中国政坛上先后出现的整风运动、百花运动、反右运动,就是毛泽东放的方针的具体实践。

归纳起来,放有三大好处:一能及时发现有用的香花,有利于它们成长壮大;二能及时暴露有害的毒草,便于锄草肥田;三能帮助领导者改正错误,使之少犯或不犯错误。

六、有领导的反官僚主义

毛泽东从"进京赶考"的那一日起，就开始警惕官僚主义。因为他忘不了 1945 年黄炎培在延安对他讲的一番话：

"我生六十多年，耳闻的不说，所亲眼看到的，真所谓'其兴也勃焉'，'其亡也忽焉'，一人，一家，一团体，一地方，乃至一国，不少单位都没有能跳出这周期率的支配力，大凡初时聚精会神，没有一事不用心，没有一人不卖力，也许那时艰难困苦，只有从万死中觅取一生。既而环境渐渐好转了，精神又就渐渐放下了。有的因为历时长久，自然地惰性发作了，由少数演为多数，到风气养成，虽有大力，无法扭转，并且无法补救。……一部历史，'政怠宦成'的也有，'人亡政息'的也有，'求荣取辱'的也有。总之没有能跳出这周期率。中共诸君从过去到现在，我略略了解的了。就是希望找出一条新路，来跳出这周期率的支配。"

毛泽东当即答道：我们已经找到了新路，我们能跳出这个周期率。这条新路，就是民主。只有让人民来监督政府，政府才不敢松懈。只有人人起来负责，才不会人亡政息。

如今，黄炎培预言的周期率果然在支配着某些人。毛泽东一一评点：

"因为革命胜利了，有一部分同志，革命意志有些衰退，革命热情有些不足，全心全意为人民服务的精神少了，过去跟敌人打仗时的那种拼命精神少了，而闹地位，闹名誉，讲究吃，讲究穿，比薪水高低，争名夺利，这些东西多起来了。""在评级过程中，有那样的人，升了一级不够，甚至升了两级还躺在床上哭鼻子。""他们是男儿有泪不轻弹，只因未到评级时。"[1]"以前北洋军阀政府里有个内阁总理，叫唐绍仪，后来当了广东中山县长。旧社会的一个内阁

---

[1] 毛泽东：《坚持艰苦奋斗，密切联系群众》，1957 年 3 月。

总理可以去当县长,为什么我们的部长倒不能去当县长? 我看,那些闹级别,升得降不得的人,在这一点上,还不如这个旧官僚。他们不是比艰苦,比多做工作少得享受,而是比阔气,比级别,比地位。这类思想在党内现在有很大的发展,值得我们注意。"①

毛泽东仿佛听到农民兄弟在说:过去你们和我们一道土改,一起打仗,现在你们做了官了,不理我们了。他深切地感到,党和非党之间,有了一条沟,而且很深。党政工团与工人农民的关系不是平等的关系,也不是他所理想的普通劳动者的关系,而是官与民的关系。他还看到:"现在,有这样一些人,好像得了天下,就高枕无忧,可以横行霸道了。"②

他明白,这样下去,就会出现骑在人民头上作威作福的官老爷。

这可不是小事! 他领导人民革命几十年,历尽艰难困苦,为的是什么? 为的就是要打倒那些曾经骑在人民头上作威作福的大大小小的官老爷。如果闹了半天,人民头上又出现这样的官老爷,那几十年的革命岂不是白闹了一场?

毛泽东思量着,只有动员群众,才能打掉官风,根绝官气。于是,他说:"一定要放。这是有领导的反官僚主义。"

但是,"有领导的反官僚主义"并不是一件容易的事。因为凡官僚主义都发生在"领导身上"。"有领导的反官僚主义"对某些领导者来说,岂不是等于自己请别人来反对自己? 这样他们就想不通了:你是什么人? 江山是老子打来的,你就乱放?!

为此,毛泽东在三个月时间内,接连游说天津、山东、上海、南京、杭州等地,作了不下十篇讲话,动员各级党政干部,不要摆资格,不要讲势力,要放手让人家放。他说:

我们党就因为功劳太大,威望太大,就发生一个危险,容易包办代替,以简单的行政命令办事,所以请几位民主党派来监督我

---

① 毛泽东:《在省市自治区党委书记会议上的讲话》,1957 年 1 月。

② 毛泽东:《在中国共产党第八届中央委员会第二次全体会议上的讲话》,1956 年 11 月 15 日。

们。用行政命令的办法解决内部矛盾,实际上是把一个解放军摆在这边,名为不用武力,实际上如果没有解放军,这个行政命令也就不行了。有人说老子是老革命不能反对。国民党也是老革命,比我们更老。我们不能采取国民党对人民的态度。国民党对人民专政,共产党讲民主。有人拿专政的原子弹向人民的头上晃一晃,这是不好的。过去搞阶级斗争,我们是有办法的,现在是思想斗争,不能再用老办法了。思想斗争是动口不动手,而且动口要恰当。

他一针见血地指出:产生官僚主义的根本原因是共产党当了政,得了天下。掌握政权也有两重性。许多人就是怕放。为什么有人怕呢? 无非是怕饭票子过河,怕丢了饭碗,丢了选票,丢了官。

放,就是让党外群众发表意见,帮助共产党整风。

整风是解决党内矛盾的一种方法,也是解决党同人民之间矛盾的一种方法。为此,毛泽东主张开门整风。党内外一道开会,两种元素合在一起,起了化学作用,成了另一种东西,反官僚主义就灵了。他说,凡是涉及许多人的事情,不搞运动,搞不起来。需要造成一种空气,党内党外唱对台戏,不然官僚主义永远不能解决。

为了解决官僚主义,毛泽东甚至主张在万不得已的情况下使用大民主的手段。他说,无产阶级发展的大民主是对付阶级敌人的,也可以用来对付官僚主义者。官僚主义十足,大民主不许可,小民主没有,小小民主也没有,逼上梁山,在这种情况下,大民主是解决问题的办法。经常的方法应该是克服批评官僚主义,但是如果办不到,用这种方法调整我们的社会秩序,作为一种补充方法也是可以的。

开门整风是为了更好地解决干群矛盾。毛泽东发动党外群众大鸣大放,目的是整掉某些干部身上的官僚主义作风。但是这些被整的干部不仅有官僚主义作风,而且代表着共产党的领导。所以没整多久,毛泽东就发现事情起了变化:一些不知天高地厚的人竟然借着帮助共产党整风的机会,向党发动猖狂进攻。

麻烦又来了。但毛泽东是不会有失败的。

主要参考文献

1.《毛泽东选集》第一至四卷,人民出版社 1991 年版。

2.《毛泽东早期文稿》,湖南出版社 1990 年版。

3.毛泽东:《中国社会各阶级的分析》,《中国农民》1926 年 2 月 1 日第 1 卷第 2 期。

4.陈登才主编:《毛泽东的领导艺术》,军事科学出版社 1989 年版。

5.张健军编:《毛泽东的军事艺术》,山东大学出版社 1991 年版。

6.林蕴晖等:《凯歌行进的时期》,河南人民出版社 1989 年版。

7.丛进:《曲折发展的岁月》,河南人民出版社 1989 年版。

8.王年一:《大动乱的年代》,河南人民出版社 1988 年版。

9.师哲回忆录:《在历史巨人身边》,中央文献出版社 1991 年版。

10.《伟大的历程——回忆战争年代的毛主席》,人民出版社 1977 年版。

11.苏杨编:《中国出了个毛泽东》,解放军出版社 1991 年版。

12.郭思敏编:《我眼中的毛泽东》,河北人民出版社 1990 年版。

13.武原主编:《外国人眼中的毛泽东》,华岳文艺出版社 1989 年版。

14.中央文献研究室编:《日本学者视野中的毛泽东思想》,中央文献出版社 1988 年版。

15.埃德加·斯诺:《红星照耀中国》,河北人民出版社 1992 年版。

16.埃德加·斯诺:《漫长的革命》,农村读物出版社 1989 年版。

17.R.特里尔:《毛泽东传》,河北人民出版社 1991 年版。

18.哈里森·索尔兹伯里:《长征》,解放军出版社 1986 年版。

19.《建国以来重要文献选编》第十册,中央文献出版社 1994 年版。

20.毛泽东:《湖南农民运动考察报告》,《中央副刊》1927 年 3 月 28 日第 7 号。